Welsh Rules

Also available

With 2,000 sentences to practice your grammar

£3.95
086243 711 3

Welsh Rules

A Welsh Grammar for Learners

Heini Gruffudd

yLolfa

First edition: 2003
Reprinted: 2006

Pictures: Elwyn Ioan (cartoons) and the author (photographs)
Cover photo: Arvid Parry Jones
Design: Ceri Jones

ISBN: 0 86243 656 7

Printed and published in Wales
by
Y Lolfa Cyf., Talybont, Ceredigion SY24 5AP
tel (01970) 832 304
fax 832 782
isdn 832 813
e-mail ylolfa@ylolfa.com
web www.ylolfa.com

Foreword

I am indebted to ACCAC for their commission for a Welsh Grammar for students studying Welsh as a second language in schools and colleges. This grammar is an adaptation of that book, *Cymraeg Da,* and has been prepared especially for use by adult learners of Welsh. All explanations are given in English, so that it can easily be followed at home, and all vocabulary and phrases are translated. Exercises have also been adapted for easy use at home, and vocabulary is provided in individual sections.

In preparing the book, I used information that was conveniently available in *Gramadeg Cymraeg Cyfoes,* Gwasg Gomer, 1998; Cennard Davies, *Y Geiriau Bach,* Gwasg Gomer, 1987; Peter Wynn Thomas, *Gramadeg y Gymraeg,* Gwasg Prifysgol Cymru, 1996; David A Thorne, *Gramadeg Cymraeg,* Gwasg Gomer, 1996 and a number of other books. I am, of course, solely responsible for any of the book's faults and weaknesses, but I hope that it will prove useful in promoting the study of Welsh in the post-16 sector.

The Welsh language now depends on those who learn it as a second language. May their numbers multiply until Welsh once again becomes the language of the majority in Wales.

Introduction

The aim of this book is to provide a user-friendly introduction to Welsh grammar, combined with exercises to aid the learning.

The book can be used in four ways:

1. A unit at a time, according to level of difficulty, e.g. Step 1 Verbs, then Step 1 Prepositions etc. This will be useful when elements of grammar are introduced for the first time. Generally, however, learners should develop a mastery of verbs before proceeding to clauses.
2. According to grammatical theme, e.g. Steps 1 – 20 Verbs, in order to have a complete picture of verbs. This will be useful when revising.
3. As a reference book. The index should provide a useful guide to points which call for explanation or elaboration.
4. As a grammar exercise book. All units include exercises which should prove useful. Reference to grammar can be made when attempting exercises.

The book includes very formal, formal and informal modes of language. Formal language is usually seen in newspapers and heard on television and radio, while informal language is commonly used in speech and in films and plays. Very formal language is used in more academic publications and in some literature. The book also includes colloquial speech forms.

The following symbols are used in the book:

 Spoken language. We use the spoken language when talking and it can also be written in letters, notes or in conversation in stories. We often hear it in films and plays.

 Very formal language. We use very formal language for academic writing.

Many exercises are included in this book. Many of these can be used as oral or written exercises. The exercises include:

 drills, such as choosing words from tables to make sentences;

 exercises such as filling blanks, translation, changing verbs etc;

 exercises which are more open-ended, e.g. creating conversations, discussion, understanding, analysing, argument etc.

More exercises are available in *Exercises for Welsh Rules*, which is published simultaneously.

Heini Gruffudd
2003

CONTENTS

Section			Situation	page

5. The article

6. Adjectives

1: The Welsh Alphabet - *Yr Wyddor Gymraeg*

Lists in this book are in the order of the Welsh alphabet. This is the traditional Welsh alphabet:

A	B	C	CH	D	DD	E	F	FF	G	NG	H	I	L
LL	M	N	O	P	PH	R	RH	S	T	TH	U	W	Y

Care must be taken when looking up words in a dictionary, e.g. 'ng' (e.g. 'angor' *anchor*) comes before 'll' (e.g. 'allor' *altar*), although 'n' comes after 'll'.

By now, we also use European letters in the Welsh alphabet, e.g. j ('jam'), k ('kilo'), z ('zinc').

I wish my husband could mutate into something better!

2: Mutations - *Y Treigladau*

Soft mutation: *Treiglad meddal*

c	>	**g**	**p**	>	**b**	**t**	>	**d**
cath *cat*		ei gath e *his cat*	parti *party*		ei barti e *his party*	tref *town*		ei dref e *his town*
g	>	**/**	**b**	>	**f**	**d**	>	**dd**
gardd *garden*		ei ardd e *his garden*	bwrdd *table*		ei fwrdd e *his table*	dwylo *hands*		ei ddwylo e *his hands*
ll	>	**l**	**m**	>	**f**	**rh**	>	**r**
llaw *hand*		ei law e *his hand*	mam *mother*		ei fam e *his mother*	rhaff *rope*		ei raff e *his rope*

1. Singular feminine nouns after 'y' *the*, except 'll' and 'rh': mam *mother* y **f**am *the mother*
2. Singular feminine nouns after 'un' *one*, except 'll' and 'rh': merch *girl* un **f**erch *one girl*
3. Adjectives after feminine 'un' *one*, except 'll' and 'rh': un **f**ach *a little one*
4. Adjectives after singular feminine nouns: mam *mother* + bach *little* > mam **f**ach
5. 'dau' *two* and 'dwy' *two* after 'y' *the*: y **dd**au, y **dd**wy
6. After 'dau' *two*, 'dwy' *two*: dau + tîm *team* > dau **d**îm; dwy + merch *girl* > dwy **f**erch
7. After 'ei'/'i' *his, him*: ei + pen *head* > ei **b**en e *his head*;

ei + cicio *kick* > ei **g**icio fe *to kick him*; o'i *from his* + tref *town* > o'i **d**ref e
8. After 'i'w' *to his*: i'w + mam *mother* > i'w **f**am e
9. Nouns and adjectives after predicative 'yn', except 'll' and 'rh', e.g. yn + menyw *woman* > yn **f**enyw; yn + pert *pretty* > yn **b**ert; yn + rheolwr *manager* > yn **rh**eolwr
10. After prepositions: am *for*, ar *on*, at *to*, gan *by*, heb *without*, i *to*, o *of*, dan *under*, tros/dros *over*, trwy/drwy *through*, wrth *by*, hyd *until*: ar + bwrdd *a table* > ar **f**wrdd
11. Object of a short form of the verb without a definite article: ciciodd e *he kicked* + pêl *a ball* > ciciodd e **b**êl;

ceisiodd hi *she tried* + codi *to get up* > ceisiodd hi **g**odi

12. After 'dy' *your*: dy + tad *father* > dy **d**ad di
13. Nouns and verbs after ''th' *your, you*: a'th *and your* + tad *father* > a'th **d**ad di; fe'th *introductory word* + *you* + gwelais *I saw* > fe'th **w**elais di *I saw you*
14. Verbs after 'a' *who, whom, which, that*: a + gwelodd *saw* > a **w**elodd
15. Verbs after 'a' *whether*: mae e'n gofyn a *he asks whether* + daw e *he's coming* > mae e'n gofyn a **dd**aw e
16. Verbs after 'pwy' *who* and 'beth' *what*: pwy + daeth *came* > Pwy **dd**aeth?; beth + cafodd e *he had* > Beth **g**afodd e?
17. After adjectives: hen *old* + dynion *men* > hen **dd**ynion; prif *main* + tref *town* > prif **d**ref; ambell *some* + gwaith *times* > ambell **w**aith; rhyw *some* + menyw *woman* > rhyw **f**enyw
18. Verbs after 'pan' *when*: pan + daeth e *he came* > pan **dd**aeth e
19. Nouns after 'pa' *which*: pa + lliw *colour* > Pa **l**iw?
20. Verbs after 'ni' *not* 'na' *not* and 'oni' *if not*, except 'c', 'p', 't' (see spirant mutation): ni + daw e *he will come* > ni **dd**aw e; y dyn na *the man who will not* + daw *come* > y dyn na **dd**aw
21. Verbs beginning a negative sentence without using 'ni',

except 'c', 'p', 't' (see spirant mutation): **w**elais i ddim *I saw nothing*

22. Nouns, verb-nouns and adjectives after 'neu' *or*: da *good* + neu + drwg *bad* > da neu **dd**rwg; caru *to love* + neu + casáu *to hate* > caru neu **g**asáu
23. Adjective after 'mor' *as* and equative 'cyn' *as*, except 'll' and 'rh': mor + du *black* > mor **dd**u; mor + llawn *full* > mor **ll**awn; cyn + poethed *hot* > cyn **b**oethed; cyn + llawned *full* > cyn **ll**awned
24. Adjectives after 'rhy' *too*: rhy + da *good* > rhy **dd**a; rhy + llawn *full* > rhy **l**awn
25. Verbs at beginning of question (after interrogative 'a'): **Dd**aw e? *Will he come?*; A **dd**aw e? *Will he come?*
26. Object or subject after parenthesis: Mae yma *there are here* + llyfrau *books* > Mae yma **l**yfrau
27. Adjectives after 'po' *the*: gorau *best (the better)* + po + mwyaf *most (more)* > gorau po **f**wyaf *the more the better*
28. Nouns when addressing: bore da *good morning* + plant *children* > bore da **b**lant
29. Nouns after 'dacw' *there (he/she/it) is/there are*, 'dyna' *there they/that is/those are*, 'dyma' *here is/are*: dyma + llyfr *book* > dyma **l**yfr; dyna + rhyfedd *strange* > dyna **r**yfedd *how strange*
30. Nouns after 'sut' *what kind of*: Sut + car *car* > sut **g**ar--

---

There is no soft mutation:

1. Nouns after comparative adjectives: gwell *better* + dyn *man* > gwell **d**yn
2. Nouns after superlative adjectives: gorau *best* + Cymro *Welshman* > gorau **C**ymro

3. Conjugated verbs after 'neu' *or*: neu + dewch *come* > neu **d**ewch
4. Verbs after ''m' (object) *me*: fe'm **g**welodd i *he saw me*
5. Verbs after ''i' (object) *him/her/it*: fe'i **p**rynais e *I bought it*

Nasal mutation : *Treiglad trwynol*

c	>	ngh	p	>	mh	t	>	nh
cath *cat*		fy **ngh**ath i *my cat*	pen *head*		fy **mh**en i *my head*	tad *father*		fy **nh**ad i *my father*
g	>	ng	b	>	m	d	>	n
gardd *garden*		fy **ng**ardd i *my garden*	bwrdd *table*		fy **m**wrdd i *my table*	dant *tooth*		fy **n**ant i *my tooth*

1. Nouns and verb-nouns after 'fy' *my*: fy + tad *father* > fy **nh**ad
2. Nouns after 'yn' *in*: yn + Caerdydd *Cardiff* > yng **Ngh**aerdydd
3. 'Blynedd' *year*, 'blwydd' *year* and 'diwrnod' *day* after

'pum' *five*, 'saith' *seven*, 'wyth' *eight*, 'naw' *nine*, 'deng' *ten*, 'deuddeng' *twelve*, 'pymtheng' *fifteen*, 'deunaw' *eighteen*, 'ugain' *twenty*, 'deugain' *forty*, 'trigain' *sixty*: pymtheng **m**lynedd *fifteen years*; deng **n**iwrnod *ten days*; pum **m**lwydd oed *five years of age*

Spirant mutation : *Treiglad llaes*

c	>	ch	p	>	ph	t	>	th
cath *cat*		ei chath hi *her cat*	parti *party*		ei pharti hi *her party*	tad *father*		ei thad hi *her father*

1. Nouns, verb-nouns and verbs after 'a' *and*: ci *dog* + a + cath *cat* > ci a **ch**ath; cysgu *sleeping* + a + codi *getting up* > cysgu a **ch**odi
2. Nouns and verb-nouns after 'â' *with*: torri *to cut* + â + cyllell *a knife* > torri â **ch**yllell; peidiwch â *don't* + poeni *worry* > peidiwch â **ph**oeni
3. After 'gyda' *with*: gyda + caniatâd *permission* > gyda **ch**aniatâd
4. After 'tri' *three* and 'chwe' *six*: tri + ci *dog* > tri **ch**i; chwe + pensil *pencil* > chwe **ph**ensil
5. Adjectives after 'tra' *very*: tra + cyffredin *ordinary* > tra **ch**yffredin

6. Nouns and verb-nouns after 'ei' *her*: ei + tad *father* > ei **th**ad hi *her father;* ei + cicio *kick* > ei **ch**icio hi *to kick her*
7. Nouns and verb-nouns after 'i'w' *to her*: i'w + tad *father* > i'w **th**ad hi
8. Nouns and verb-nouns after 'na' *nor*: ci *dog* + na + cath *cat* > ci na **ch**ath
9. Verbs beginning with 'c', 'p', 't' after 'ni' *not*, 'na' *that/who… not* and 'oni' *if not*: ni + caf i *I'll have* > ni **ch**af i *I won't have;* y dyn *the man* + na + cafodd *had* > y dyn na **ch**afodd > *the man who didn't have*
10. After 'tua' *about*: tua + cant *a hundred* > tua **ch**ant

Aspirate 'h' : *Anadliad caled*

'h' is added in front of a vowel:
1. Nouns and verb-nouns after 'ei'/'i' *her*: ei + ysgol *school* > ei **h**ysgol hi; o'i *from her* + ysgol *school* > o'i **h**ysgol hi
2. Nouns and verb-nouns after 'ein'/'n' *our/us*: ein + arglwydd *lord* > ein **h**arglwydd ni; ein + annog *encourage* > ein **h**annog ni *encourage us*; i'n *to our* + atal *stop* > i'n **h**atal ni *to stop us*

3. Nouns and verb-nouns after 'eu' *their/them*: eu + ardal *area* > eu **h**ardal nhw; eu + anfon *send* > eu **h**anfon nhw
4. Nouns and verb-nouns after 'i'w' *to her*: i'w + ewythr *uncle* > i'w **h**ewythr hi
5. Nouns and verb-nouns after 'i'w' *to their/to them*: i'w + wyneb *face* > i'w **h**wyneb nhw
6. Nouns and verb-nouns after ''m' *my/me*: a'm *and my* + athro > a'm **h**athro i

3: Verbs - *Berfau*

STEP 1 – the Present; 'bod' in the Present; 'bod' with verb-nouns – Cinema/Television
CAM 1 – y Presennol; 'bod' yn y Presennol; 'bod' gyda berfenwau – Sinema/Teledu

actio – *to act*
antur (f)/anturiaethau – *adventure/adventures*
ar y radio – *on the radio*
ar y teledu – *on television*

arswyd (m) – *horror*
bob dydd – *every day*
bob nos – *every night*
bob wythnos – *every week*

bod – *to be*
comedi (f)/comedïau – *comedy/comedies*
ditectif (m)/ditectifs – *detective/detectives*
drama (f)/dramâu – *drama/dramas*
edrych ar (+S.M.) – *to look at*
ffilm (f)/-iau – *film/-s*
fideo (m)/-s – *video/-s*
gwylio – *to watch*
heddiw – *today*
heno – *tonight*
i'r – *to the*
i'r stiwdio – *to the studio*
mwynhau – *to enjoy*
mynd at rywun – *to go to someone*
mynd i rywle – *to go somewhere*

nawr – *now*
newyddion – *news*
rhaglen (f)/-ni – *programme/-s*
rŵan – *now (north Wales)*
sebon (m) – *soap*
serch (m) – *love*
set deledu (f)/setiau teledu – *television set/television sets*
sinema (f)/sinemâu – *cinema/cinemas*
teledu (m) – *television*
theatr (f)/-au – *theatre/-s*
tramor – *foreign*
yfory – *tomorrow*
yn y siop – *in the shop*
yn y tŷ – *in the house*

Using the Present

We use the Present:

to note what is happening, e.g.
Rydw i'n gweithio yn y gegin.

I'm working in the kitchen.

to note what is going to happen, e.g.
Rydw i'n gweithio yn Abertawe yfory.

I'm working in Swansea tomorrow.

'bod' in the Present

rydw i	*I am*
rwyt ti	*you are*
mae e/o	*he is*
mae hi	*she is*
mae Siân	*Siân is*
rydyn ni	*we are*
rydych chi	*you are*
maen nhw	*they are*
mae'r dynion	*the men are*

Spoken forms, very often used

| dw i |
| rwyt ti |
| mae e/o |
| mae hi |
| mae Siân |
| dyn ni |
| dych chi |
| maen nhw |
| mae'r dynion |

(For more spoken forms, see Step 12.)

We can use 'ti' when speaking to friends, close family, children and animals (singular only).
We can use 'chi' when speaking to everyone else (singular and plural).
A teacher, for example, will use 'ti' when speaking to a child, but the child will use 'chi' when answering.
We use 'chi' to show respect.
We can use 'ti' with someone we don't know well in order to show contempt.
We use a singular verb at the beginning of a sentence, in front of a singular and a plural noun, e.g.

    Mae'r fenyw yn gwylio ffilm.   *The woman is watching a film.*
    Mae'r menywod yn gwylio ffilm.   *The women are watching a film.*

We use 'mae e' in south Wales, and 'mae o' in north Wales.
We use 'yn' + verb-noun for '-ing', e.g. yn edrych – *looking*.
We change 'yn' to ''n' after a vowel, e.g. rydw i'n edrych – *I'm looking*.

'bod' and verb-nouns

dw i	'n	edrych	*I'm looking*
rwyt ti		gwylio	*you're watching*
mae e/o/hi		siarad	*he/she's talking*
mae Huw		gweithio	*Huw's working*
dyn ni		mwynhau	*we're enjoying (ourselves)*
dych chi		chwerthin	*you're laughing*
maen nhw		actio	*they're acting*
mae'r dynion	yn	chwarae	*the men are playing*

'bod' and verb-nouns in a sentence

1	2	3	4	5	6
Dw i	yn	gweld	ffilm	yn y sinema	heno
Rwyt ti	'n	gwylio	drama	yn y theatr	bob wythnos
Mae e/o		hoffi	comedi	ar y teledu	bob nos
Mae hi		casáu	sebon	ar y radio	bob dydd
Mae Huw		prynu	fideo	yn y siop	heddiw
Dyn ni		recordio	rhaglen	yn y tŷ	yfory
Dych chi		mynd		i'r sinema	nawr
Maen nhw				i'r theatr	rŵan
Mae'r dynion				i'r stiwdio	heno

Sentence order

To make a sentence, choose words from columns 1, 2, 3, 4, 5 and 6.

It's not essential to choose words from each column. We can use words from the various columns to make new sentences:

Dw i'n gweld ffilm yn y sinema heno.   *I'm seeing a film in the cinema tonight.*

Rydw i'n gwylio'r teledu.   *I'm watching television./I watch television.*

Mae e'n gwylio'r teledu.   *He's watching television./He watches television.*

Subject and object

A subject is the person who does the deed:

Mae'r **fam** yn gwylio'r teledu.   *The **mother** watches television.*

An object is the target of the deed:

Mae'r fam yn gwylio'r **teledu.**   *The mother watches **television.***

Rydw i'n casáu sebon a phast dannedd!
I hate soap and toothpaste!

'bod' with an auxiliary verb-noun and a verb-noun

casáu – *to hate*

ceisio – *to try*

gallu – *to be able to, can*

gobeithio – *to hope*

hoffi – *to like*

methu – *can not, not be able to*

mwynhau – *to enjoy*

This is the order of words:

Dw i	yn	gallu	gweld	*I can see*
Rwyt ti	'n	hoffi	gwylio	*You like watching*
Mae e/o/hi		gobeithio	actio	*He/she hopes to act*
Mae Ceri		hoffi	edrych	*Ceri likes looking/to look*
Dyn ni		casáu	gwrando	*We hate listening*
Dych chi		methu	chwerthin	*You can't laugh*
Maen nhw		ceisio	mwynhau	*They are trying to enjoy*
Mae'r menywod		mwynhau	mynd	*The women enjoy going*

We can add an object to the last verb-noun:

Dw i'n gallu gweld y teledu.   *I can see the television.*

Mae hi'n hoffi gwylio sebon.   *She likes to watch soap.*

Dw i'n ceisio mwynhau'r ffilm.   *I'm trying to enjoy the film.*

Mae Dafydd yn gobeithio gweld y ffilm.   *Dafydd hopes to see the film.*

Dw i'n hoffi gwylio'r teledu bob dydd.

Question and answer

?		*yes*	*no*
Ydw i?	*am I?*	ydw *(I am)*	na / nag ydw
Wyt ti?	*are you?*	wyt *(you are)*	na / nag wyt
Ydy e/o?	*is he?*	ydy *(he is)*	na / nag yw / nag ydy
Ydy hi?	*is she?*	ydy *(she is)*	na / nag yw / nag ydy
Ydy Huw?	*is Huw?*	ydy *(he is)*	na / nag yw / nag ydy
Ydyn ni?	*are we?*	ydyn *(we are)*	na / nag ydyn
Ydych chi?	*are you?*	ydych *(you are)*	na / nag ydych
Ydyn nhw?	*are they?*	ydyn *(they are)*	na / nag ydyn
Ydy'r dynion?	*are the men?*	ydyn *(they are)*	na / nag ydyn

- We can use 'na' instead of 'nag ydw', 'nag ydy', 'nag ydyn', 'nag ydych', 'nag wyt' when answering.
- In very formal Welsh 'nag' is spelt 'nac'. We always pronounce 'nac' as 'nag'.
- These questions can mean either *Do...?* or *Is/Are...?*
  e.g. *Is she going?* or *Does she go?*

Examples

Ydych chi'n hoffi ffilmiau ditectif?	Ydw.	*Do you like detective films? Yes.*
Ydy hi'n gwylio ffilmiau antur?	Ydy.	*Does she watch adventure films? Yes.*
		Is she watching adventure films? Yes.
Ydy e'n mwynhau opera sebon?	Na./Nag ydy./Nag yw.	*Does he enjoy soap opera? No.*
Ydyn nhw'n casáu ffilmiau serch?	Na./Nag ydyn.	*Do they hate romance films? No.*

Negative

Dydw i	ddim yn	hoffi	*I don't like*
Dwyt ti		gweld	*You don't see*
Dyw e / Dydy o		dod	*He isn't coming*
Dyw hi / Dydy hi		gwylio	*She isn't watching*
Dydy Siân		edrych	*Siân isn't looking*
Dydyn ni		mynd	*We're not / We aren't going*
Dydych chi		gwrando	*You're not / You aren't listening*
Dydyn nhw		mwynhau	*They aren't enjoying (themselves)*
Dydy'r plant		dewis	*The children aren't choosing*

Spoken forms often used:

Dw i – *I*   Dwyt ti – *you*   Dyw e/hi – *he/she*   Dyn ni – *we*   Dych chi – *you*   Dyn nhw – *they*

Examples

Dw i ddim yn hoffi ffilmiau comedi.	*I don't like comedy films.*
Dydy hi ddim yn gwylio'r teledu heno.	*She isn't watching television tonight.*
Dyn nhw ddim yn gwrando.	*They're not listening.*
Dyw'r merched ddim yn mynd.	*The girls aren't going.*
Ydych chi'n hoffi ffilmiau comedi?	*Do you like comedy films?*
Ydw, dw i'n hoffi ffilmiau comedi **yn fawr**.	*Yes, I like comedy films **very much**.*
Na, dw i ddim yn hoffi ffilmiau comedi **o gwbl**.	*No, I don't like comedy films **at all**.*

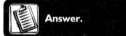 **Answer.**

1. Ydych chi'n hoffi ffilmiau ditectif/antur/serch?
2. Ydych chi'n ceisio mynd i'r sinema bob wythnos/mis?
3. Ydych chi'n casáu gwylio ffilmiau comedi?
4. Ydych chi'n gwrando ar y radio weithiau?
5. Ydych chi'n gallu gwylio teledu cêbl (*cable television*)?
6. Ydych chi'n gallu gwylio teledu digidol (*digital television*)?
7. Ydych chi'n ceisio gwylio pob opera sebon?
8. Ydych chi'n gwylio'r teledu bob nos?
9. Ydych chi'n hoffi gwylio S4C?

 **Make a conversation between Mari and Keith.**

Dw i'n gwylio S4C digidol –
dw i'n hoffi gweld hen ffilmiau.
*I watch S4C digital –
I like to see old films.*

Maen nhw'n chwilio am ffilm yn y siop fideo.

Mae Mari'n hoffi ffilmiau ditectif a ffilmiau antur. Mae Keith yn hoffi gwylio ffilmiau serch a ffilmiau tramor (*foreign*). Maen nhw mewn siop fideo, ac yn chwilio am ffilm. Mae Mari eisiau gwybod (*wants to know*) beth mae Keith yn ei hoffi (*what Keith likes*), ac mae Keith eisiau gwybod beth mae Mari'n ei hoffi. Maen nhw'n siarad am eu hoff actorion (*favourite actors*) ac am eu hoff opera sebon. Dydyn nhw ddim yn gallu dewis ffilm, ac maen nhw'n penderfynu (*decide*) cael *pizza* yn y tŷ. Lluniwch y sgwrs (*Make the conversation*).

Question and answer with 'ydy' (is.../are...)

'Ydy' is used in front of a definite noun or pronoun.

Examples

proper nouns:	people	Ydy Huw'n actio?	*Does Huw act?*
	places	Ydy Abertawe'n chwarae?	*Is Swansea playing?*
article + noun		Ydy'r ffilm yn dda?	*Is the film good?*
pronouns:	e.g. e, hi	Ydy hi'n hoffi caru yn y sinema?	*Does she like courting in the cinema?*
	e.g. fy + noun	Ydy fy fideo i wrth y teledu?	*Is my video by the television?*
titles	e.g. books, films	Ydy *Hamlet* ar y teledu?	*Is Hamlet on television?*
pob + noun *every*	e.g. pob drama	Ydy pob drama'n ddiflas?	*Are all plays boring?*
popeth *everything*		Ydy popeth yn iawn?	*Is everything O.K.?*
pawb *everyone*		Ydy pawb yn hoffi'r rhaglen?	*Does everyone like the programme?*

Answer

yes	*no*
Ydy	Na *or* Nag ydy: *used with singular subjects*
Ydyn	Na *or* Nag ydyn: *used with plural subjects*

Negative sentences when answering

Dydy (or Dyw) … ddim … *is/are not etc., … does not/do not etc., … doesn't/don't etc.*

Dydy Dyw		Siân actor	ddim	yn hoffi'r yn actio	ffilm. yn y ffilm.	*Siân doesn't like the film.* *The actor isn't acting in the film.*
		e *Hamlet* hi Mair		yn gwrando yn actio yn casáu'r	ar S4C. yn y ddrama. ddrama.	*He isn't listening.* Hamlet *isn't on S4C.* *She isn't acting in the play.* *Mair doesn't hate the play.*
	'r	dynion		yn gwylio	sebon heno.	*The men aren't watching soap tonight.*

20

Question and answer with 'oes' *(is there.../are there...)*

'Oes' is used in front of indefinite, general forms:

llawer *a lot*; gormod *too many, too much;* ychydig *a little*; digon *enough*; rhagor *more*

Examples

llawer, gormod, ychydig, digon, rhagor	Oes llawer o ffilmiau yn y sinema?	*Are there many films in the cinema?*
nouns without the article	Oes ffilm ar y teledu heno?	*Is there a film on television tonight?*
angen *need*, rhaid *necessity, must*	Oes rhaid i fi weld y ffilm?	*Must I see the film?*
rhywbeth *something*	Oes rhywbeth ar y teledu?	*Is there something on television?*
rhywun *someone, anyone*	Oes rhywun yn dod i'r sinema heno?	*Is anyone coming to the cinema tonight?*
unrhyw *any*	Oes unrhyw un ar ôl?	*Is there anyone left?*
peth *some*	Oes peth llaeth yn y cwpan?	*Is there any milk in the cup?*
sawl *several*	Oes sawl un yno?	*Are there several there?*
rhai *some*	Oes rhai yn y siop?	*Are there some in the shop?*

Answer

yes	*no*
Oes	Na *or* Nag oes
Oes, mae ffilm ar y teledu.	Nag oes, does dim ffilm ar y teledu.
Yes, there is a film on television.	*No, there is no film on television.*

Negative sentences when answering

Does dim ... *there – is not /are not ...*

Does dim	digon o fideos	yn y siop.
	ffilm	yn y tŷ.
	rhai	yma.
	ffilmiau	heno.
	newyddion	ar y teledu.
	llawer o ddewis	yn y sinema.
	rhaid i fi ddod.	

There aren't enough videos in the shop.
There's no film in the house.
There aren't any here.
There are no films tonight.
There is no news on television.
There's not much choice in the cinema.
There's no need for me to come.

Does neb ... *– there's no-one ...*

Does neb	yn hoffi	ffilmiau tramor.
	yn gwylio	dramâu.
	yn casáu	operâu sebon.

No-one likes foreign films.
No-one watches plays.
No-one hates soap operas.

Does dim (byd) … –*there's nothing …*

Does dim (byd)	ar y teledu. yn y sinema. yn y theatr. ar y newyddion. yn digwydd.	*There's nothing on television.* *There's nothing in the cinema.* *There's nothing in the theatre.* *There's nothing on the news.* *There's nothing happening.*

 Fill the gaps with 'ydy' or 'oes' and answer the questions.

Example:
<u>Ydy</u> Charlie Chaplin yn actio yn y ffilm?

Ydy, mae e'n actio yn y ffilm.
Na, dydy e ddim yn actio yn y ffilm.

1. _____ ffilm yn y sinema heno?
2. _____ hi'n hoffi ffilmiau antur?
3. _____ llawer o bobl yn y sinema heno?
4. _____ 'r newyddion ar y teledu heno?
5. _____ 'r actor yn hoffi actio?
6. _____ digon o bopcorn yn y bag?
7. _____ rhaid i ni fynd i'r sinema?
8. _____ dy fam di'n mwynhau ffilmiau?

 Answer the questions giving your opinion where possible.

1. Ydych chi'n hoffi ffilmiau?
2. Ydych chi'n casáu ffilmiau serch?
3. Ydych chi'n hoffi operâu sebon?
4. Ydych chi'n hoffi ffilmiau antur?
5. Ydych chi'n hoffi unrhyw actor?
6. Ydych chi'n gwylio ffilmiau ar y teledu?
7. Ydych chi'n mynd i'r sinema'n aml *(often)*?
8. Ydych chi'n prynu fideos o'r siop?
9. Ydych chi'n gwylio'r teledu'n aml?

Rydw i'n actio Owain Glyndŵr yn y ffilm
I act Owain Glyndŵr in the film

'bod' with two verb-nouns and a pronoun

(see Pronouns, Step 3)

We put the pronoun between the verb-nouns.

Maen nhw'n gorfod	fy	nhalu	i.	*They have to pay me.*
Mae e'n ceisio	dy	dalu	di.	*He is trying to pay you.*
Dw i'n gallu	ei	dalu	fe.	*I can pay him.*
Dyn ni'n hoffi	ei	thalu	hi.	*We like to pay her.*
Maen nhw'n casáu	eich	talu	chi.	*They hate paying you.*
Ydych chi'n gallu	ein	talu	ni?	*Can you pay us?*
Wyt ti eisiau	eu	talu	nhw?	*Do you want to pay them?*

STEP 2 – 'bod' with prepositions – In the house
CAM 2 – 'bod' gydag arddodiaid – Yn y tŷ

bachgen (m)/bechgyn – *boy/boys*
bath (m) – *bath*
bwrdd (m)/byrddau – *table/tables*
cadair (f)/cadeiriau – *chair/chairs*
carped (m)/-i – *carpet/-s*
cawod (f)/-ydd – *shower/-s*
cloc (m)/-iau – *clock/-s*
drws (m)/drysau – *door/-s*
drych (m)/-au – *mirror/-s*
dŵr (m) – *water*
dyn (m)/-ion – *man/men*
ffenestr (f)/-i – *window/-s*
golchi – *to wash*
gwely (m)/-au – *bed/-s*
llawr (m)/lloriau – *floor/floors*
lolfa (f) – *lounge*

mat (m)/-iau – *mat/-s*
menyw (f)/-od – *woman/women*
merch (f)/-ed – *girl/-s*
rhywun – *someone*
sebon (m) – *soap*
silff (f)/-oedd – *shelf/shelves*
sinc (m)/-iau – *sink/-s*
stôl (f)/stolion – *stool/stools*
tŷ (m)/tai – *house/houses*
tŷ bach (m) – *toilet*
tywel (m)/-ion – *towel/-s*
wal (f)/-iau – *wall/-s*
ymolchi – *to wash oneself*
ystafell (f)/-oedd – *room/-s*
ystafell wely – *bedroom*
ystafell ymolchi – *bathroom*

Examples of prepositions: â *with;* ar *on;* dan *under;* o dan *under;* o *of, from;* i *to;* yn *in;* wrth *by, near;* am *for, at;* gan *by;* dros *over;* drwy *through;* gyferbyn â *opposite;* heb *without;* ger *near;* at *at;* tan *until;* rhwng *between;* tu ôl i *behind;* o flaen *in front of;* wrth ochr *by the side of.*

- Don't use ''n' instead of the preposition 'yn' (*in*).
- Don't use 'yn' in front of the preposition, as we do in front of a verb-noun.

'bod' with prepositions

Dw i	ar	y		llawr.	*I'm on the floor.*
Rwyt ti	wrth	y		bwrdd.	*You're by the table.*
Mae hi	yn	yr		ystafell.	*She's in the room.*
Mae e	dan	y		gwely.	*He is under the bed.*
Mae Siân	o flaen	y		tŷ.	*Siân is in front of the house.*
Dyn ni	(y) tu ôl i	'r		llenni.	*We are behind the curtains.*
Dych chi	gyferbyn â	'r		tân.	*You are opposite the fire.*
Maen nhw	wrth ochr	y		sinc.	*They are by the sink.*
Mae'r cloc	uwchben	y		ddesg.	*The clock is above the desk.*

Examples

Mae rhywun wrth y drws.	*Someone is by the door.*
Mae hi yn y tŷ.	*She is in the house.*
Maen nhw yn yr ystafell wely.	*They are in the bedroom.*

hen ddyn budr *dirty old man*

llenni – *curtains*

Ble mae'r hen ddyn budr?
Mae e tu ôl i'r llenni.

| Ble mae'r | tywel?
tŷ bach?
cloc?
ferch?
hen ddyn budr?
gawod? | Mae e

Mae hi | ar y
yn yr

yn y
tu ôl i'r | llawr.
ystafell ymolchi.
stôl.
gawod.
llenni. | 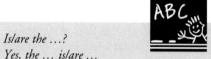 |

Question and answer

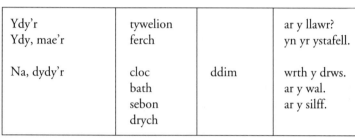

| Ydy'r
Ydy, mae'r

Na, dydy'r | tywelion
ferch

cloc
bath
sebon
drych |

ddim | ar y llawr?
yn yr ystafell.

wrth y drws.
ar y wal.
ar y silff. | *Is/are the …?*
Yes, the … is/are …

No, the … isn't/aren't … |

| Oes
Oes, mae
Na, does dim | dŵr
merch
cloc
sebon
tywelion | yn y bath?
yn y sinc.
ar y mat.
wrth y bath.
ar y gadair. | *Is/are there …?*
Yes, there is /are …
No, there is/are no …
No, there isn't/aren't any … |

Reflexive verbs

When we put 'ym–' in front of verbs, we can create verbs where the person who does the deed is also the object of the deed, e.g.

| golchi *to wash* | > | ymolchi | Rydw i'n ymolchi. | *I'm washing (myself).* |
| dangos *to show* | > | ymddangos | Mae hi'n ymddangos. | *She shows herself, i.e. she appears.* |

We can put the subject of these verbs after 'â':

gweld	ymweld (â)	*to visit*
lladd	ymladd (â)	*to fight*
gwrthod	ymwrthod (â)	*to reject*
gadael	ymadael (â)	*to leave*
gwneud	ymwneud (â)	*to concern, have dealings*
cymryd	ymgymryd (â)	*to undertake*

There is a spirant mutation after 'â', e.g.

Rydw i'n ymweld â thad Siân. *I'm visiting Siân's father.*

We use 'ag' instead of 'â' in front of a vowel:

Maen nhw'n ymladd ag Albania. *They are fighting with Albania.*

Dw i'n hoffi golchi'r llestri!
I like washing the dishes!

 Turn these sentences into the negative.

1. Mae'r dillad ar y llawr.
2. Mae sebon yn y sinc.
3. Dyn ni'n ymweld â nhw yfory.
4. Maen nhw'n ymadael â'r wlad.
5. Dych chi o dan ei bawd hi *(under her thumb)*.
6. Mae Fred Louis yn ymladd ag Ali Lennox heno.

3.3

'yw' or 'ydy'

We use 'yw' to connect two nouns, or adjectives and nouns.

We use 'yw' in the questions 'Pwy yw...?' *Who is?* and 'Beth yw...?' *What is?*

We use 'yw' as an equal sign (=) e.g.

Athro yw Huw.   *Huw is a teacher.*

We put a proper noun (people and places), an indefinite noun, a definite noun or a pronoun in front of 'yw'.

We do not put an indefinite noun after 'yw', e.g.

Mrs Jones yw hi.	*She is Mrs Jones.*
Mrs Jones yw'r bòs.	*Mrs Jones is the boss.*
Hi yw Mrs Jones.	*She is Mrs Jones.*
Fe yw'r bòs.	*He is the boss.*
Y fenyw yw'r bòs.	*The woman is the boss.*
Menyw yw'r bòs.	*A woman is the boss.*
	The boss is a woman.

We can use 'yw' to connect an adjective with a noun.

We do not put the adjective after 'yw', e.g.

Coch yw'r paent.   *The paint is red.*

We can use 'yw' to define who someone is, e.g.

Siân yw'r athrawes.   *Siân is the teacher./ The teacher is Siân.*

We can change the order of words in the English sentence:

Athrawes yw Siân.	*Siân is a teacher.*
Nyrs yw e.	*He is a nurse.*
Ffotograffydd yw hwn.	*This one is a photographer.*

We note the job at the beginning, and the person or the pronoun at the end, e.g.

Ffotograffydd yw Mohammed.	*Mohammed is a photographer.*
Ffotograffydd yw e.	*He is a photographer.*

Say what work these people do e.g. Ysgrifenyddes yw Mari.

Carys
canwr pop *pop singer*

Siencyn
plymwr
plumber

Alun
adeiladwr
builder

Ravinda
gyrrwr tacsi
taxi driver

Mari
ysgrifenyddes
secretary

Zac
postmon
postman

Alun
rheolwr
manager

Morys
ffermwr
farmer

Amy
meddyg
doctor

Heulwen
technegydd
technician

Louise
teipyddes *typist*

Negative

We put 'nid' in front of the noun:

Nid ysgrifenyddes yw Luned. *Luned isn't a secretary.*

In south Wales we use 'nace' instead of 'nid', e.g.

Nace meddyg yw e. *He's not a doctor.*

> 📋 **Say what these people don't do.**

28

A question with 'Beth yw...?', 'Beth ydy...?' *What is?*

What is ...?

Beth yw Huw?   Ffermwr yw Huw.
Beth ydy Siân?   Athrawes ydy Siân.
Beth yw'r Parc?   Carchar yw'r Parc.

 Ask what these people do, and answer.

Mair	pensaer *architect*	Glyn	technegydd labordy *laboratory technician*
Jenny	peiriannydd *engineer*	Judy	cantores *singer*
Scarlet	llawfeddyg *surgeon*	Liam	tocynnwr *conductor (ticket)*
Jim Ball	chwaraewr pêl-droed *football player*	Penny	rheolwr banc *bank manager*

A question with 'Pwy yw...?', 'Pwy ydy...?' *Who is...?*

Pwy ydy'r athro? *Who is the teacher?*   Huw ydy'r athro.
                                          Huw is the teacher.

Pwy yw Mari? *Who is Mari?*   Merch Mrs Jones yw Mari.
                                          Mari is Mrs Jones's daughter.

Fe yw'r athro.   *He is the teacher.*
Siân yw'r gyrrwr.   *Siân is the driver.*
Huw yw'r athro.   *Huw is the teacher.*
Mair yw hi.   *She's Mair.*

 This time, note the person's name first, and then say what he/she does, e.g.

Glyn ydy'r technegydd.   *Glyn is the technician.*

Pwy yw'r gantores?
Who's the singer?

Heather Jones yw hi.
She's Heather Jones.

Say who is who in this family.

in north Wales:	taid	*grandfather*	nain	*grandmother*
in south Wales:	tad-cu	*grandfather*	mam-gu	*grandmother*

cefnder		*cousin (m)*	merch	*daughter*
cyfnither		*cousin (f)*	wyres	*granddaughter*
mab		*son*	wŷr	*grandson*
brawd yng nghyfraith		*brother-in-law*	modryb	*aunt*
chwaer yng nghyfraith		*sister-in-law*	ewythr	*uncle*
tad yng nghyfraith		*father-in-law*	nai	*nephew*
mam yng nghyfraith		*mother-in-law*	nith	*niece*

Say how these are related, e.g.

Dewi – Siân:
    Nai Siân yw Dewi.   *Dewi is Siân's nephew.*
Tracy – Ahmed:
    Merch Ahmed yw Tracy.   *Tracy is Ahmed's daughter.*
Owain, Siân – Mr a Mrs Thomas:
    Plant Mr a Mrs Thomas yw Owain a Siân.   *Owain and Siân are Mr and Mrs Thomas' children.*

Mari – Owain	Owain – Siân
Kylie – Mrs Thomas	Tracy – Mari
Dewi – Mrs Thomas	Mr Thomas – Anwen
Mari – Ahmed	Siân – Dewi

Imperfect Tense
    oedd   *was/were*
    Beth oedd Mrs Thomas?   *What was Mrs Thomas?*
    Athrawes oedd hi.   *She was a teacher.*
    Hi oedd yr athrawes.   **She** *was the teacher.*
    Athrawes oedd Mrs Thomas.   *Mrs Thomas was a teacher.*

Future Tense
    fydd   *will*
    Beth fydd Alun?   *What will Alun be?*
    Gyrrwr fydd e.   *He will be a driver.*
    Fe fydd y gyrrwr.   **He** *will be the driver.*
    Gyrrwr fydd Alun.   *Alun will be a driver.*

Past Tense
    fuodd   *was/were (has/have been)*
    Beth fuodd Siôn?   *What was Siôn?*
    Athro fuodd e.   *He was a teacher.*
    Athro fuodd Siôn.   *Siôn was a teacher.*

Cerddor fydd e, pan fydd e wedi tyfu.
He'll be a musician, when he'll be grown up.

'bod' + noun + 'yn' + noun/adjective

There is another way of saying this. It is possible to use this pattern:

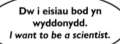

Mae	Alun	yn	beiriannydd.	*Alun is an engineer.*
Roedd	y/'r dyn		dechnegydd.	*The man was a technician.*
Bydd	y/'r fenyw		bianydd.	*The woman will be a pianist.*
Buodd	hi	'n	llongwr.	*She was a sailor.*
Mae	y/'r dynion		garedig.	*The men are kind.*
Roedd	y/'r menywod		ddiog.	*The women were lazy.*

The noun or the adjective after 'yn' undergoes soft mutation, except 'll' and 'rh', e.g.

Mae Alun yn yrrwr tacsi. *Alun is a taxi driver.*
Mae hi'n llawen. *She is happy.*
Mae Mrs Ahmed yn garedig. *Mrs Ahmed is kind.*

The noun at the end must be indefinite:

Mae Siân yn athrawes. *Siân is a teacher.*
Roedd e'n beiriannydd. *He was an engineer.*

> **Dw i eisiau bod yn wyddonydd.**
> *I want to be a scientist.*

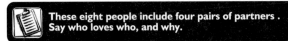

e.g. Mae Alun yn caru Renate, achos cogydd ydy Alun, ac mae Renate'n hoffi bwyta.
Alun loves Renate, because Alun is a cook, and Renate likes eating.

Derwyn
chwaraewr rygbi
rugby player
35 oed
hoffi'r wlad

Ahmed
cogydd
cook
45 oed
hoffi ffilmiau

Renate
cyfieithydd
translator
43 oed
hoffi bwyta

Nia
peiriannydd
engineer
32 oed
hoffi cerdded

Alis
ysgrifenyddes
secretary
22 oed
hoffi darllen

Renaldo
darlithydd
lecturer
27 oed
hoffi nofio

Rhodri
mecanig
mechanic
24 oed
hoffi dawnsio

Brigitte
model
model
19 oed
hoffi disgos

33

Using 'bod' with other pronouns

	I am etc.	*I was etc.*	*I shall be etc.*	*I have been etc.*
Disgybl	ydw i	oeddwn i	fydda i	fues i
Myfyriwr	wyt ti	oeddet ti	fyddi di	fuest ti
Ffermwr	ydy e/hi	oedd e/hi	fydd e/hi	fuodd e/hi
Siopwyr	ydyn ni	oedden ni	fyddwn ni	fuon ni
Peilotiaid	ydych chi	oeddech chi	fyddwch chi	fuoch chi
Athrawon	ydyn nhw	oedden nhw	fyddan nhw	fuon nhw

disgybl (m)/-ion – *pupil/-s*
myfyriwr (m)/myfyrwyr – *student/students*
ffermwr (m)/ffermwyr – *farmer/farmers*
siopwr (m)/siopwyr – *shopkeeper/shopkeepers*
peilot (m)/-iaid – *pilot/-s*
athro (m)/athrawon – *teacher/teachers*

Other sentences with 'yw' / 'ydy':

verb-noun	**+ yw**		
Pysgota	yw	fy niddordeb i.	*Fishing is my interest./My interest is fishing.*
Teipio	yw	fy ngwaith i.	*My work is typing.*

pronoun	**+ yw + adjective**		
Fe	yw'r	talaf.	*He is the tallest.*
Hi	yw'r	orau.	*She is the best.*

adjective	**+ yw**		
Hir	yw	pob aros.	*Every waiting is long.*
Oer	yw'r	gaeaf.	*The winter is cold.*
Caled	yw'r	gwaith.	*The work is hard.*

ar – *on*
bara (m) – *bread*
brecwast (m) – *breakfast*
brwnt – *dirty*
bwrdd (m)/byrddau – *table/tables*
bwyd (m) – *food*
car (m)/ceir – *car/cars*
cegin (f)/-au – *kitchen/-s*
coch – *red*
coginio – *to cook*
digwydd – *to happen*
dod – *to come*
drewi – *to stink*
glân – *clean*

glanhau – *to clean*
golchi – *to wash*
gosod – *to lay*
gwas (m)/gweision – *servant/servants*
gweithio – *to work*
gwneud – *to do*
helpu – *to help*
hen – *old*
hwfro – *to hoover*
i frecwast – *for breakfast*
i de – *for tea*
i ginio – *for lunch*
i swper – *for supper*
iawn – *very*

llaeth (m) – *milk*
llawr (m) – *floor*
llestri (pl) – *dishes*
lliain (m)/llieiniau bwrdd – *table cloth/cloths*
llysiau (pl) – *vegetables*
morwyn (f)/morynion – *maid/maids*
oer – *cold*
swper (m) – *supper*
sych – *dry*
sychu – *to dry, to wipe*
tasg (f)/-au – *task/-s*
te (m) – *tea*
trwsio – *to mend*

3.4

'sy', 'sydd' is, 'oedd', 'fuodd' was, 'fydd' will

We can use 'sy', 'sydd', 'oedd', 'fuodd', 'fydd'
with interrogative (question) words
> to emphasize
> to describe
> (see Clauses, Step 4).

To note the Present, we use 'sy' / 'sydd'.
> Pwy sy'n gweithio?   *Who is working?*

To note the Future *(will)* we use 'fydd'.
> Pwy fydd yn gweithio?   *Who will work?*

To note the Imperfect *(was/were)* we use 'oedd'.
> Pwy oedd yn gweithio?   *Who was working?*

To note the Past *(was/has/had been)* we use 'fuodd'.
> Pwy fuodd yn gweithio?   *Who worked?*

To note the Perfect *(has/have)* we put 'wedi' after 'sy'.
> Pwy sy wedi gweithio?   *Who has worked?*

To note the Pluperfect *(had)* we put 'wedi' after 'oedd'.
> Pwy oedd wedi gweithio?   *Who had worked?*

To note the Future Perfect *(will have)* we put 'wedi' after 'fydd'.
> Pwy fydd wedi gweithio?   *Who will have worked?*

Pwy fydd yma ymhen can mlynedd?
Who will be here in a hundred years?

Questions with 'pwy' *who*:

Pwy sy …?	*Who is …?*
Pwy oedd …?	*Who was …?*
Pwy fydd …?	*Who will be …?*
Pwy fuodd …?	*Who was (has/had been) …?*

with verb-nouns:

Pwy	sy	'n	coginio bwyd?	*to cook food*
	oedd	yn	gosod y bwrdd?	*to lay the table*
	fydd	wedi	gwneud y gwely?	*to make the bed*
			golchi'r llestri?	*to wash the dishes*
			sychu'r llestri?	*to wipe the dishes*
			hwfro'r carpedi?	*to hoover the carpets*
	fuodd	yn	glanhau'r tŷ bach?	*to clean the toilet*

with adjectives:

Pwy	sy	'n	ddiog?	*lazy*
	fydd	yn	brysur?	*busy*
	oedd		fodlon helpu?	*willing to help*
	fuodd			

with prepositions:

Pwy	sy	wrth y drws?	*by the door*
	fydd	yn y gegin?	*in the kitchen*
	oedd	ar y gwely?	*on the bed*
	fuodd		

Pwy sy'n hoffi cig moch?
Who likes bacon?

Questions with 'beth' *what*:

Beth sy …?	*What is …?*
Beth oedd …?	*What was …?*
Beth fydd …?	*What will be …?*
Beth fuodd …?	*What was (has been) …?*

with verb-nouns:

Beth	fydd	yn	digwydd?	*to happen*
	sy	'n	coginio?	*to cook*
	oedd	wedi	drewi?	*to stink*
	fuodd	yn		

with adjectives:

Beth	sy	'n	goch?	*red*
	oedd	yn	lân?	*clean*
	fydd		frwnt?	*dirty*
	fuodd			

with prepositions:

Beth	sy	ar y llawr?	*on the floor*
	oedd	o dan y bwrdd?	*under the table*
	fydd	i swper?	*for supper*
	fuodd		

Answers

A noun or pronoun is usually enough.

Pwy sy'n golchi llestri? Huw.	*Who is washing the dishes? Huw.*
Beth sy ar y bwrdd? Bara.	*What is on the table? Bread.*

To answer in full, put a noun instead of 'pwy' or 'beth':

Pwy sy'n trwsio'r car?	*Who is mending the car?*
Huw sy'n trwsio'r car.	*Huw is mending the car.*
Beth sy o flaen y drws?	*What is in front of the door?*
Mat sy o flaen y drws.	*A mat is in front of the door.*
Pwy sydd wedi dod? Fi.	*Who has come? Me.*
Pwy fydd yna? Fe.	*Who will be there? Him.*

Ask what is happening in these pictures and answer the questions.

e.g. Pwy sy'n golchi'r llestri? Martina sy'n golchi'r llestri.

Siân

Y cogydd
The cook

Huw

Belinda

Y rheolwr
The manager

Ceri

Pedro

Gareth

Siani

Martina

Barbara

37

Negative questions and answers

Pwy sy ddim …?
Who isn't…?
Beth sy ddim …?
What isn't…?

Pwy oedd ddim …?
Who wasn't…?
Beth oedd ddim …?
What wasn't…?

Pwy fydd ddim …?
Who will not…?
Beth fydd ddim …?
What will not…?

Pwy fuodd ddim …?
Who wasn't…?
Beth fuodd ddim …?
What didn't…?/What wasn't…?

Examples
Pwy sy ddim yn gweithio?
Beth oedd ddim ar y bwrdd?
Pwy fydd ddim yn helpu?
Beth sy ddim yn lân?

We can use 'heb' with verbs instead of 'ddim wedi', e.g.

Pwy sy heb sychu'r llestri?
Who hasn't wiped the dishes?

Huw sy heb sychu'r llestri.
Huw hasn't wiped the dishes.

Answers
We can put a noun instead of 'pwy' / 'beth':

Pwy sy ddim yn golchi'r llestri?
Who isn't washing the dishes?

Siân (sy ddim yn golchi'r llestri).
Siân (isn't washing the dishes).

Beth sy ddim ar y bwrdd?
What isn't on the table?

Llaeth (sy ddim ar y bwrdd).
Milk (isn't on the table).

Sentences such as these give emphasis.
We use this pattern to emphasise the first element.

Pedro sy'n trwsio'r car.

Siân sy yn y gegin.

Alun sy ddim yn golchi'r llestri.

Mair sy ddim yma.

> *It's Pedro who's repairing the car.*
> *It's Siân who's in the kitchen.*
> *It's Alun who's not washing the dishes.*
> *It's Mair who's not here.*

These people are sharing a flat. Say who does what and when.

e.g. Pedro oedd yn golchi'r llestri ddoe, felly *(so)* Siani fydd yn golchi'r llestri yfory.

	golchi llestri	hwfro	coginio
Ddoe *yesterday*	Pedro	Huw	Siani
Heddiw *today*	Huw	Siani	Pedro
Yfory *tomorrow*	Siani	Pedro	Huw

Clauses with 'sy' *who is*, 'fydd' *who will*, 'oedd' *or* 'fuodd' *who was*
(see Clauses, Step 4)

We can use 'sy' to introduce a clause describing a noun or a pronoun:

Rwy'n nabod y dyn **sy'n torri'r gwair.**
*I know the man **who is cutting the grass.***

Rydw i'n hoffi'r ferch **oedd yn gweithio yn y gegin.**
*I like the girl **who was working in the kitchen.***

Mae hi'n caru'r bachgen **fydd yn dod yma heno.**
*She is in love with the boy **who will come here tonight.***

Ydych chi'n nabod y fenyw **fuodd yn cadw siop yn y dre?**
*Do you know the woman **who kept a shop in town?***

Negative

We put 'ddim' after 'sy', 'oedd', 'fydd' and 'fuodd', e.g.
Dw i'n nabod y fenyw **sy ddim yn hoffi gwaith tŷ**.
Dw i'n hoffi'r ferch **oedd ddim yn gweithio yn y gwesty**.
Maen nhw'n helpu'r bachgen **fydd ddim yn coginio heno**.
Mae hi'n credu'r dyn **fuodd ddim yno**.

*I know the woman **who doesn't like housework**.*
*I like the girl **who wasn't working in the hotel**.*
*They're helping the boy **who will not be cooking tonight**.*
*She believes the man **who wasn't (didn't go) there**.*

3.4

We use 'sy ddim' when talking.
When writing formally we can use
'nad yw' / 'nad ydynt'

singular subject:		singular verb:
menyw sy ddim	>	menyw nad yw
menyw sy ddim yn	>	menyw nad yw'n
plural subject:		plural verb:
plant sy ddim	>	plant nad ydynt
plant sy ddim yn	>	plant nad ydynt yn

Fi yw'r athro sy ddim yn
ysmygu nawr.
*I'm the teacher who doesn't
smoke now.*

Questions starting with a noun / pronoun: the answer is 'ie' / 'nage'

Huw sy'n golchi'r llestri?	Ie.
Siân sy'n hwfro?	Nage.
Alun fydd yn coginio?	Ie.
Lucy oedd yn torri'r gwair?	Nage.
Hi sy'n glanhau'r bwrdd?	Ie.

Is it Huw who's washing the dishes? Yes.
Is it Siân who's hoovering? No.
Is it Alun who will be cooking? Yes.
Was it Lucy who was cutting the grass? No.
Is it she who's cleaning the table? Yes.

In formal language, we put 'ai' in front of the noun, e.g.
Ai Huw sy'n hwfro?   Nage.   *Is it Huw who's hoovering? No.*
Ai Lucy fydd yn glanhau?   Ie.   *Is it Lucy who will be cleaning? Yes.*

In spoken Welsh in south Wales, we can use 'ife' instead of 'ai':
Ife Huw sy'n hwfro?   *Is it Huw who's hoovering?*

Emphasis questions beginning with a noun / pronoun

We put 'onid' in front of the subject, e.g.

Onid Huw sy'n hwfro? *Isn't it Huw who's hoovering?*
Onid Mary sy'n gweithio heno? *Isn't it Mary who's working tonight?*

In spoken Welsh in south Wales we can say:
Nace Huw sy'n hwfro? *Isn't it Huw who's hoovering?*

Emphasising sentences: negating the subject

We put 'nid' in front of the subject:

Nid Huw sy'n coginio. *It isn't Huw who's cooking.*
Nid Sioned sy'n sychu'r llestri. *It isn't Sioned who's wiping the dishes.*
Nid Jo sy yn y gegin. *It isn't Jo who's in the kitchen.*

In spoken Welsh in south Wales we can use 'nace' instead of 'nid', e.g.
Nace Huw sy'n gweithio. *It isn't Huw who's working.*
Nace Evelyn sy'n glanhau. *It isn't Evelyn who's cleaning.*

 Make up a conversation between Mrs Lewis, the manageress of a hotel and the staff.

Mrs Lewis, the manageress, sees that the sink is full of dishes, there is food on the table, bottles on the floor. She wants to know who is doing what. The servants and maids, Sarah, Gruffudd, Alun and Medi try to get each other to do the work, not themselves.

Responding to a statement

We can ask a question which keeps to the same tense as the verb, e.g.

Present

Mae'r gwesty'n llawn.	Ydy e?	*The hotel is full. Is it?*
Mae digon o laeth yma.	Oes e?	*There's enough milk here. Is there?*
Mae'r forwyn yn bert.	Ydy hi?	*The maid is pretty. Is she?*
Mae cegin hyfryd yma.	Oes e?	*There's a lovely kitchen here. Is there?*

After 'ydy' we put 'e' if the noun is masculine and 'hi' if the noun is feminine:

Mae'r bwyd yn dda.	Ydy e?	*The food is good. Is it?*
Mae'r ystafell yn oer.	Ydy hi?	*The room is cold. Is it?*

After 'oes' we put 'e' every time:

Mae bwyd ar ôl.	Oes e?	*There's food left. Is there?*
Mae merch wrth y drws.	Oes e?	*There's a girl by the door. Is there?*

Past

We use 'do fe' for *'did she/he/they'*:

Daeth e yma.	Do fe?	*He came here. Did he?*
Daeth hi yma.	Do fe?	*She came here. Did she?*
Daethon nhw yma.	Do fe?	*They came here. Did they?*

We can also give an affirmative or negative answer to statements:

Mae'r gwesty'n llawn.	Ydy. / Nag ydy. / Nag yw.	*The hotel is full. Yes. / No.*
Mae bwyd ar y bwrdd.	Oes. / Nag oes.	*There is food on the table. Yes. / No.*
Does dim llaeth yma.	Oes, mae e. / Nag oes, does dim.	*There's no milk here. Yes, there is. / No, there isn't.*
Dydy'r tywel ddim yn sych.	Ydy, mae e. / Nag ydy, dydy e ddim. / Nag yw, dyw e ddim.	*The towel isn't dry. Yes it is. / No, it isn't.*

We can add information:

Mae'r gwesty'n oer.	Ydy, ac mae e'n frwnt.	*The hotel is cold. Yes, and it's dirty.*
Mae bwyd ar y bwrdd.	Oes, ond does dim llaeth.	*There is food on the table. Yes, but there's no milk.*

 You are a waiter/waitress in a cold and dirty hotel. There's no food for breakfast, and the tea's cold. One of the guests complains. Respond to these sentences.

1. Mae brecwast ar y bwrdd.
2. Mae'r ystafell yn oer.
3. Does dim llaeth ar y bwrdd.
4. Dydy'r tywel ddim yn lân iawn.
5. Mae'r te'n hen.
6. Dydy'r lliain bwrdd ddim yn sych.
7. Mae'r bwyd yn hen.
8. Mae'r bara'n sych.

Mae'r coffi ar y bwrdd.

'pwy?' *who?*, 'beth?' *what?* and 'faint?' *how many?* + sy

This is how we ask about the subject.

Present: sy *is/are*	Imperfect: oedd *was/were*	Future: fydd *will*	Past: fuodd *was/were/did*
Pwy sy'n hwfro?	Pwy oedd yn hwfro?	Pwy fydd yn hwfro?	Pwy fuodd yn hwfro?
Beth sy ar y llawr?	Beth oedd ar y llawr?	Beth fydd ar y llawr?	Beth fuodd ar y llawr?
Faint sy'n dod?	Faint oedd yn dod?	Faint fydd yn dod?	Faint fuodd yn dod?

'pwy?' who?, 'beth?' what? and 'faint?' how many? + mae (rydw, rwyt, rydyn, etc.)

This is how we ask about the object.

In these questions, 'ei' or 'eu' is put in front of the verb-noun, suggesting the object that will be in the answer.

Present: *is/does*	Imperfect: *was/were*	Future: *will*	Past: *was/were/did*
Pwy mae e'n **ei weld**? (singular)	Pwy oedd e'n …?	Pwy fydd e'n …?	Pwy fuodd e'n …?
Beth mae hi'n **ei hwfro**?	Beth oedd hi'n …?	Beth fydd hi'n …?	Beth fuodd hi'n …?
Beth rwyt ti'n **ei wneud**?	Beth oeddet ti'n …?	Beth fyddi di'n …?	Beth fuest ti'n …?
Faint maen nhw'n **ei wneud**?	Faint oedden nhw'n …?	Faint fyddan nhw'n …?	Faint fuon nhw'n …?
Pwy rydych chi'n **eu gweld**? (plural)	Pwy oeddech chi'n …?	Pwy fyddwch chi'n …?	Pwy fuoch chi'n …?

'pwy?' who?, 'beth?' what? and 'faint?' how many? + yw *is/are*

Present: *is/are*	Imperfect: *was/were*	Future: *will be*	Past: *was/were/did*
Pwy yw'r tad? *Who is the father?*	Pwy oedd y tad?	Pwy fydd y tad?	
Beth yw hwn? *What is this?*	Beth oedd hwn?	Beth fydd hwn?	Beth fuodd hwn?
Faint yw'r gost? *How much does it cost?*	Faint oedd y gost?	Faint fydd y gost?	Faint fuodd y gost?

 Put 'mae', 'sy', 'ydy', 'fydd' or 'oedd' in these gaps.

1. Faint ____ cost y bwyd?
2. Pwy _____ hi'n ei weld heno?
3. Beth ____ ar y teledu heno?
4. Pwy ____ yn chwarae i Gymru'r wythnos nesa?
5. Faint ____ yn edrych ar y gêm ddoe?
6. Beth ____ y sgôr ar ddiwedd y gêm?
7. Faint ____'r bwyd yn ei gostio?
8. Beth ____ hi'n ei wylio heno?

 Correct the verb in these sentences.

1. Beth ydy e'n ei wneud heno?
2. Faint ydy'r bwyd yn ei gostio?
3. Pwy ydy'n chwarae i Gymru?
4. Faint sy'n cost y bwyd?
5. Pwy ydy hi'n ei weld yfory?
6. Beth mae e?
7. Beth ydy hi'n ei lanhau?
8. Faint mae e?

> **Pryd bydd y rhaglen ar y radio?** *When will the programme be on the radio?*

> **Am ddeg y nos.** *At 10 p.m.*

actio – *to act*
adrodd – *to recite*
ail – *second*
am – *for*
arian (m) – *money*
arweinydd (m)/-ion – *conductor/-s*
beirniadaeth (f)/-au – *adjudication/-s*
canu – *to sing*
cawl (m) – *soup, mess*
côr (m)/corau – *choir/-s*
cyfan (m) – *all*
cyntaf – *first*
cystadleuaeth (f)/cystadlaethau – *competition/competitions*
cystadlu – *to compete*
dawnsio – *to dance*
dod – *to come*
dod yn olaf – *to come last*
eisteddfod (f)/-au – *competitive cultural festival*

eleni – *this year*
gwobr (f)/-au – *prize/-s*
help (m) – *help*
llwyddiant (m)/llwyddiannau – *success/successes*
llwyfan (f/m) – *stage*
lwc (f) – *luck*
marc (m)/-iau – *mark/-s*
mewn pryd – *in time*
pedwerydd – *fourth*
rhagbrawf (m)/rhagbrofion – *prelim/prelims*
tocyn (m)/-nau – *ticket/-s*
trydydd – *third*
y llynedd – *last year*
y wobr gyntaf – *the first prize*
yn dda – *well*
yn gynnar – *early*
yr Urdd – *Welsh League of Youth*

3.5

Past tense, short form

mynd	dod	gwneud	cael
I went etc.	*I came etc.*	*I did etc.*	*I had etc.*
es i	des i	gwnes i	ces i
est ti	dest ti	gwnest ti	cest ti
aeth e/hi	daeth e/hi	gwnaeth e/hi	cafodd e/hi
aethon ni	daethon ni	gwnaethon ni˙	cawson ni
aethoch chi	daethoch chi	gwnaethoch chi	cawsoch chi
aethon nhw	daethon nhw	gwnaethon nhw	cawson nhw
aeth y plant	daeth y plant	gwnaeth y plant	cafodd y plant

We can put 'fe' or 'mi' in front of these verbs, and soft mutate the initial consonant. 'Fe' and 'mi' do not add to the meaning:

des i	>	fe ddes i	*I came*
gwnaethon ni	>	fe wnaethon ni	*we did*
Cafodd e arian.	>	Fe gafodd e arian.	*He got money.*
Gwnaeth hi'n dda.	>	Mi wnaeth hi'n dda.	*She did well.*

'Fe'/'mi' can disappear, but we can keep the mutation of the initial consonant:

des i	>	ddes i
gwnaethon ni	>	wnaethon ni

After the short form of the verb, the indefinite object undergoes soft mutation:

Fe gafodd e + tocyn   >   Fe gafodd e **d**ocyn.   *He had (i.e. obtained) a ticket.*

Remember: feminine nouns mutate after the article:

tocyn (masculine noun):   Fe gafodd e'r tocyn.   *He had (i.e. obtained) the ticket.*

gwobr (feminine noun):   Fe gafodd e'r **w**obr.   *He had the prize.*

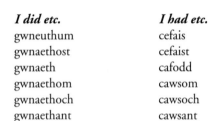

When writing very formally, we can use:

I went etc.	*I came etc.*	*I did etc.*	*I had etc.*
euthum	deuthum	gwneuthum	cefais
aethost	daethost	gwnaethost	cefaist
aeth	daeth	gwnaeth	cafodd
aethom	daethom	gwnaethom	cawsom
aethoch	daethoch	gwnaethoch	cawsoch
aethant	daethant	gwnaethant	cawsant

Many variations occur in the spoken language.
Here are some forms of the spoken language in south Wales:

cafodd e/hi	>	fe gas e / hi
cawson ni	>	fe gethon ni / fe geson ni / celon ni
cawsoch chi	>	fe gethoch chi / fe gesoch chi / celoch chi
cawson nhw	>	fe gethon nhw / fe geson nhw / celon nhw

 Imagine that you're a member of Tal-y-llyn mixed voice choir. Give an account of your day at the Eisteddfod.

The choir won first prize today.
Say:

- you went to the eisteddfod
- you went early
- you had a good time

- you had a good adjudication
- you had first prize
- anything else, using the short form Past tense of verbs

Questions and answers

We mutate the first consonant:

Cawsoch chi docyn.	>	Gawsoch chi docyn?	*Did you get a ticket?*
Daethoch chi mewn pryd.	>	Ddaethoch chi mewn pryd?	*Did you arrive in time?*

Affirmative answers = do
Negative answers = naddo

When writing very formally we can put 'A' in front of the verb. 'A' is an interrogative (question) word. The initial consonant of the following verb is then soft mutated.

A gawsoch chi docyn?   *Did you get a ticket?*

Negating the short form of the verb

We mutate 'c', 'p', 't' with spirant mutation.
We mutate 'g', 'b', 'd', 'll', 'm', 'rh' with soft mutation.

ces i	>	ches i ddim
gwnes i	>	wnes i ddim
des i	>	ddes i ddim

Negating the indefinite object

We put 'dim' in front of the indefinite object (e.g. a noun without a definite article):

Chawson ni ddim llwyddiant.	*We didn't have any success.*
Ches i ddim llawer o help.	*I didn't get much help.*
Chafodd hi ddim lwc.	*She didn't get any luck.*

Ches i ddim lwc!
I had no luck!

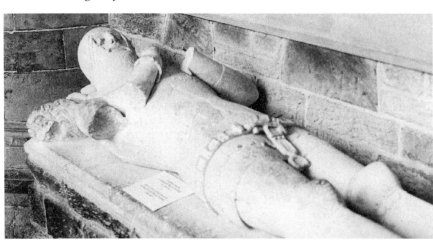

Affirmative			
Ces i	wobr.		*I had a prize.*
Cest ti	lwyddiant.		*You had success.*
Cafodd e/hi	lwyfan.		*He/she had stage.*
Cawson nhw	ragbrawf.		*They had a prelim.*
Des i	'n gynnar.		*I came early.*
Daeth e	'n olaf.		*He came last.*
Gwnes i	gawl.		*I made a mess.*
Gwnaethon nhw	lanast.		*They made a mess.*

Negative		
Ches i	ddim	gwobr.
Chest ti		llwyddiant.
Chafodd e/hi		llwyfan.
Chawson nhw		rhagbrawf.
Ddes i		yn gynnar.
Ddaeth e		yn olaf.
Wnes i		cawl.
Wnaethon nhw		llanast.

In spoken language, we can mutate all negative verbs with soft mutation.

Ches i ddim gwobr.	>	**G**es i ddim gwobr.	*I had no prize./I didn't have a prize.*
Chawson nhw ddim byd.	>	**G**awson nhw ddim byd.	*They had nothing.*

Negative with a definite object (proper noun, title, place name, the article + noun or pronoun)

We mutate the first consonant of the verb.
We can use 'mo' instead of 'ddim'.

Chawson	ni	mo	'r wobr.	*We didn't get the prize.*
Ches	i		'r feirniadaeth.	*I didn't get the adjudication.*
Chafodd	Huw		'r wobr olaf.	*Huw didn't get the last prize.*
Wnaethon	ni		'r gwaith.	*We didn't do the work.*
Wnest	ti		'r cyfan.	*You didn't do it all.*
Wnaeth	Huw		'r cawl.	*Huw didn't make the blunder.*

We can add a personal ending to 'mo' (when a pronoun is the object of the verb):

mohono i	mohonon ni
mohonot ti	mohonoch chi
mohono fe	mohonyn nhw
mohoni hi	

Chawson ni mohonyn nhw.	*We didn't get them.*
Wnes i mohono fe.	*I didn't do it.*

In spoken language we can use these short forms:

mo fi	mo ti	mo fe	mo hi	mo ni	mo chi	mo nhw

e.g.

Wnes i mo fe.   *I didn't do it.*

Ches i mo fe.   *I didn't get it.*

When writing very formally we can use this pattern.

We begin with 'Ni' in front of a consonant and 'Nid' in front of a vowel.

Ni	chefais (i)	docyn.	*I didn't get a ticket.*
Ni	chawsant (hwy)	wobr.	*They didn't get a prize.*
Ni	chafodd Alun	y wobr.	*Alun didn't get the prize.*
Ni	wnaethom	y gwaith.	*We didn't do the work.*
Nid	aeth hi	i'r eisteddfod.	*She didn't go to the eisteddfod.*

'c', 'p', 't' undergo spirant mutation after 'ni'.

   Ni **ch**efais i wobr.   *I did not get a prize.*

'g', 'b', 'd', 'll', 'm', 'rh' undergo soft mutation after 'ni'.

   Ni **dd**aeth hi'n olaf.   *She didn't come last.*

'Nid' is used in front of a vowel.

   Nid aeth hi i'r eisteddfod.   *She didn't go to the eisteddfod.*

'Ni' is used in front of a vowel if there has been soft mutation.

   Ni **a**dawodd hi. (gadawodd > adawodd)   *She didn't leave.*

 Give the unsuccessful story of your choir in the eisteddfod this year and last year.

e.g. Chawson ni ddim gwobr. *We didn't get a prize.*

You may respond to some of these questions:

        Ddaethoch chi i'r eisteddfod mewn pryd?

        Wnaethoch chi'n dda?

        Gawsoch chi'r wobr?

        Gawsoch chi lwyfan? *(stage)*

        Ddaethoch chi'n olaf? *(last)*

        Wnaethoch chi gawl?

 Put the Past tense forms of the verbs in these sentences.

1. Ble (cael) chi ginio heddiw?
2. (mynd) ni i weld y gêm yng Nghaerdydd.
3. (dod) nhw adre'n gynnar.
4. Pryd (dod) chi adre neithiwr?
5. (cael) nhw'r wobr gyntaf yn yr eisteddfod?
6. (gwneud) chi rywbeth yn y dre?
7. Pryd (mynd) chi ar eich gwyliau y llynedd?
8. (dod) i yma ddoe.

 Turn these sentences into the negative.

1. Ces i wobr am ganu.
2. Cafodd hi'r wobr gyntaf.
3. Daethon ni adre'n gynnar.
4. Aethoch chi i weld y gêm.
5. Wnaethon nhw fe yn y bore.
6. Des i i'r coleg ddoe.
7. Aeth hi i'r ysbyty.
8. Cafodd e hi am ganu yn yr eisteddfod.

Write a report to your local Welsh paper about the performance of these schools in the Urdd Eisteddfod. Use Past tense forms of the verbs 'mynd', 'dod', 'cael' and 'gwneud'.

Cystadleuaeth *(competition)*	Ysgol y Bwlch	Ysgol y Rhyd	Ysgol y Domen	Ysgol y Llan
Dawnsio disgo *disco dancing*	1af	3ydd	2il	4ydd
Dawnsio gwerin *folk dancing*	1af	3ydd	2il	4ydd
Côr merched *girls' choir*	2il	3ydd	1af	4ydd
Côr meibion *boys' choir*	2il	3ydd	1af	4ydd
Parti llefaru *recitation party*	2il	1af	3ydd	4ydd
Cân actol *action song*	2il	1af	3ydd	4ydd

Vocabulary for the report:

dod yn gyntaf	*to come first*
dod yn ail	*to come second*
dod yn drydydd	*to come third*
dod yn bedwerydd	*to come fourth*
dod yn olaf	*to come last*

Pwy gafodd y marciau uchaf?
> *Who had the highest marks?*

Pwy ddaeth yn olaf bob tro?
> *Who came last every time?*

Pa ysgol gafodd y gwobrau am actio, canu a dawnsio?
> *Which school had the prizes for acting, singing and dancing?*

STEP 6 – the Imperative – Keeping Healthy
CAM 6 – y Gorchmynnol – Cadw'n Iach

We add '-wch' to the stem of the verb to form the Imperative (command):

golchi	golch + wch	golchwch	*wash*
cicio	cici + wch	ciciwch	*kick*

Brwsiwch	eich dannedd	bob dydd.	*Brush your teeth every day.*
Bwytewch	ddigon o lysiau	i gadw'n iach.	*Eat plenty of vegetables to keep healthy.*
Yfwch	ddŵr	cyn brecwast.	*Drink water before breakfast.*
Chwaraewch	gêm	bob wythnos.	*Play a game every week.*
Nofiwch	yn y pwll	bob mis.	*Swim in the pool every month.*
Cerddwch	ddwy filltir	bob bore.	*Walk two miles every morning.*
Rhedwch	filltir	unwaith yr wythnos.	*Run a mile once a week.*
Ewch	i'r gampfa	ddwywaith yr wythnos.	*Go to the gym twice a week.*

Alun weighs ninety kilos. He doesn't run or swim, and he is always out of breath (allan o wynt). He goes to the doctor. What is the doctor's advice?

The regular form of the Imperative ('chi' *you*) is the same as the verb in the Present tense, short form:

aros	arhoswch	*stay, wait*
arwain	arweiniwch	*lead*
bod	byddwch	*be*
bwyta	bwytewch	*eat*
canu	cenwch, canwch	*sing*
caru	cerwch, carwch	*love*
cau	caewch	*close, shut*
cerdded	cerddwch	*walk*
codi	codwch	*get up*
cydio	cydiwch	*grasp*
cymryd	cymerwch	*take*
cysgu	cysgwch	*sleep*
dal	daliwch	*catch, hold*
darllen	darllenwch	*read*
dod	dewch	*come*
edrych	edrychwch	*look*
gallu	gallwch, gellwch	*can, are able*
gweld	gwelwch	*see*
gwneud	gwnewch	*make, do*
gwrando	gwrandewch	*listen*
meddwl	meddyliwch	*think*
mwynhau	mwynhewch	*enjoy*
mynd	ewch	*go*
nofio	nofiwch	*swim*
osgoi	osgowch	*avoid*
peidio	peidiwch	*don't*
prynu	prynwch	*buy*
rhedeg	rhedwch	*run*
rhoddi	rhoddwch	*give, put*
rhoi	rhowch	*give, put*
talu	talwch, telwch	*pay*
troi	trowch	*turn*
yfed	yfwch	*drink*

'Cael' has no imperative form for 'chi' or 'ti'.

 A doctor gives instructions to a patient on keeping fit. Fill in the gaps.

E…… am dro bob dydd cyn brecwast, yna y….. ddigon o ddŵr. C…… i'r gwaith, a b…… ddigon o ffrwythau. G……. fwyta ychydig siocled os b……. chi ddigon o lysiau. P……. fwyd ffres, nid bwyd tun. O…… fwyta gormod o fraster. G…… ar fy nghyngor i, a b….. chi'n gwella'n fuan. D….. yn ôl i'm gweld cyn diwedd y mis.

Negative:

Peidiwch â + verb-noun, e.g.

> Peidiwch â rhedeg.   *Don't run.*

Verb-nouns undergo spirant mutation after 'â', e.g.

> talu – *pay*   Peidiwch â **th**alu.

 Change these to the negative:

Gwisgwch ddillad cynnes.
Yfwch ddŵr oer.
Bwytewch lawer o siocled.
Gyrrwch i'r gwaith bob dydd.
Rhedwch ddwy filltir y dydd.

Imperative 'ti' *you, familiar form*
We often add '-a' to the verb stem.

> edrych   edrycha

In very formal Welsh, we often use the stem of the verb.

> edrych   edrych

Regular and irregular Imperative of some common verbs:

aros	arhosa, aros	*stay, wait*
arwain	arweinia, arwain	*lead*
bod	bydda, bydd	*be*
bwyta	bwyta	*eat*
canu	cana, cân	*sing*
caru	cara, câr	*love*
cau	caea, cau	*close, shut*
cerdded	cerdda	*walk*
codi	coda, cod	*get up, pick up*
cydio	cydia	*grasp*
cymryd	cymera, cymer	*take*
cysgu	cysga, cwsg	*sleep*
dal	dalia, dal	*catch, hold*
darllen	darllena	*read*
dod	dere, tyrd	*come*
edrych	edrycha	*look*
gweld	gwela, gwêl	*see*
gwneud	gwna	*make, do*
gwrando	gwranda	*listen*
meddwl	meddylia	*think*
mwynhau	mwynha	*enjoy*
mynd	cer, dos	*go*
nofio	nofia	*swim*
osgoi	osgo	*avoid*
peidio	paid	*don't*
prynu	pryna	*buy*
rhedeg	rheda, rhed	*run*
rhoddi	rhodda, rho, dyro	*put, give*
rhoi	rho, dyro	*put, give*
talu	tala, tâl	*pay*
troi	tro, troia	*turn*
yfed	yfa, ŷf	*drink*

 Give instructions to your friend to keep fit.

 Give instructions.

i. To a friend who wants to move house (symud tŷ).
ii. To your son/daughter who has to walk home from school.
iii. To a visitor who has to go from the town hall to the cinema in your town.
iv. To a driver who is lost in your town. She wants to catch the ferry to Ireland (fferi i Iwerddon).

Negative

Paid â/ag + verb-noun.
We use 'ag' in front of vowels:

Paid â bwyta gormod. *Don't eat too much.*
Paid ag yfed bob nos. *Don't drink every night.*

In very formal Welsh, we put 'na'/'nac' in front of the imperative verb:

credwch	*believe*	na chredwch
lladd	*kill*	na ladd
gwnewch	*do*	na wnewch
edrychwch	*look*	nac edrychwch

Gwrandewch, copïwch, dysgwch! *Listen, copy, learn!*

Your friend wants to play rugby for the local team, but he isn't very fit. How can he keep fit?
Use these verbs:

bwyta	coda bwysau *do weight lifting*	cerdda	rheda
yfa	nofia	cer	paid

Imperative with 'ni' we/let us

We add '-wn' to the verb stem:

aros	arhoswn	*wait, stay*
arwain	arweiniwn	*lead*
bod	byddwn	*be*
bwyta	bwytawn	*eat*
cael	cawn	*have*
canu	canwn	*sing*
caru	carwn	*love*
cau	caewn	*shut, close*
cerdded	cerddwn	*walk*
codi	codwn	*get up, pick up*
cydio	cydiwn	*grasp*
cymryd	cymerwn	*take*
cysgu	cysgwn	*sleep*
dal	daliwn	*catch*
darllen	darllenwn	*read*
dod	down	*come*
edrych	edrychwn	*look*
gweld	gwelwn	*see*
gwneud	gwnawn	*do*
gwrando	gwrandawn	*listen*
meddwl	meddyliwn	*think*
mwynhau	mwynhawn	*enjoy*
mynd	awn	*go*
nofio	nofiwn	*swim*
osgoi	osgown	*avoid*
peidio	peidiwn	*don't*
prynu	prynwn	*buy*
rhedeg	rhedwn	*run*
rhoddi	rhoddwn	*give, put*
rhoi	rhown	*give, put*
talu	talwn	*pay*
troi	trown	*turn*
yfed	yfwn	*drink*

3.6

 You are arranging a keep fit class and giving instructions. Use these verbs.

neidio *jump*   codi ein breichiau *raise our arms*
cerdded *walk* cicio ein coesau *kick our legs*
rhedeg *run*   troi i'r chwith *turn to the left*
plygu *bend*   i'r dde *to the right*

Finding verb stems

Drop the ending of the verb-noun and add the Imperative ending:

a	bwyta	bwyt	bwytewch	*eat*
ed	cerdded	cerdd	cerddwch	*walk*
eg	rhedeg	rhed	rhedwch	*run*
i	codi	cod	codwch	*get up*
o	cofio	cofi	cofiwch	*remember*
u	gwenu	gwen	gwenwch	*smile*

Some verb-nouns stay complete:

aros	arhoswch	*wait*
cadw	cadwch	*keep*
cyfaddef	cyfaddefwch	*admit*
cyrraedd	cyrhaeddwch	*arrive*
chwerthin	chwerthinwch*	*laugh*
dangos	dangoswch	*show*
darllen	darllenwch	*read*
deall	deallwch	*understand*
eistedd	eisteddwch	*sit*
gofyn	gofynnwch	*ask*

* also: chwarddwch

Irregular stems

Some stems of verbs are irregular:

adnabod	adnabydd-	*know (a person)*
addo	addaw-	*promise*
amau	amheu-	*doubt*
aros	arhos-	*wait, stay*
arwain	arwein-	*lead*
atal	atali-	*stop*
berwi	berw-	*boil*
bwrw	bwri-	*hit, rain*
bygwth	bygythi-	*threaten*
canfod	canfydd-	*find*
caniatáu	caniata-, caniate-	*allow*
casáu	casa-, case-	*hate*
cyfarfod	cyfarfydd-	*meet*
cyffwrdd	cyffyrdd-	*touch*
cymryd	cymer-	*take*
cynnal	cynhal-	*hold*
cynnau	cyneu-	*light (fire)*
cynnwys	cynhwys-	*include*
cyrraedd	cyrhaedd-	*arrive*
chwerthin	chwardd-	*laugh*
dal	dali-	*hold, catch*
dadlau	dadleu-	*argue*
darganfod	darganfydd-	*discover*
dechrau	dechreu-	*start*
derbyn	derbyni-	*accept, receive*
dianc	dihang-	*escape*
disgwyl	disgwyli-	*expect, wait*
dweud	dywed-	*say*
dwyn	dyg-	*steal*
gadael	gadaw-	*leave*
glanhau	glanha-, glanhe-	*clean*
gofyn	gofynn-	*ask*
gorffen	gorffenn-	*finish*
gwau	gwe-	*sew*
gweld	gwel-	*see*
gwrando	gwrandaw-, gwrandew-	*listen*
hau	heu-	*sow*
llawenhau	llawenha-, llawenhe-	*rejoice*

meddwl	meddyli-	*think*
mwynhau	mwynha-, mwynhe-	*enjoy*
nesáu	nesa-, nese-	*approach*
parhau	parha-, parhe-	*continue*
rhewi	rhew-	*freeze*
rhoi	rhodd-, rhoe-	*give, put*
sibrwd	sibryd-	*whisper*
taro	traw-	*hit, strike*
trin	trini-	*treat*
troi	tro-, troe-	*turn*
ymadael	ymadaw-	*leave*
ymweld	ymwel-	*visit*

Give the Imperative of the verb in these sentences.

1. (dysgu) eich gwaith yn dda!
2. (brwsio) eich dannedd ar ôl brecwast!
3. (glanhau) eich esgidiau cyn mynd allan!
4. (gwneud) dy waith yn y bore!
5. (aros) i fi, wnei di!
6. (cymryd) dy fwyd gyda thi!
7. (peidio) â mynd heb dy frawd!
8. (peidio) ag aros am eich ffrindiau!

Brwsiwch eich dannedd bob bore!
Brush your teeth every morning!

erioed	*ever, never*	eleni	*this year*
y llynedd	*last year*	o'r blaen	*before*

3.7

Using the Past

To note an action that has happened once in the Past:

Bues i yn Abertawe. *I have been to Swansea.*
I went to Swansea.

'bues i' Past tense of 'bod' to be

bues i	*I was / have been*
buest ti	*you were / have been*
buodd e	*he was / has been*
buodd hi	*she was / has been*
buodd Siân	*Siân was / has been*
buon ni	*we were / have been*
buoch chi	*you were / have been*
buon nhw	*they were / have been*
buodd y plant	*the children were / have been*

When writing we can use:

bûm (i)
buost (ti)
bu (ef)
bu (hi)
bu Siân
buom (ni)
buoch (chi)
buont (hwy)
bu'r menywod

We often use 'fe' or 'mi' in front of the verb.
A soft mutation follows 'fe' and 'mi', e.g.
Fe fuodd Siân gyda ni am wythnos.
Siân was with us for a week.
Mi fues i yn Sbaen ar wyliau.
I went to Spain on holiday.

fe fues i	fe fuon ni
fe fuest ti	fe fuoch chi
fe fuodd e	fe fuon nhw
fe fuodd hi	fe fuodd y menywod
fe fuodd Siân	

We can drop the 'fe'/'mi' but keep the mutation.
Fues i yno. *I've been there.*
Fuodd e yma. *He was here.*

Question and answer: *Was/were?; Did ... go?*

We mutate the initial consonant.

?		Affirmative	Negative
fues i?	A fûm i?	do	naddo
fuest ti?	A fuost ti?	*yes*	*no*
fuodd e?	A fu ef?		
fuodd hi?	A fu hi?		
fuodd Huw?	A fu Huw?		
fuon ni?	A fuom ni?		
fuoch chi?	A fuoch chwi?		
fuon nhw?	A fuont hwy?		
fuodd y dynion?	A fu'r dynion?		

Negative

We can mutate the initial consonant, and put 'ddim' after the verb.

fues i ddim
fuest ti ddim
fuodd e ddim
fuodd hi ddim
fuodd Huw ddim
fuon ni ddim
fuoch chi ddim
fuon nhw ddim
fuodd y dynion ddim

When writing, we can put 'ni' in front of the verb; there is no need to mutate these forms after 'ni'.

ni bûm (i)   or   ni fûm
ni buost (ti)
ni bu (ef)
ni bu (hi)
ni bu Huw
ni buom (ni)
ni buoch (chwi)
ni buont (hwy)
ni bu'r dynion

 Read this letter and answer the questions.

gwesty (m)/gwestai – *hotel/hotels*
tywydd (m) – *weather*
traeth (m)/-au– *beach/-es*
gorwedd – *to lie*
treulio – *to spend (time)*
amgueddfa (f)/amgueddfeydd – *museum/museums*

eglwys (f)/-i – *church/-es*
adeiladu – *to build*
rhy boeth – *too hot*
crwydro – *to wander*
mynydd (m)/-oedd – *mountain-s*
mynachdy (m)/mynachdai – *monastery/monasteries*

Gwesty Gaudí, Barcelona

Annwyl Ceridwen,
Rwy'n mwynhau wythnos braf yn Sbaen. Wel, dydw i ddim yn Sbaen, ond yng Nghatalwnia. Rydw i'n aros mewn gwesty yn Barcelona. Mae'r tywydd yn hyfryd, wrth gwrs.

Fe fues i ar y traeth ddoe – rwy'n mynd i'r traeth bob dydd – a bues i hefyd yn y marina. Ond dydw i ddim yn treulio pob dydd yn gorwedd ar y traeth. Bues i yn Tarragona ddydd Sul – bues i yn yr amffitheatr (fues i ddim yno'n hir – dim ond am bum munud – bues i ar y traeth wedyn) – a dydd Llun bues i yn Monserrat. Mynachdy yn y mynyddoedd yw Monserrat. Bues i ar y mynyddoedd hyfryd y tu ôl i'r mynachdy. Dydd Mawrth bues i yn amgueddfa Picasso yn Barcelona yn y bore, ac yn y prynhawn bues i yn eglwys Gaudí. Maen nhw'n adeiladu'r eglwys o hyd. Bues i wedyn ar y traeth, wrth gwrs – mae'r traeth yn rhy boeth yn y prynhawn.

Mae ffrind gyda fi – Antonio – mae llygaid tywyll hyfryd gyda fe. Buodd e yn y coleg yng Nghaerdydd. Fe fuon ni yn Girona ddydd Iau, a dydd Gwener buon ni'n crwydro'r Ramblas. Yn anffodus, fuon ni ddim yn Sitges – mae traeth braf yno.

Wel, mae un wythnos ar ben. Mae brawd gydag Antonio – Miguel. Mae llygaid tywyll hyfryd gyda fe hefyd – mae rhaid i ti ddod gyda fi i Gatalwnia'r tro nesa!
Cofion, Angharad

Answer the questions:

1. Pryd buodd Angharad yn Tarragona?
2. Fuodd hi yn yr amffitheatr yn hir?
3. Ble buodd hi wedyn?
4. Sawl diwrnod buodd hi ar y traeth?
5. Fuodd hi yn y mynachdy?
6. Fuodd hi yn Girona?
7. Ble arall buodd hi?
8. Sut mae hi'n ceisio denu *(try to attract)* Ceridwen i Barcelona?

Past of 'bod' with verb-nouns

We use 'bues i' etc. like this:

Past of 'bod' + subject	yn / 'n	verb-noun
Bues i	'n	cerdded.
Buest ti	'n	teithio.
Buest ti	'n	cysgu.

I have been walking. / I walked. / I did walk.
You have been travelling./ You travelled.
You have been sleeping. / You slept.

We can use 'fe' and 'mi' in front of the verb.
Fe fues i'n dringo.   *I went climbing. / I climbed.*

Question

We mutate the initial consonant.
Fuoch chi'n nofio?   *Did you swim? / Have you been swimming?*
Fuon nhw'n dringo?   *Did they climb? / Have they been climbing?*

Negative

We put 'ddim' after the pronoun/name.
Fues i ddim yn nofio.   *I didn't swim. / I haven't been swimming.*
Fuon ni ddim yn dringo.   *We didn't climb. / We haven't been climbing.*
Fuodd Ceri ddim yn hwylio.   *Ceri didn't go sailing. / Ceri hasn't been sailing.*

 Say what you did in the holidays.
You can answer some of these questions.

1. Ble buoch chi?
2. Pryd buoch chi ar wyliau?
3. Ble buoch chi'n aros?
4. Fuoch chi'n hwylio?
5. Fuoch chi'n cerdded?
6. Pwy fuodd gyda chi?
7. Fuoch chi yno o'r blaen?
8. Fuoch chi'n nofio?
9. Fuoch chi'n dringo?
10. Fuoch chi'n gwersylla?

Fe fues i'n syrffio bob dydd.
I surfed every day.

Na - syrffio wnes i, nid syrthio!
No I surfed, not fell.

Gest ti ddolur?
Were you hurt?

We must use 'bod' to form the past of 'marw' *to die.*

Buodd e farw. / Buodd o farw.	*He died.*
Buon nhw farw.	*They died.*
Pryd buodd hi farw?	*When did she die?*
Buodd hi farw'r llynedd.	*She died last year.*

We cannot say 'Mae wedi bod damwain' *(There was/has been an accident').*
We can say 'Mae damwain wedi bod' / 'Bu damwain' / 'Buodd damwain' / 'Cafwyd damwain' / 'Roedd damwain'.

Change to the negative.

1. Mi fues i'n nofio yn y môr.
2. Fe fuon nhw'n dringo Tryfan yn y bore.
3. Buodd e'n gyrru car o gwmpas y wlad.
4. Fe fuodd hi'n gwersylla yn ne Ffrainc.
5. Buon ni'n hwylio ar y llyn.
6. Fe fuon ni'n ymweld ag amgueddfa Coca Cola yn Fflorida.
7. Buon nhw gyda'u mam trwy'r gwyliau.
8. Buon ni'n darllen yn y llyfrgell yn ystod y gwyliau.

Translate

1. I went to Italy last year.
2. We went shopping in Swansea yesterday.
3. There was a nasty accident on the road.
4. They went camping in the summer.
5. Have you ever been sailing?
6. No, but I've been climbing in Snowdonia.
7. Did they go abroad in the holidays?
8. No, they didn't go out of the house.

yr Eidal – *Italy*
siopa – *to shop*
damwain gas – *nasty accident*
gwersylla – *to camp*
hwylio – *to sail*
dringo – *to climb;* Eryri – *Snowdonia*
tramor – *abroad*
allan o – *out of*

Say what happened to this family. Use 'buon nhw' etc.

We add these endings to the stems of verbs (see Step 6).

-ais i	codais i	*I got up, I picked up*
-aist ti	darllenaist ti	*you read*
-odd e	gofynnodd e	*he asked*
-odd hi	arhosodd hi	*she stayed, she waited*
-odd Huw	prynodd Huw	*Huw bought*
-on ni	edrychon ni	*we looked*
-och chi	gwenoch chi	*you smiled*
-on nhw	ceision nhw	*they tried*
-odd y plant	cwynodd y plant	*the children complained*

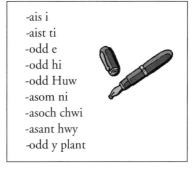

-ais i
-aist ti
-odd e
-odd hi
-odd Huw
-asom ni
-asoch chwi
-asant hwy
-odd y plant

arllwys – *to pour*	diod (f)/-ydd – *drink/-s*	rhoi – *to give*
bara (m) – *bread*	dysgu – *to learn*	swper (m) – *supper*
bwyd (m) – *food*	i'r – *to the*	teulu (m)/-oedd – *family/families*
coginio – *to cook*	llyfr (m)/-au – *book/-s*	ymolchi – *to wash*
chwarae – *to play*	peintio – *to paint*	
darllen – *to read*	plentyn (m)/plant – *child/children*	
dechrau – *to start*	pobi – *to bake*	

Darllenais i	lyfr	i'r	plentyn.
Dysgodd e	wers		bachgen.
Paratoion ni	fwyd		plant.
Coginion nhw	swper		teulu.
Arllwysodd hi	ddiod		
Poboch chi	fara		

The indefinite object of a short form of a verb undergoes soft mutation.

cwestiwn > Gofynnodd hi **g**westiwn. *She asked a question.*

Question and answer
We soft mutate the initial consonant.

Darllen · Ddarllenoch chi lyfr i'r ferch?
Did you read a book to the girl?

Answer **yes**: Do · Answer **no**: Naddo

Negative
(see Step 5)
Indefinite object: we put 'ddim' in front of the object.
Ddarllenais i ddim llyfr i'r ferch.
Definite object (e.g. after the definite article, proper noun, pronoun etc.): we put 'mo' in front of the object.
Ddarllenodd e mo'r llyfr iddi hi. *He didn't read the book to her.*
Welodd John mohono fe. *John didn't see it.*

Write a conversation using these forms.

You've been looking after your sister's children when she was away on holiday. She comes back, and sees that the children look dirty (brwnt), are wearing old clothes (gwisgo hen ddillad), and that the house is in a mess (y tŷ'n llanast).

Use these forms:

dechreuon ni	coginiais i	edrychon nhw
darllenon ni	peintiais i	gwisgon nhw
ymolchon nhw	chwaraeon ni	dysgon nhw

In very formal Welsh, 'a' in the stem changes to 'e' in front of '-ais', '-aist' and '-wch'.

cadw	cedwch	*keep*	caru	cerwch	*love*
canu	cenais	*sing*	talu	telaist	*pay*

In very formal Welsh, 'chwardd' is the stem of 'chwerthin', e.g. chwarddodd e.

 Put the correct endings to the verbs in these sentences.

1. Cod____ i'n gynnar bore 'ma.
2. Gweith____ nhw'n galed trwy'r dydd.
3. Wel____ chi'r gêm ar y teledu neithiwr?
4. Chwarae____ Cymru'n wael iawn, gwaetha'r modd.
   (yn wael – *badly;* gwaetha'r modd – *worst luck)*
5. Phryn____ i ddim byd yn y dre.
6. Yf____ ni mo'r llaeth – roedd e'n sur. (sur – *sour)*
7. Gof____ ti anfon llythyr at y plant?
8. Dal____ hi i ganu trwy'r nos.

> **Rhoddais i sglodion iddyn nhw i ginio bob dydd!**
> *I gave them chips for lunch every day.*

 Change these sentences to the Past.

1. Rwy'n ysgrifennu llythyr ati hi. llythyr – *letter*
2. Dydy hi ddim yn darllen y llyfr.
3. Maen nhw'n dal i boeni amdana i. poeni – *to worry*
4. Ydych chi'n chwarae i'r tîm cyntaf? tîm cyntaf – *first team*
5. Dydy hi ddim yn dysgu'r gwaith.
6. Dydy e ddim yn prynu llyfr.
7. Ydyn nhw'n cyrraedd yn gynnar? yn gynnar – *early*
8. Rydyn ni'n yfed popeth. popeth – *everything*

adolygu – *to revise*
arholiad (m)/-au – *examination/-s*
cyn – *before*
darlith (f)/-iau – *lecture/-s*
gwneud – *to do*

methu – *to fail*
mynychu – *to attend*
pasio – *to pass*
prawf (m)/profion – *test/tests*
traethawd (m)/traethodau – *essay/essays*

3.9

'gwneud' with verb-nouns

It is possible to use the personal forms of 'gwneud' with other verbs. We can use the Past tense forms of 'gwneud' to form the Past tense of other verbs. (The Past tense short forms of 'gwneud' are in Step 5.)

Gwnes i edrych.	*I looked.*
Gwnaeth e gerdded.	*He walked.*
Gwnaethon nhw fynd.	*They went.*

Verb-nouns following 'gwnes i' are objects of the short form of the verb, and therefore undergo soft mutation.

darllen   >   Gwnes i **dd**arllen y nofel mewn awr.
I read the novel in an hour.

In spoken Welsh, we can put 'fe' / 'mi' in front of 'gwnes i'.

Gwnes i.   Fe wnes i.   Mi wnes i.

Often in spoken language, we can drop 'fe' / 'mi' and start with '(w)nes i', with soft mutation.

Wnes i adolygu cyn yr arholiad.

To note the negative, we follow the same pattern as 'gwnes i' (see Step 5).

Wnes i ddim adolygu.
Wnes i mo'r gwaith.

 Say what you did today.

Fe wnes i godi'n gynnar…

 Use the Past tense forms of 'gwneud' in these sentences.

1. (gwneud) i + codi'n gynnar.
2. (gwneud) nhw + ddim + mynd i'r ddarlith.
3. (gwneud) chi + mo + y traethawd.
4. (gwneud) hi + ddim + sefyll yr arholiad.
5. (gwneud) ti + mo + yr arholiad yn dda iawn.
6. (gwneud) chi + y gwaith i gyd?
7. (gwneud) e + ddim + adolygu o gwbl.
8. (gwneud) i + cerdded i ffwrdd.

Using pronouns

This is the pattern (see Pronouns, Step 3):

me	fy … i	+ nasal mutation
you	dy … di	+ soft mutation
him	ei … e	+ soft mutation
her	ei … hi	+ spirant mutation
		+ h in front of a vowel
us	ein … ni	+ h in front of a vowel
you	eich … chi	no mutation
them	eu … nhw	+ h in front of a vowel

darllen	Gwnes i ei ddarllen e.	*I read it.*
pasio	Gwnaeth hi ei basio fe.	*She passed it.*
gweld	Gwnaethon ni ei gweld hi.	*We saw her.*
talu	Gwnaethon nhw ei thalu hi.	*They paid her.*

59

Negative with pronouns

We put 'mo' in front of the infixed pronouns:

Wnes i mo'i gweld hi.	*I didn't see her.*
Wnaethon ni mo'i basio fe.	*We didn't pass it.*

Responding to statements

When responding, we can use 'do fe?' *did he/she/they?* etc or 'naddo fe?' *didn't he/she/they?* etc.

Wnaethon nhw weithio'n galed.	Do fe?
Wnaethon nhw ddim gweithio'n galed.	Naddo fe?

 Put pronouns instead of the definite nouns.

1. Fe wnes i ddarllen <u>y nofel</u>.
2. Fe wnaeth e basio<u>'r arholiad</u>.
3. Fe wnaethon ni ddim dysgu<u>'r gwaith</u>.
4. Wnaeth hi ddim dal <u>y bws</u>.
5. Wnaethoch chi hoffi<u>'r ysgol</u>?
6. Wnaethoch chi adolygu<u>'r berfau</u>?
7. Wnest ti mo<u>'r gwaith</u>.
8. Fe wnaethon nhw fynychu<u>'r gwersi</u>.

In the north, in spoken language, we can use 'ddaru' to express the Past tense. 'Ddaru' has no other forms. The verb-noun undergoes soft mutation:

Ddaru mi weld.	*I saw.*
Ddaru ti ddod.	*You came.*
Ddaru fo basio.	*He passed.*
Ddaru hi gysgu.	*She slept.*
Ddaru ni fethu.	*We failed.*
Ddaru chi aros.	*You waited.*
Ddaru nhw fwynhau.	*They enjoyed.*

In questions, we can start with 'ddaru':

Ddaru chi basio'r prawf?   *Did you pass the test?*

Answers: 'do' and 'naddo'.

In the negative, we can use the same negative pattern as other verbs:

Ddaru mi ddim gweithio.
Ddaru mi mo'i weld o.

'Ddaru' is a mutated
form of 'darfu' *happened.*

 Karen and Alun discuss their day at college yesterday. Here's what they did. Form a conversation between them.

Karen	Alun
codi'n hwyr	codi'n gynnar
cerdded	dal y bws
mynd i un ddarlith	mynd i bedair darlith
cael bwyd yn y caffe	bwyta cinio yn y ffreutur (ffreutur – *refectory*)
sefyll arholiad Cymraeg	sefyll arholiad Ffrangeg
gadael ar ôl awr	aros tan y diwedd
chwarae cardiau yn y lolfa	dal y bws adref
cerdded adre	dechrau adolygu
edrych ar y teledu	mynd i'r gwely'n gynnar

 Translate these sentences.

1. I didn't do it.
2. We didn't work hard last year.
3. He didn't go to the lecture.
4. They stayed until the end.
5. Did they leave after an hour?
6. She didn't like the lecture.
7. He didn't eat it.
8. Did you walk home?

cais (m)/ceisiau – *try/tries*
cic gosb (f)/ciciau cosb – *penalty/penalties*
cicio – *to kick*
dechrau – *to start*
gorffen – *to finish*
pêl-bluen (f) – *badminton*
pêl-droed (f) – *football*

pêl-fasged (f) – *basketball*
pêl-rwyd (f) – *netball*
sboncen (f) – *squash*
sgarmes(f)/-i – *ruck/-s*
sgrym (m)/-iau – *scrum/-s*
sylwebaeth (f)/-au – *commentary/commentaries*

3.10

The Perfect tense: 'wedi' *has/have*

We use the Perfect tense:
> to note that an action has finished/happened;
> when mentioning something that has happened fairly
> recently. E.g.
> Mae Abertawe wedi ennill y prynhawn 'ma.
> *Swansea has won this afternoon.*

Sometimes it helps to think of the Perfect as the near past.
> Mae e wedi dod adre (ac mae e yma).
> *He has come home (and he is here).*

Forms of the Perfect

Present tense of 'bod' + 'wedi' *has/have*
To say *'has'* or *'have'*, 'wedi' takes the place of 'yn' / ''n' in
front of the verb-noun.
> Mae hi'n dod.   *She is coming.*
> Mae hi wedi dod.   *She has come.*

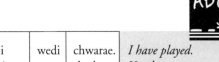

Rydw i	wedi	chwarae.	*I have played.*
Rwyt ti		rhedeg.	*You have run.*
Mae e		ennill.	*He has won.*
Mae hi		colli.	*She has lost.*
Mae Huw		sgorio.	*Huw has scored.*
Rydyn ni		cicio.	*We have kicked.*
Rydych chi		gorffen.	*You have finished.*
Maen nhw		dechrau.	*They have started.*
Mae'r plant		gadael.	*The children have left.*

> **What have the people in the pictures done? Use 'wedi' where possible.**

chwibanu – *to whistle*
dyfarnwr (m)/dyfarnwyr –
    referee/referees
llinell (f)/-au – *line/-s*

llinell gais – *try line*
postyn (m)/pyst – *post/posts*
ystlys (f)/-au – *touchline/-s*

Negative

Dydw i	ddim wedi	chwarae.	*I haven't played.*
Dwyt ti		sgorio.	*You haven't scored.*
Dyw hi		taclo.	*She hasn't tackled.*
Dyw e		prynu tocyn.	*He hasn't bought a ticket.*
Dyw Siân		sgorio gôl.	*Siân hasn't scored a goal.*
Dydyn ni		gweld y gêm.	*We haven't seen the game.*
Dydych chi		pasio'r bêl.	*You haven't passed the ball.*
Dydyn nhw		cael cic gosb.	*They haven't had a penalty.*
Dydy'r merched		cael cawod.	*The girls haven't had a shower.*

Examples

Dyw e ddim wedi sgorio gôl.   *He hasn't scored a goal.*
Dydyn ni ddim wedi gweld y gêm.   *We haven't seen the game.*
Dyw'r merched ddim wedi cael tocyn.   *The girls haven't had a ticket.*

Other negative sentences

Does neb … wedi   *no-one has…*
   Does neb wedi ennill.   *No-one has won.*
   Does neb wedi colli.   *No-one has lost.*
Does dim … wedi   *no … has/have*
   Does dim merched wedi bod yma.   *No girls have been here.*
   Does dim timau wedi chwarae heddiw.   *No teams have played today.*

When writing very formally we can use 'nid' in front of 'oes':

Does dim	>	Nid oes	*There is / are not*
Does dim gêm wedi bod.	>	Nid oes gêm wedi bod.	*There has not been a game.*
Does neb	>	Nid oes neb	*No-one has*
Does neb wedi ennill.	>	Nid oes neb wedi ennill.	*No-one has won.*

In spoken Welsh many variations are possible. 'Wedi' can change to ''di'.

		south Wales	north Wales
Does dim	>	Sdim	Toes 'na ddim
Does dim gêm wedi bod.	>	Sdim gêm 'di bod.	Toes 'na ddim gêm 'di bod.
Does neb	>	Sneb	Toes neb
Does neb wedi ennill.	>	Sneb 'di ennill.	Toes 'na neb 'di ennill.

Answer these questions.

e.g. Ydych chi wedi chwarae rygbi erioed?
Ydw, rydw i wedi chwarae rygbi i'r ysgol.
Na, dydw i ddim wedi chwarae rygbi o gwbl.

Ydych chi wedi gweld gêm rygbi?	Ble?	Pryd?
Ydych chi wedi chwarae pêl-droed?	Ble?	I bwy?
Ydych chi wedi gweld gêm griced?	Ble?	Pryd?
Ydych chi wedi chwarae hoci?	Ble?	I bwy?

'newydd' *just*

If we want to say that something has happened very recently *(just…)* we can use 'newydd' instead of 'wedi'.

Rydw i newydd ddod adre.   *I've just come home.*

The verb-noun undergoes soft mutation after 'newydd'.

Rydw i newydd weld y gêm.   *I've just seen the game.*

'ar', 'ar fin' *about to*

If we want to say that something is going to happen soon *(about to …)*, we can use 'ar' instead of 'wedi'. The verb-noun undergoes soft mutation after 'ar'.

Rydw i ar fynd i'r gêm.   *I'm about to go to the game.*

We can use 'ar fin' *(on the point of…)* instead of 'ar'. The verb-noun does not undergo soft mutation after 'ar fin'.

Rydw i ar fin mynd i'r gêm. *I'm about to go to the game.*

'heb' *not*

If we want to say that something has not happened, we can use 'heb' *(without)* after the affirmative verb (the verb-noun undergoes soft mutation after 'heb').

Mae e heb ddod.   *He hasn't come.*
Maen nhw heb chwarae.   *They haven't played.*

'am' *want*

If we want to say that someone wants something, we can use 'am' *(for)* after the verb.

Mae hi am chwarae.   *She wants to play.*

Sometimes we can use 'am' to say that something is going to happen.

Mae hi am law.   *It's going to rain.*

'i' / 'i fod i' *supposed to*

If we want to say that something is supposed to happen, we can use 'i' or 'i fod i' after the verb. The verb-noun undergoes soft mutation after 'i'.

Rydw i i chwarae ddydd Sadwrn.
  I'm supposed to play on Saturday.

Mae e i fod i brynu tocyn.
  He's supposed to buy a ticket.

Use these phrases in sentences.

1. ar fin sgorio
2. heb ennill
3. i chwarae
4. newydd ddechrau
5. wedi colli
6. am weld
7. ar basio
8. newydd orffen

Rydw i ar fin gorffen brecwast. O, coffi arall os gwelwch yn dda?
I'm about to finish breakfast. Oh, another coffee, please?

casglu – *to collect*
coed coniffer – *conifer trees*
datrys – *to solve*
difetha – *to spoil, to destroy*
difwyno – *to defile, to pollute*
diffodd – *to extinguish*
distrywio – *to destroy*
diwydiant (m)/diwydiannau – *industry/industries*
esgid (f)/-iau – *shoe/-s*
glaw (m) asid – *acid rain*
gollwng – *to drop*
gorsaf (f)/-oedd niwclear – *nuclear power station/-s*
gwastraff (m) – *waste*

gwenwyno – *to poison*
gwersylla – *to camp*
llygru – *to pollute*
o'r diwedd – *at last*
olew (m) – *oil*
papur (m)/-au – *paper/-s*
potel (f)/-i – *bottle/-s*
sbwriel (m) – *rubbish*
sylw (m) – *attention*
trafnidiaeth (f) – *traffic*
trin – *to treat*
trydan (m) – *electricity*
ymbelydredd (m) – *radiation*

'cael' has several meanings

obtain, get, have

Rydyn ni'n cael llawer o law yng Nghymru. *We have a lot of rain in Wales.*
Rydw i'n cael parti. *I'm having a party.*
NOT *have, possess,* for which we use 'gyda' / 'gan' (see Prepositions, Step 11).

Mae gwlad hyfryd gennyn ni yng Nghymru. *We have lovely country in Wales.*

allow, may

Gawn ni gerdded yn y cae? Cewch. *May we walk in the field? Yes.*
Ga i beint, os gwelwch yn dda? Cewch. *May I have a pint please? Yes.*
The verb-noun or indefinite noun soft mutates after 'ga i', 'gawn ni' etc.

Cael – *may*	*May I? etc.*			Yes	No
Ca i	Ga i	ddod gyda chi?	*come with you*	Caf	Na/Na chaf
Cei di	Gei di	yrru'r car?	*drive the car*	Cei	Na/Na chei
Caiff e	Gaiff e	gerdded yn y cae?	*walk in the field*	Caiff	Na/Na chaiff
Caiff hi	Gaiff hi	fynd allan?	*go out*	Caiff	Na/Na chaiff
Caiff Siân	Gaiff Siân	adael sbwriel yma?	*leave rubbish here*	Caiff	Na/Na chaiff
Cawn ni	Gawn ni	gynnau tân yn y cae?	*light a fire in the field*	Cawn	Na/Na chawn
Cewch chi	Gewch chi	wersylla fan hyn?	*camp here*	Cewch	Na/Na chewch
Cân nhw	Gân nhw	weld y tŷ?	*see the house*	Cân	Na/Na chân

Make sentences using 'gyda' / 'gan' or 'cael'.

1. (ni)   parti heno.
2. (ni)   mynyddoedd yng Nghymru.
3. (i)   esgidiau da i gerdded.
4. (nhw)   llawer o hwyl yn y wlad.
5. (Cymru)   gormod o law yn yr haf.
6. (Cymru)   gormod o goed coniffer.
7. (y byd)   gormod o orsafoedd niwclear.
8. (problemau'r byd)   sylw o'r diwedd.

 Make sentences asking for permission to do these things.

1. … gollwng sbwriel
2. … rhoi poteli
3. … gadael hen gelfi
4. … casglu papur
5. … diffodd y trydan
6. … mynd ar y beic

'cael' in the Passive *to be*

We use 'cael' to express the Passive (e.g. *is/are being done, was/were done, will be done* etc).
We put a verb-noun after 'cael'. We put a prefixed pronoun (fy *my*, dy *your*, ei *his* etc) which is plural or singular according to the noun, in front of the verb-noun. With a pronoun (i, ti, e, hi, ni, chi, nhw), we use the appropriate form of the prefixed pronoun (fy, dy, ei, ei, ein, eich, eu).

Mae'r coed yn cael eu difetha.	*The trees are being destroyed.*
Mae'r tir yn cael ei **dd**ifetha.	*The land is being destroyed.*

('tir' *land* is masculine and there is a soft mutation after masculine 'ei'.)

Mae'r afon yn cael ei **th**rin.	*The river is being treated.*

('afon' *river* is feminine and there is a spirant mutation after feminine 'ei'.)

Ces i fy **ng**eni.	*I was born.*

(Nasal mutation after 'fy'.)

Cest ti dy **w**eld.	*You were seen.*

(Soft mutation after 'dy'.)

Mae'r tir yn cael ei **d**rin.	*The land is being treated.*

What is the Passive? Saying that something has happened to the 'subject'. The 'subject' does not do the action.

Mae'r môr yn cael ei **l**ygru.	*The sea is being polluted.*

We can say who or what causes this after 'gan' *by*. There is a soft mutation after 'gan'.

Mae'r môr yn cael ei **l**ygru gan longau.	*The sea is being polluted by ships.*

We can use 'cael' with these verb tenses:

Present:	Mae'r môr yn cael ei lygru.
Future:	Bydd y môr yn cael ei lygru.
Perfect:	Mae'r môr wedi cael ei lygru.
Imperfect:	Roedd y môr yn cael ei lygru.
Pluperfect:	Roedd y môr wedi cael ei lygru.
Past:	Cafodd y môr ei lygru.
Future Perfect:	Bydd y môr wedi cael ei lygru.

Questions

Ydy Oedd	'r y yr	tir dŵr	yn cael ei wenwyno wedi cael ei lygru	gan olew? gan law asid? gan y ceir?	Ydy/Nac ydy Oedd/Nac oedd
Gafodd		môr	ei lygru		Do/Naddo
Gest	ti		dy eni yn Aberystwyth?		Do/Naddo

Examples
Gafodd y môr ei lygru gan olew?
Oedd yr afon wedi ei difetha gan law asid?
Gafodd yr awyr ei llygru gan y ceir?

With interrogative (question) words
(See Pronouns Step 6)
   Beth sy'n cael ei lygru gan geir?
   Beth gafodd ei lygru gan olew?
   Sawl afon sy'n cael ei llygru gan law asid?
   Sawl afon gafodd ei gwenwyno?

Pryd cafodd y môr ei lygru?
Sut cafodd y coed eu difetha?

'cael' after 'wedi'
After 'wedi', there is no need to use 'cael', especially when writing:
Mae'r gwaith wedi cael ei wneud.   *or*
       Mae'r gwaith wedi'i wneud.
Mae'r coed wedi cael eu difetha.   *or*
       Mae'r coed wedi'u difetha.

 Look at the picture and ask questions about it. Answer the questions using these words.

llygru – *to pollute*	difetha – *to spoil*	distrywio – *to destroy*	olew – *oil*
gwenwyno – *to poison*	dinistrio – *to destroy*	lladd – *to kill*	glaw asid – *acid rain*
môr – *sea*	ceir – *cars*	awyr – *air*	ffatrïoedd – *factories*
coed – *trees*	cemegau – *chemicals*	tir – *land*	pobl – *people*
afon – *river*	mwg – *smoke*	gwlad – *country*	traffyrdd – *motorways*

Pollution problems in the world.

Discuss some of these situations.

1. Mae tir yn cael ei ddifetha gan sychder *(drought)* yn Affrica. Oes rhesymau eraill *(other reasons)*? Sut mae'r broblem hon yn gallu cael ei datrys *(solve)*?
2. Mae awyr dinasoedd yn cael ei llygru gan nwyon ceir *(car exhaust fumes)* yn Ewrop ac America. Sut gall y sefyllfa hon gael ei gwella?
3. Mae afonydd yn cael eu gwenwyno yng Nghymru. Beth sy'n achosi *(cause)* hyn?
4. Mae tyllau yn yr haen osôn *(ozone layer)* yn cael eu hachosi gan nwyon *(gasses)*. O ble mae'r nwyon yn dod? Beth yw'r ateb?
5. Mae clefydau'n cael eu hachosi gan ymbelydredd *(radiation)*. Ydy'r gorsafoedd niwclear ar fai *(to blame)*? Oes modd prosesu gwastraff niwclear yn ddiogel *(safely)*?

 Correct these sentences.

1. Cafodd y môr ei **ll**ygru gan olew.
2. Mae'r coed wedi cael **ei dd**ifetha gan y gwynt.
3. Mae Cymru'n **cael** mynyddoedd uchel yn y gogledd.
4. Cafodd y wlad ei **dd**istrywio gan y traffig.
5. Mae'r afonydd wedi cael **ei w**enwyno gan y cemegau.
6. **Rydw** i **gan** ddau frawd a dwy chwaer.
7. Cafodd y merched eu **dd**al yn smygu.
8. Maen nhw **gyda** amser da yn y parti.

 Translate these sentences.

1. Wales has too much rain in summer.
2. I'm having a great time.
3. The work has been done.
4. May I have more milk, please?
5. Are you allowed to see the film?
6. The world has a lot of environmental problems.
7. How many rivers were polluted?
8. They were born in the Rhondda.

3.12

STEP 12 – the spoken language – Going to a dance
CAM 12 – yr iaith lafar – Mynd i ddawns

tafodiaith (f)/tafodieithoedd – *dialect/dialects*

There are many dialects in Wales.
The verb forms are an important part of the spoken language.
The verb forms vary a little between various parts of the country.
Usually on S4C news, radio news, speaking from a stage (e.g. politician, eisteddfod, chapel), you will hear formal spoken Welsh.

Some pronouns differ sometimes. 'Chdi' occurs in north Wales. It corresponds to 'ti'. 'Fo' and 'o' in the north correspond to 'fe' and 'e'.
In some parts of Wales, children use 'chi' when talking to their mother and father. Usually children use 'ti' with parents.
'Ti' is becoming more popular when talking to parents and friends.

We use the spoken language:

– when talking to friends;
– when talking to the family;
– when talking on the street and in a pub.
It is a great help for learners to keep to ONE form of dialect.

What are the dialect forms in your area?

Ask your Welsh speaking acquaintances, and imitate them.

	Spoken: south	Spoken: north
rydw i	wi	dwi
rwyt ti	(r)wyt ti	wt ti
mae e	ma' fe	mae o
mae hi	ma' hi	ma' hi
mae Huw	ma' Huw	ma' Huw
rydyn ni	(r)'yn ni	'dan ni
rydych chi	(r)'ych chi	'dach chi
maen nhw	ma'n nhw	ma'n nhw
mae'r plant	ma'r plant	ma'r plant

Examples

South

Wi'n mynd i Glwb Ritzy's heno.

Ma' grŵp da'n canu yn y clwb.

'Yn ni'n mynd yn gynnar.

Ma' Siân yn mynd hefyd.

North

Dwi'n mynd i glwb Ritzy's heno.

Ma' 'na grŵp da'n canu yn y clwb.

'Dan ni'n mynd yn gynnar.

Ma' Siân yn mynd hefyd.

 Change these sentences to the spoken Welsh of your area.

Rydw i'n mynd i glywed grŵp pop yn y clwb.
Maen nhw'n canu'n dda.
Rydw i'n mynd i yfed yn y dafarn cyn mynd i'r clwb.
Rydyn ni wedi clywed y grŵp ar y radio.
Rydyn ni wedi gweld y grŵp ar y teledu.
Mae e wedi prynu CD'r grŵp.

Question and answer

	Spoken: south	Spoken: north
Ydw i?	Odw i?/Wdw i?	Ydw i?
Wyt ti?	'Yt ti?	Wyt ti?
Ydy e?	Odi e?	Ydy o?
Ydy hi?	Odi hi?	Ydy hi?
Ydy Huw?	Odi Huw?	Ydy Huw?
Ydyn ni?	'Yn ni?/Odyn ni?	Ydan ni?
Ydych chi?	'Ych chi?/Odych chi?	Ydach chi?
Ydyn nhw?	Odyn nhw?	Ydan nhw?
Ydy'r plant?	Ody'r plant?	Ydy'r plant?

Yes	South	North	*No*	South	North
Ydw	Odw Wdw	'Ndw	Nac ydw	Na'dw	Nac'dw
Ydyn	Odyn	'Ndan	Nac ydyn	Na'dyn	Nac'dan
Ydy	Ody	'Ndi	Nac ydy	Na'di	Nac'di

Examples

South

'Yn ni'n mynd i'r dafarn
cyn mynd i'r clwb?
'Ych chi'n mynd hefyd?
Odi'r grŵp yn canu heno?
Odi e 'di ca'l tocyn?

North

'Dan ni'n mynd i'r dafarn
cyn mynd i'r clwb?
'Dach chi'n mynd hefyd?
Ydy'r grŵp yn canu heno?
Ydy o 'di ca'l tocyn?

 Ask questions in your dialect, and answer the questions.

… clwb heno?
… tafarn cyn mynd i'r clwb?
… wedi prynu CD jazz?
… wedi cael tocyn i'r disgo?
… wedi gweld canu pop Cymraeg ar y teledu?
… hoffi mynd i glybiau nos?
… wedi clywed grŵp pop Cymraeg?

Negative

	Spoken: south	Spoken: north
Dydw i ddim	Wi ddim / Smo fi / Sa i / So fi	Tydw i ddim / Dw i'm
Dwyt ti ddim	Smo ti / So ti	Dw't ti ddim
Dydy e ddim	Smo fe / So fe	Tydi o ddim
Dydy hi ddim	Smo hi / So hi	Tydi hi ddim
Dydy Huw ddim	Smo Huw / So Huw	Tydi Huw ddim
Dydyn ni ddim	Smo ni / So ni	'Dan ni ddim
Dydych chi ddim	Smo chi / So chi	'Dach chi ddim
Dydyn nhw ddim	Smo nhw / So nhw	Tydyn nhw ddim
Dydy'r plant ddim	Smo'r plant / So'r plant	Tydi'r plant ddim

Examples

South

Smo fi'n mynd heno.

Smo fe wedi gweld y grŵp.

Smo merched yn hoffi yfed cwrw.

Smo'r bechgyn yn mynd i'r ddawns.

North

Dwi'm yn mynd heno.

Tydi o ddim wedi gweld y grŵp.

Tydi genod ddim yn leicio yfad cwrw.

Tydi'r hogia ddim yn mynd i'r ddawns.

 Say that you are not going to do these things.

mynd i yfed heno
cael cinio yn y dafarn
mynd i'r ddawns nos Sadwrn
yfed cwrw
aros yn y tŷ
cymryd cyffuriau *(take drugs)*

Other negative sentences

	South	North
Does dim	'Sdim	Toes dim / Toes 'na ddim
Does neb	'Sneb	Toes neb / Toes 'na neb

 Turn this conversation into the dialect of your area.

"Rwy wedi bod yn Abertawe heddiw."

"Beth wnest ti yn Abertawe?"

"Bues i'n siopa – rwy wedi prynu dillad i'r parti."

"Wyt ti wedi prynu sgert?"

"Na, dydw i ddim wedi prynu sgert. Ond rydw i wedi prynu jîns."

"Ond does dim dillad gen i. Does dim sgert deidi, a dim jîns chwaith."

"Beth rwyt ti'n mynd i wneud?"

"Wel, mae dillad rhad yn Crazy Max. Wyt ti am ddod i chwilio am sgert?"

"Na, does dim arian gen i. Rydw i wedi gwario popeth yn y dre."

'Yt ti'n dod heno?
Are you coming tonight?

Smo fi'n gwybod beth i wisgo.
I don't know what to wear.

Denzil:	'Yt ti'n dod am beint i'r Deri?
Teg:	Nac'dw, dwi 'di blino'n arw.
Denzil:	Smo ti 'di blino? Beth ti 'di bod yn 'neud?
Teg:	Dwi'm 'di g'neud llawar.
Denzil:	Smo ti 'di 'neud llawer?
Teg:	Es i i'r carchar i weld Marc. Mae o 'di cael amsar calad yn y carchar.
Denzil:	A beth mae Marc 'di 'neud?
Teg:	Mae o 'di bod yn gwerthu cyffuria – mae o 'di cael pum mlynadd o garchar am werthu dôp.
Denzil:	Jiw! Jiw! Pum mlynedd? Ond ma' pum mlynedd yn amser hir iawn.

Teg:	Piti ydy, mi wnaeth o hefyd losgi tŷ 'i fam o. Ac mi wnaeth o hefyd hannar lladd 'i fòs o.
Denzil:	Nefoedd wen! Hanner lladd y bòs? O wel, dyw pum mlynedd ddim yn hir iawn. 'Yt ti 'di ca'l bwyd heddi'?
Teg:	Nac'dw, tydw i ddim wedi byta ers amsar cinio.
Denzil:	Smo ti 'di b'yta? Wel jiw, ti'n dod 'da fi i'r Deri, 'te.
Teg:	Tydw i ddim yn gallu dŵad.
Denzil:	Pam 'te?
Teg:	Wel, landlord y Deri ydy bòs Marc.

STEP 13 – very formal language – The world of books
CAM 13 – iaith ffurfiol iawn – Byd llyfrau

academaidd – *academic*
adolygu – *to review*
antur (f) – *adventure*
awdur (m)/-on – *author/-s*
barddoniaeth (f) – *poetry*
enwog – *famous*
ffeithiol – *factual, non-fiction*
ffuglen (f) – *fiction*

gwyddonol – *scientific*
hanes (m) – *history*
hunangofiant (m)/hunangofiannau – *autobiography/autobiographies*
llyfrgell (f)/-oedd – *library/libraries*
nofel (f)/-au – *novel/-s*
serch (m) – *romance*
stori (f) fer /storïau byrion – *short story/short stories*

Very formal language

We can see very formal language in academic books, usually.
We use it when writing factual books, sometimes.
We can see it in poetry.
We can see very formal language, formal language or spoken language in novels.
The language changes according to context.

Examples

Spoken language	Formal language	Very formal language
dw i	rydw i	yr wyf / rwyf
r'yn ni	rydyn ni	yr ydym
ma' fe / mae o	mae e	y mae / mae ef
r'ych chi	rydych chi	yr ydych

Changing to very formal language

formal	very formal	
rydw i	yr wyf (i)	*I am*
rwyt ti	yr wyt (ti)	*you are*
mae e	y mae (ef)	*he is*
mae hi	y mae (hi)	*she is*
mae Huw	y mae Huw	*Huw is*
rydyn ni	yr ydym (ni)	*we are*
rydych chi	yr ydych (chwi)	*you are*
maen nhw	y maent (hwy)	*they are*
mae'r dynion	y mae'r dynion	*the men are*

Holl ddramâu Saunders Lewis. All the plays of Saunders Lewis.

The word 'yr' or 'y' is put in front of a verb in very formal language. It has no meaning of its own.
Very formal language itself is changing! The word 'yr' is not used often today.

Very formal written language

Yr wyf (fi/i)	Rwyf (fi/i)	Rwyf yn hoffi llyfrau hanes.	*I like history books.*
Yr wyt (ti)	Rwyt (ti)	Rwyt yn mynd i'r llyfrgell yn aml.	*You often go to the library.*
Y mae (ef)	Mae (ef)	Mae ef yn ysgrifennu llyfrau ffeithiol.	*He writes factual books.*
Y mae (hi)	Mae (hi)	Mae hi'n adolygu llyfrau.	*She reviews books.*
Y mae Huw	Mae Huw	Mae Huw'n darllen llyfr bob dydd.	*Huw reads a book every day.*
Yr ydym (ni)	Rydym (ni)	Rydym yn hoffi llyfrau antur.	*We like adventure books.*
Yr ydych (chwi)	Rydych (chi)	Rydych yn awdur enwog.	*You are a famous author.*
Y maent (hwy)	Maent (hwy)	Maent yn gwybod popeth.	*They know everything.*
Y mae'r dynion	Mae'r dynion	Mae'r dynion yn casáu llyfrau.	*The men hate books.*

There is no need to use the pronoun after the verb in very formal language to show who does the action.
    Rydyn ni'n darllen.   Rydym yn darllen.
    Maen nhw'n ysgrifennu.   Maent yn ysgrifennu.
We use the pronoun after the verb if there is need to make the meaning clear, e.g. to distinguish between 'ef' and 'hi'.
    Mae ef yn hoffi llyfrau antur, ond mae hi'n hoffi llyfrau hanes.
    Mae'n mynd. / Mae ef yn mynd.
    Mae'n dysgu. / Mae hi'n dysgu.

… ti	'n	hoffi	llyfrau ditectif.
… hwy		darllen	llyfrau antur.
… ni		ysgrifennu	llyfrau serch.
… ni		adolygu	nofelau.
			storïau byrion.
… ef	yn	casáu	barddoniaeth.

Negative

formal	very formal	
dydw i ddim	nid wyf (fi/i)	*I am not*
dwyt ti ddim	nid wyt (ti)	*You are not*
dydy e ddim	nid yw (ef)	*He is not*
dydy hi ddim	nid yw (hi)	*She is not*
dydy Siân ddim	nid yw Siân	*Siân is not*
dydyn ni ddim	nid ydym (ni)	*We are not*
dydych chi ddim	nid ydych (chwi)	*You are not*
dydyn nhw ddim	nid ydynt (hwy)	*They are not*
dydy'r dynion ddim	nid yw'r dynion	*The men are not*

The word 'nid' is put in front of the verb to make the verb negative in very formal language.
We put 'ddim' after the verb in formal language and in spoken language, but not usually in very formal language.

Wi'n hoffi argraffu llyfrau.
I like printing books.

1. Mae e'n hoffi darllen llyfrau antur.
2. Mae hi'n casáu barddoniaeth.
3. Rydym yn darllen gwaith Dafydd ap Gwilym yn y gwely bob nos.
4. Maent yn adolygu nofelau Cymraeg ar y teledu.
5. Rwyf yn hoffi ysgrifennu storïau byrion.
6. Maent yn gwerthu cylchgronau Cymraeg yn y siop bapurau.
7. Rwyt yn darllen gormod o lyfrau ditectif.
8. Rydych chi'n casáu ysgrifennu Cymraeg ffurfiol iawn.

Questions and answers

formal	very formal	
Ydw i …?	A wyf (i) …?	*Am I?*
Wyt ti …?	A wyt (ti) …?	*Are you?*
Ydy e …?	A yw (ef) …?	*Is he?*
Ydy hi …?	A yw (hi) …?	*Is she?*
Ydy Mair …?	A yw Mair …?	*Is Mair?*
Ydyn ni …?	A ydym (ni) …?	*Are we?*
Ydych chi …?	A ydych (chwi) …?	*Are you?*
Ydyn nhw …?	A ydynt (hwy) …?	*Are they?*
Ydy'r menywod …?	A yw'r menywod …?	*Are the women?*

We begin a question with the interrogative word 'a' in very formal language.
'A' is followed by a soft mutation, where necessary.

A ddarllenoch chi'r nofel?
Did you read the novel?

The interrogative 'a' can disappear in spoken language and in formal language.

Ddarllenoch chi'r nofel?
Did you read the novel?

Fe fyddwn ni'n gwneud ein gorau glas *(our very best)* yn ystod y flwyddyn nesaf i ddileu *(eradicate)* problem cyffuriau yn ein hardal ni. Yn naturiol, fe fyddwn ni'n poeni am y broblem bob amser, ond eleni byddwn ni'n gwneud ymdrech arbennig *(special effort)* i ddelio â'r rhai sy'n gwerthu cyffuriau.

i. Fe fyddwn ni'n rhoi sylw arbennig *(special attention)* i ddawnsfeydd, disgos a thafarnau yn yr ardal. Mae rhai cyffuriau ffasiynol ar werth yn agored ar hyn o bryd. Os na fydd y llywodraeth *(government)* yn llwyddo i reoli'r cyffuriau sy'n dod i mewn i'r wlad, bydd yn rhaid i ni fod yn fwy gwyliadwrus *(vigilant)*.

ii. Fe fyddwn ni'n ceisio dod o hyd i ffynhonnell *(source)* y cyffuriau. Byddwn ni'n trefnu bod ein swyddogion ni'n mynd i'r dawnsfeydd mewn dillad cyffredin, a byddan nhw wedyn mewn safle *(situation)* i weld beth sy'n digwydd ac i adnabod y bobl fydd yn gwerthu cyffuriau.

iii. Bydd ein cynghorwyr *(counsellors)* yn paratoi manylion *(details)* ar beryglon *(dangers)* gwahanol gyffuriau, a byddwn ni'n rhoi ein prif sylw i'r rhai mwyaf peryglus.

iv. Rydyn ni'n sylweddoli *(realise)* bod hanner troseddau'r ardal yn cael eu hachosi oherwydd cyffuriau. Mae llawer o'r dwyn *(theft)* o dai'n digwydd am fod pobl am gael arian i brynu cyffuriau, ac mae llawer o ymosodiadau *(attacks)* personol yn digwydd am fod gangiau'n cystadlu *(compete)* â'i gilydd i reoli'r *(to control the)* farchnad gyffuriau.

Byddwn ni'n mesur *(measure)* ein llwyddiant *(success)* yn ôl *(according to)* y nifer o achosion a fydd yn dod i'r llys, yn ôl

nifer y troseddau a fydd yn cael eu cyflawni *(commit)* yn sgil cyffuriau, ac yn ôl y nifer o gyffuriau a fydd ar werth *(for sale)* yn yr ardal.

1. Beth fydd yr heddlu'n ei wneud y flwyddyn nesaf?
2. Sut byddan nhw'n gwybod pwy sy'n gwerthu cyffuriau?
3. Pa droseddau fydd yn digwydd oherwydd cyffuriau?
4. Sut byddan nhw'n mesur eu llwyddiant?
5. Sut byddan nhw'n gwybod pa dargedau *(targets)* i anelu atynt *(to aim for)*?

caniatáu – *to allow*
derbyn – *to accept, to receive*
gwrthod – *to reject*

pob math o – *every kind of*
rhai mathau o – *some kinds of*
smygu – *to smoke*

Incomplete verbs

Some verbs in Welsh only have a few forms.

dylwn *should*
Imperfect or Conditional
(conditional in meaning)

dylwn i — *I should*
dylet ti — *you should*
dylai fe — *he should*
dylai hi — *she should*

dylai Huw — *Huw should*
dylen ni — *we should*
dylech chi — *you should*
dylen nhw — *they should*
dylai'r dynion — *the men should*

We can put a verb-noun after 'dylai fe' etc. The verb-noun is soft mutated.

gweld   >   Dylai fe **w**eld.   *He should see.*

Dylai pobl			
Dylen ni	wrthod	pob math	o gyffuriau.
Dylech chi	gymryd	rhai mathau	o alcohol.
Dylen ni	dderbyn		

Pluperfect *should have*

dylwn i fod wedi — *I should have*
dylet ti fod wedi — *you should have*
dylai fe fod wedi — *he should have*
dylai hi fod wedi — *she should have*
dylai Huw fod wedi — *Huw should have*
dylen ni fod wedi — *we should have*
dylech chi fod wedi — *you should have*
dylen nhw fod wedi — *they should have*
dylai'r dynion fod wedi — *the men should have*

very formal language
dylaswn
dylasit
dylasai
dylasai
dylasai Huw
dylasem
dylasech
dylasent
dylasai'r dynion

Dylwn i	fod wedi	derbyn	cyffuriau.	
Dylech chi		gwrthod	alcohol.	
Dylen ni		cymryd		
Dylwn i				

Impersonal *should be*
dylid

The verb-noun is not soft mutated after 'dylid'.
Dylid cymryd un aspirin y dydd.   *One aspirin should be taken daily.*

Questions and answers
We mutate the initial consonant.
Ddylen ni dderbyn alcohol?   *Should we accept alcohol?*
Yes   dylwn, dylet, dylai, etc.
No   na *or* na ddylwn, na ddylet, na ddylai, etc.

Negative
We soft mutate the verb and put 'ddim' after the pronoun or name.
Ddylwn i ddim derbyn unrhyw gyffur.   *I should not accept any drug.*

Imperfect negative: *I shouldn't …*

Ddylwn i	ddim	derbyn	alcohol.	
Ddylen ni		gwrthod	smygu.	
Ddylech chi		cymryd	unrhyw gyffur.	
		yfed	te a choffi.	

Pluperfect negative: *I shouldn't have …*

Ddylwn i	ddim	fod wedi	derbyn	alcohol.	
Ddylen ni			gwrthod	smygu.	
Ddylech chi			cymryd	unrhyw gyffur.	
			yfed	te a choffi.	

Make a conversation between Huw, Siôn, Jane and Ifan. Use the above patterns.

Mae Mari wedi yfed gormod. Mae Siôn wedi smygu trwy'r nos. Mae Ifan wedi cymysgu *(mix)* diodydd *(drinks)*. Wedyn, gwnaethon nhw lawer o bethau dwl. Mae Huw yn cwrdd â nhw yn y coleg y diwrnod wedyn, ac yn dweud wrthyn nhw beth dylen nhw fod wedi'i wneud, a beth ddylen nhw ddim fod wedi'i wneud.

 Discuss these questions.

1. A ddylen ni ganiatáu *(allow)* unrhyw gyffuriau?
2. A ddylai'r wlad ganiatáu cyffuriau ffasiynol?
3. A ddylen ni ganiatáu alcohol, tybaco a chanabis?
4. A ddylid rheoli cyffuriau meddygol *(medical)* yn well?
5. Pa gyffuriau dylen ni eu caniatáu?

Other incomplete verbs

byw *to live*
We can use 'byw' after the forms of 'bod'.
Rydw i'n byw yn Aberystwyth.   *I live in Aberystwyth.*
'Byw' has no personal forms, so we must always use the personal forms of 'bod'.
Roedd e'n byw yno.   *He lived there.*

marw *to die*
We can use 'marw' after the forms of 'bod'.
Mae e'n marw.   *He is dying.*
Mae e wedi marw.   *He has died.*
'Marw' has no personal forms, so we should not say 'marwodd e'. We should say 'Buodd e farw'.

eisiau *to want*
'eisiau' is a noun, but it can be used as a verb without putting 'yn' in front of it.
Rydw i eisiau mynd.   *I want to go.*
Roedd hi eisiau smygu.   *She wanted to smoke.*

gorfod *to have to*
We can use 'gorfod' after the forms of 'bod'.
Roeddwn i'n gorfod mynd.   *I had to go.*
'Gorfod' has only one singular Past tense form, 'gorfu' *had to*.
Gorfu i fi fynd.   *I had to go.*

meddaf *to say*
'Meddaf' has only Present and imperfect forms.

Present	Imperfect
medd ef / hi	meddai fe/hi
meddan nhw	medden nhw

piau *to own*
'piau' is the only form.
Pwy piau'r cyffuriau?   *Who owns the drugs?*
We often mutate 'piau'.
Fi biau'r botel.   *I own the bottle.*

Dylwn i fod wedi troi i'r chwith.
I should have turned left.

geni *to be born*
We can use 'geni' after the forms of 'cael'.
Ces i fy ngeni.   *I was born.*
Mae hi wedi cael ei geni.   *She has been born.*
'Geni' only has impersonal forms.

Present	Past
genir	ganwyd / ganed
Genir llawer o blant.	Ganwyd Huw yn Llanuwchllyn.
Many children are born.	*Huw was born in Llanuwchllyn.*

gweddu *to suit*

'Gweddu' has only two forms, in the 3rd person singular.

Present	Imperfect
gwedda	gweddai

Gwedda'r dillad i'r esgidiau'n iawn.
The clothes suit the shoes well.
Gweddai'r wisg i liw ei gwallt.
The dress suited the colour of her hair.

dyma	*here is, here are*
dyna	*there is, there are*
dacw	*there is, there are*
ebe	*says, said*
wele	*behold*

1. They should start thinking about it seriously.
2. We shouldn't be too worried about this.
3. He died two days after the accident.
4. That bottle is mine!
5. The skirt didn't suit her at all.
6. They used to live in Llynfi valley.
7. You shouldn't drink and drive.
8. I had to go back to town to go to the bank.

3.17

STEP 17 – the Present and the Future short form – Discussing a story
CAM 17 – y Presennol a'r Dyfodol cryno – Trafod stori

awdur (m)/-on – *author/-s*
ceisio – *to try*
cerdd (f)/-i – *poem/-s*
cymdeithas (f)/-au – *society/societies*
cymeriad (m)/-au – *character/-s*
darlunio – *to portray*
dioddef – *to suffer*
disgrifio – *to describe*

neges (f)/negeseuon – *message/messages*
patrwm (m)/patrymau – *pattern/patterns*
pwrpas (m) – *purpose*
pwynt (m)/-iau – *point/-s*
siâp (m)/siapiau – *shape/shapes*
sylw (m)/-adau – *comment/-s*
traethawd (m)/traethodau – *essay/essays*
ysgrif (f)/-au – *essay, article/-s*

Short forms of the Present and Future

edrych *to look*

	Very formal language
edrycha i	edrychaf (i)
edrychi di	edrychi (di)
edrycha fe/hi	edrych (ef/hi)
edrychwn ni	edrychwn (ni)
edrychwch chi	edrychwch (chwi)
edrychan nhw	edrychant (hwy)
edrycha'r dynion	edrych y dynion

These forms usually refer to the near future.

Edrycha i arno fe nawr.　　*I'll look at it now.*

'Bydda i'n' + verb-noun are used to refer to the more distant future.

Bydda i'n edrych arno fe yfory.　*I'll look at it tomorrow.*

We add the endings (-a, -i, -a, -wn, -wch, -an) to the stem of the verb (see Step 8).

Gwela i hynny.　　　*I see that.*

The letter 'a' can change to 'e' before the ending 'i' or 'wch'.

| gallu | gelli di | gellwch chi / gallwch chi |
| canu | ceni di | cenwch chi / canwch chi |

We can put 'fe' before the verb.

Fe welwn ni yn y gerdd …　*We see in the poem …*

Fe	welwn ni ddarllenwn ni ddisgrifia'r awdur	yn y gerdd yn y stori yn y nofel	fod yr awdur yn hapus. fod y dyn yn drist. sut mae'r cwm yn dioddef.
Fe	geisia'r awdur	ddangos ddisgrifio ddarlunio	bod y fenyw'n gryf. sefyllfa'r gymdeithas. cymeriadau'r bobl.

fe welwn ni – *we see*
fe ddarllenwn ni – *we read*
fe ddisgrifia'r awdur – *the author describes*
fe geisia'r awdur – *the author tries*

fod yr awdur yn hapus – *that the author is happy*
fod y dyn yn drist – *that the man is sad*
sut mae'r cwm yn dioddef – *how the valley suffers*
bod y fenyw'n gryf – *that the woman is strong*
sefyllfa'r gymdeithas – *the condition of society*
cymeriadau'r bobl – *the people's character*

In spoken language, we can use '-ith' or '-iff' instead of '-a' as the 3rd person ending.

gweld	gwelith e
edrych	edrychith hi
mynd	aiff hi
canu	canith e

Think of a story you have read.

Say what is in the story and say how the author:
portrays the characters – darlunio'r cymeriadau
relates the events – adrodd yr hanes
describes the background – disgrifio'r cefndir
conveys the atmosphere – cyfleu'r naws
gives the message – rhoi'r neges
etc.
Use these expressions:
   Fe welwn fod yr awdur yn …
   Fe geisia'r awdur …
   Fe ddarlunia'r cefndir …
   Fe bortreada'r cymeriadau fel rhai …
   Fe welwn ni yn y stori fod …
   Fe ddisgrifia'r awdur …

Question and answer

We start the question with soft mutation of the initial consonant.

| Ddaw hi heno? | *Will she come tonight?* |
| Wnewch chi ddarllen? | *Will you read?* |

In very formal Welsh, we start with 'a' followed by soft mutation.

| A ddaw hi heno? | *Will she come tonight?* |
| A wnewch chi ddarllen? | *Will you read?* |

Yes: We use a short form of the verb, without soft mutation.

| Daw | *Yes (She will come)* |
| Gwnaf | *Yes (I will do)* |

No: We use 'na', or we put 'na' before the short form of the verb, followed by soft mutation, or spirant mutation with 'c', 'p' and 't'.

Na / Na ddaw	*No / She will not come*
Na / Na wnaf	*No / I will not (do)*
Na / Na chaiff	*No / He won't have*

Negative (see Step 5)

We start the negative sentence with spirant mutation (if it is possible), or soft mutation.

Chreda i ddim fod y stori'n wir.   *I don't believe that the story is true.*

With an indefinite object, we put 'ddim' before the object.

Chawn ni ddim darllen y nofel heno.   *We won't be allowed to read the novel tonight.*
Wela i ddim cyffro yn y nofel.   *I don't see any excitement in the novel.*

With a definite object, we put 'mo' before the object.

Chreda i mo'r stori yna.   *I don't believe that story.*
Wela i mo bwrpas y stori yna.   *I don't see the purpose of that story.*

Wela i Welwn ni	ddim	pwynt pwrpas siâp patrwm	i'r stori. i'r nofel. i'r llyfr. i'r ffilm.	*I don't see any point to the story.* *We don't see any purpose to the novel.* *... shape to the book.* *... pattern to the film.*

 Translate into English.

This is the first paragraph of a short story.

"Wela i ddim pwrpas yn y byd i'r holl beth."

Roedd y frawddeg honno'n ddigon i ddigalonni *(dishearten)* Huw. Yn sydyn roedd yn gweld ei orffennol yn rhes o ddigwyddiadau'n gwibio *(flash)* heibio i'w lygaid. Roedd e newydd lanw ffurflen yn swyddfa'r di-waith – y swyddfa sydd â'r enw eironig "Canolfan Gwaith".

"Edrych, Siân," meddai fe'n ffwndrus *(confused)*. "Elli di ddim dychmygu cymaint o siom yw hyn i mi. Mae meddwl y daw'r cyfan oll i ben yn ... wel, bron yn ddigon amdana i *(enough to finish me)*."

Ceisiodd Siân gydymdeimlo *(sympathise)* â'i gŵr, ond roedd hi'n gwybod bod unrhyw gydymdeimlad yn ofer *(in vain)*.

"Edrycha i'r dyfodol, Huw," meddai hi'n araf. Roedd hi wedi cynllunio hyn ers amser. "Fydd dim dyfodol i ti yn y cwm yma. Gweithia di faint fynni di *(as much as you will)*, ei di ddim i unman tra arhosi di fan hyn. Ond cer di i Lundain, ac fe weli di'r lle'n llawn gobeithion newydd."

"Os af i," meddai Huw, "fe golla i fy ffrindiau, fe golla i fy nheulu, cha i ddim yfed peint yn y Llew Du ar nos Wener, a chwaraea i fyth rygbi eto ..."

"Rwyt ti'n siarad fel hen ddyn. Mae dy fywyd o'th flaen di."

Answer these questions on the above paragraph.

1. Gaiff Huw waith yn y cwm?
2. Ble caiff Huw waith?
3. Beth wnaiff e byth eto yn y cwm?
4. Wnân nhw aros yn y cwm?
5. Ydych chi'n credu yr aiff Huw i Lundain?

Irregular verbs

mynd	dod	cael	gwneud	gwybod
a(f) i	do(f) i	ca(f) i	gwna(f) i	gwn i
ei di	doi di	cei di	gwnei di	gwyddost ti
aiff e/hi	daw e/hi	caiff e/hi	gwnaiff e/hi	gŵyr e/hi
awn ni	down ni	cawn ni	gwnawn ni	gwyddon ni
ewch chi	dewch chi	cewch chi	gwnewch chi	gwyddoch chi
ân nhw	dôn nhw	cân nhw	gwnân nhw	gwyddan nhw

We can say 'gwneith e/hi'.
We can ask a question by soft mutating the initial consonant.

 Wnaiff e ysgrifennu llyfr arall?   *Will he write another book?*
 Gwnaiff.   *Yes (he will do).*
 Na. / Na wnaiff.   *No. / No, he won't (do).*

We can form a negative sentence by using 'ddim'(with indefinite objects) or 'mo'(with definite objects).

 Wna i ddim llawer o waith heddiw.   *I won't do much work today.*
 Wna i mo'i helpu fe.   *I won't help him.*

We can put 'fe' or 'mi' in front of the verb. This is followed by a soft mutation.

 Fe wna i.   *I'll do.*

Fe wna i	ddarllen	'r/y nofel.
Fe wnaiff hi	edrych ar	'r/y llyfr.
Fe wnân nhw	brynu	'r/y geiriadur.
Fe gei di		
Fe gewch chi		

**Os daw'r cwch, fe a i adre.
Fel arall, fan hyn bydda i, sbo!**
*If the boat comes, I'll go home.
Otherwise here I'll be, I suppose!*

Very formal language

mynd: af (i); ei (di); â (ef/hi); awn (ni); ewch (chi); ânt (hwy)

dod: dof /deuaf (i); doi / deui (di); daw (ef/hi); down / deuwn (ni); dowch / deuwch (chi); dônt / deuant (hwy)

cael: caf (i); cei (di); caiff (ef/hi); cawn (ni); cewch (chi); cânt (hwy)

gwneud: gwnaf (i); gwnei (di); gwna (ef/hi); gwnawn (ni); gwnewch (chi); gwnânt (hwy)

gwybod: gwn (i); gwyddost (ti); gŵyr (ef/hi); gwyddom (ni); gwyddoch (chi); gwyddant (hwy)

Gallwn i	fod wedi	gweithio.
Hoffwn i		pasio.
Dylwn i		cael y swydd.
Dylech chi		mynd i'r coleg.
Hoffech chi		aros yn y coleg.
		mynd i'r gwaith.

Negative

We put 'ddim' in front of 'fod wedi', and use the appropriate mutation (spirant with 'c', 'p', 't', soft with others).

Allwn i ddim fod wedi mynd.
I couldn't have gone.
Ddylai hi ddim fod wedi gweithio.
She shouldn't have worked.

Allwn i	ddim	fod wedi	pasio.
Hoffai			gweithio.
Ddylen ni			methu.
Allen ni			cael y swydd.
Hoffen ni			cael y sac.

3.18

Answer.

1. Beth gallech chi fod wedi'i astudio'r llynedd?
2. Allech chi fod wedi pasio TGAU yn well?
3. Hoffech chi fod wedi astudio Rwsieg?
4. Ddylech chi fod wedi dysgu teipio?
5. Sut gallech chi fod wedi gwneud yn well yn yr arholiadau?

Translate these sentences.

1. I could have done the work myself.
2. They should have gone to university.
3. We would have liked to have studied French.
4. He could have passed, but he could not have passed well enough.
5. You should not have bought the present.
6. The country could not have had worse weather.
7. I would have liked to have learnt the language before going.
8. She should have learnt to type before applying for the post.

Dylwn i fod wedi cofio dod ag arian – gallwn i fod wedi mynd am beint yn lle gwrando ar y bardd trwy'r nos.
I should have remembered to bring money – I could have gone for a pint instead of listening to the poet all night.

adolygiad (m)/-au – *review/-s*
cyhoeddi – *to publish*
cylchgrawn (m)/cylchgronau – *magazine/magazines*
gohebydd (m)/gohebwyr – *journalist/journalists*

gwasg (f) – *press*
hunangofiant (m)/hunangofiannau – *autobiography/autobiographies*
papur newydd (m)/papurau newydd – *newspaper/newspapers*

The Impersonal

We can convey a general action taker in many ways.

dyn: Os yw dyn yn credu popeth sydd yn y papur, mae e'n ffôl.   *If one believes everything in the paper, one is silly.*

chi: Rydych chi'n dwp os ydych chi'n credu'r papur.   *You're silly if you believe the paper.*

The Impersonal can correspond to the Passive: there is no action taker, and the action is done to something.

cael: Mae'r llyfr wedi cael ei ysgrifennu.   *The book has been written.*

Cafodd y llyfr ei ddarllen.   *The book was read.*

The Impersonal forms

We rarely use these forms orally, but we hear them on the radio and television.

Darllenir y newyddion gan Huw Llwyd.   *The news is read by Huw Llwyd.*

We note the action taker by using 'gan' *(by)* after the verb and object.

Cyhoeddir y llyfrau gan Wasg y Lolfa.   *The books are published by Y Lolfa Press.*

We add these endings to the stem of verbs to obtain the Impersonal form:

Present

-ir   *is/will be …-ed*

edrychir   gwelir   cyhoeddir   darllenir   dywedir   gellir

We use the Present tense to say what is happening now or what will happen in the future.

Cyhoeddir y llyfr y flwyddyn nesaf.   *The book will be published next year.*

(= Bydd y llyfr yn cael ei gyhoeddi'r flwyddyn nesaf.)

Cyhoeddir	y llyfr	yr wythnos hon.
Darllenir	y papur	heno.
Gwelir	y stori	yn y llyfrgell.
Ysgrifennir	y nofel	

Translating a verb ending in '-ing' (gerund, present participle)

dan + verb-noun
    Aeth yno dan ganu.

gan + verb-noun
    Cerddodd adre gan ddal ei fag.

wrth + verb-noun
    Wrth fynd adre, gwelodd hi'r bws.

tra + verb
    Tra oedd e'n mynd adre, darllenodd y papur.

yn + verb-noun
    Gwelodd e'r gath yn gadael.
    Clywodd e'r ci yn cyfarth.

verb-noun
    Roedd y rhedeg yn dda, ond y saethu'n wael.

adjective
    Mae nifer cynyddol o fyfyrwyr yn y coleg.

phrase
    Y cyfradd ar y pryd.

clause
    Y dillad sy'n sychu.

He went there singing.

He went home holding his bag.

As she was going home, she saw the bus.

While going home, he read the paper.

He saw the cat leaving.
He heard the dog barking.

The running was good, but the shooting poor.

There's an increasing number of students in the college.

The going rate.

The drying clothes.

Golchodd hi'r llestri dan ganu.
She washed the dishes singing.

Almaeneg (f) – *German*

athrawes (f)/-au – *teacher/-s (female)*

athro (m)/athrawon – *teacher/teachers (male)*

astudio – *to study*

bioleg (f) – *biology*

cemeg (f) – *chemistry*

cyfrifiadureg (f) – *computer studies*

cymdeithaseg (f) – *sociology*

cyrraedd – *to arrive*

daearyddiaeth (f) – *geography*

darlithydd (m)/darlithwyr – *lecturer/lecturers*

dysgu – *to learn, to teach*

economeg (f) – *economics*

ffiseg (f) – *physics*

Ffrangeg (f) – *French*

gadael – *to leave*

gwyddor tŷ – *home economics*

hanes (m) – *history*

mathemateg (f) – *mathematics*

pennaeth (m)/penaethiaid – *principal/principals*

technoleg gwybodaeth (f) – *information technology*

y cyfryngau (pl) – *the media*

y gyfraith (f) – *law*

Common prepositions and their mutations

A preposition is usually a word that refers to place or time or a happening.

Soft mutation

Nouns and verb-nouns undergo soft mutation (see table, Section 2) after the following prepositions.

am *for, at*	ar *on*	at *to, towards*	gan *by*
heb *without*	i *to*	o *of, from*	dan *under*
dros *over*	drwy *through*	wrth *by, near*	hyd *until, along*

deg	am **dd**eg	*at ten*
llyfr	heb **l**yfr	*without a book*

'**Tros**' and '**trwy**' are other forms of '**dros**' and '**drwy**'.
'**O dan**' is another form of '**dan**'.
'**Tan**' is another form of '**dan**'.

Put a preposition in these sentences, and mutate the word which follows the preposition.

1. Mae hi wedi astudio Cymraeg ___ dwy flynedd.
2. Maen nhw'n mynd ___ coleg Menai.
3. Mae hi'n mynd __ gweld y prifathro.
4. Mae ____ tair mil o lyfrau yn y llyfrgell.
5. Dyn ni ___ cwrs Ffrangeg yn y coleg.
6. Mae'r athrawon ___ pwysau mawr.

She has studied Welsh for two years.
They go to Menai college.
She is going to see the head teacher.
There are over three thousand books in the library.
We are on a French course at the college.
The teachers are under great pressure.

Nasal mutation

Nouns undergo nasal mutation (see table in Section 2) after the preposition 'yn' *(in)*.
'Yn' changes to 'yng' in front of 'ngh' and 'ng'.

Caerdydd	yng **Ngh**aerdydd	*in Cardiff*
Glyn Ebwy	yng **Ng**lyn Ebwy	*in Ebbw Vale*

'Yn' changes to 'ym' in front of 'mh' and 'm'.

Pen-y-bont	ym **Mh**en-y-bont	*in Bridgend*
Bangor	ym **M**angor	*in Bangor*
Merthyr	ym **M**erthyr	*in Merthyr*

Fill the gaps in these sentences, and mutate the word after the gap.

Mae e'n astudio Ffrangeg ___ coleg Abertawe.
Dyn ni'n astudio Cymraeg ___ Bangor.
Mae e'n byw ___ Pen-y-bont.
Maen nhw'n astudio lefel A ___ Dinbych.
Mae Siân yn mynd i'r coleg ___ Trefynwy.

He's studying French at Swansea college.
We study Welsh in Bangor.
He lives in Bridgend.
They study A level in Denbigh.
Siân goes to the college in Monmouth.

Spirant mutation

These prepositions are followed by spirant mutation.

    â   gyda

â – *with, with the aid of*
    mynd â chyllell – *to take a knife*
'â' following verbs
    siarad â phrifathrawes – *to speak to a head teacher*
gyda – *with, in the company of*
    mynd gyda chyfaill – *to go with a friend*

Put 'â' or 'gyda' in these gaps, and mutate the word that follows.

1. Mae hi'n mynd ___ cyfaill i'r coleg.
2. Mae e'n astudio economeg ____ llawer o fyfyrwyr eraill.
3. Maen nhw'n siarad ____ prifathro'r coleg.
4. Ysgrifennodd e'r traethawd ____ phensil.
5. Dyn ni'n ymweld ___ coleg Aberystwyth yfory.
6. Mae hi'n mynd ___ tri geiriadur i'r coleg.

No mutation

There is no mutation following these prepositions.

cyn *before*   er *since*   ers *since*   wedi *after*   rhwng *between*

er – *since*, when mentioning a specific point in the past:
   rydw i yma er 1997

ers – *since*, when mentioning an unspecific point in the past: rydw i yma ers blwyddyn

 Put a preposition in the gaps below.

Choose from: cyn, er, ers, wedi, rhwng
1. Dw i'n dysgu Cymraeg ___ mis Medi.
2. Mae'r coleg ___ y môr a'r parc.
3. Dyn ni'n cael coffi ___ mynd i'r ddarlith.
4. Maen nhw'n nabod y darlithydd ___ blynyddoedd.
5. Es i adre ___'r ddarlith.

 Put prepositions in these sentences.

1. Mae e'n gweithio ____ 'r dydd.
2. Mae hi'n aros ___ ei ffrind.
3. Mae'r myfyrwyr yn gweithio ___ wyth y nos.
4. Mae'r darlithwyr yn edrych ymlaen ___ y gwyliau.
5. Dydy'r llyfrau ddim ___ y silff yn y llyfrgell.
6. Ydych chi gwybod ___ lyfr da ___ hanes Ewrop?
7. Mae digon ___ lyfrau daearyddiaeth yn y siop.
8. Mae'r ddarlithwraig yn ysgrifennu ___ y bwrdd gwyn.
9. Dw i'n astudio ____ Ngholeg Caerfelin.
10. Dyn ni wedi bod yma ___ wyth y bore.

Using prepositions

We can use a preposition:

to note a place
   Mae'r llyfr **ar** y ddesg.   *The book is **on** the desk.*

to note time
   Mae'r myfyrwyr yma **ers** amser.   *The students have been here **for (since)** a long time.*

in phrases
   ar goll *lost*; cyn bo hir *before long*; yn y pen draw *in the end*
   Mae'r myfyrwyr **ar goll** yn y llyfrgell.   *The students are lost in the library.*

after verbs and verb-nouns
   siarad â *to speak to* edrych ar *to look at* ymladd â *to fight*
   meddwl am *to think about* dweud wrth *to tell*
   cofio am *to remember*
   Mae'r darlithydd yn meddwl **am** y ddarlith nesaf. *The lecturer is thinking about the next lecture.*

after nouns
   tuedd i *a tendency to*
   cadarnhad o *confirmation of*
   syniad am *an idea about*
   Does gen i ddim syniad am y peth.   *I have no idea about the thing.*

after adjectives
   caredig wrth *kind to* cas wrth *nasty to*
   Mae'r pennaeth yn garedig iawn wrth y myfyrwyr newydd. *The principal is very kind to the new students.*

Prepositions in Welsh and English

Welsh prepositions are sometimes different to English prepositions. Sometimes a preposition is used where none is used in English, and vice-versa.

nasty to	cas wrth
ask someone	gofyn i rywun
write to someone	ysgrifennu at rywun
write to somewhere	ysgrifennu i rywle
a form of	ffurf ar
the aim of the book	nod y llyfr
(to be) able to go	gallu mynd
to hope to stay	gobeithio aros
to try to speak	ceisio siarad
to want to listen	eisiau gwrando / moyn gwrando

 Imagine that you are in college. Answer these questions.

1. Ble mae eich coleg/ysgol?
2. Sut rydych chi'n cyrraedd yn y bore?
3. Beth rydych chi'n ei astudio yn y coleg/ysgol?
4. Oes llawer o fyfyrwyr yno?
5. Oes llawer o athrawon/ddarlithwyr yno?
6. Llyfrau am beth rydych chi'n eu darllen?
7. Pryd rydych chi'n cyrraedd y coleg/ysgol?

8. Pryd rydych chi'n cael cinio?
9. Pryd rydych chi'n gadael?
10. Sut rydych chi'n mynd adre?

 Translate these sentences.

1. I'm writing to the manager.
2. He's nasty to the girl.
3. I'm reading a good book on Welsh history.
4. I'm lost – I'm looking for a swimming pool.
5. They're talking to the college principal.
6. We're trying to listen.
7. She's taking a book home to read.
8. He's been living (= he's living) here for eight years.

 Correct the mutations in these sentences.

1. Mae e'n byw rhwng **G**aerdydd ac Abertawe.
2. Dydy hi ddim yn **g**eisio deall.
3. Dyn ni'n darllen am **b**achgen o'r Fenni.
4. Dyn nhw ddim yn gas wrth **p**awb.
5. Ydych chi'n byw **yn P**ontypridd?
6. Mae hi'n dod o **Ll**anelli.
7. Dydy e ddim yn mynd i **g**wersylla'n aml.
8. Dw i'n ysgrifennu at **p**rifathro'r coleg.

STEP 2 – 'am' *for* – At the disco
CAM 2 – 'am' – *Yn y disgo*

bar hwyr (m) – *late bar*	cerddoriaeth roc (f) – *rock music*	ffansïo – *to fancy*
band roc (m)/-iau roc – *rock band/-s*	cwmni da (m) – *good company*	dawnsio – *to dance*

'am'

Words soft mutate after 'am':

cyfnod	am **g**yfnod	*for a while, for a period*
dau	am **dd**au o'r gloch	*at two o'clock*

'am' with pronouns

amdana i	amdanon ni
amdanat ti	amdanoch chi
amdano fe/fo	amdanyn nhw
amdani hi	

Very formal Welsh

amdanaf (fi)	amdanom (ni)
amdanat (ti)	amdanoch (chwi)
amdano (ef)	amdanynt (hwy)
amdani (hi)	

Fill the gaps.

1. Ydych chi wedi clywed _____ nhw?
2. Dw i'n gwybod ___ fe.
3. Maen nhw'n cofio ___ chi.
4. Ydyn nhw'n siarad ___ ni?
5. Pwy sy'n meddwl ___ hi?

- am *want*
  Mae hi am ddawnsio.   *She wants to dance.*
- am *intend*
  Mae e am fynd.   *He intends to go.*
- 'am' translates as *'to'* after 'dweud' *(to tell)*:
  Mae hi'n dweud wrth y disgyblion am fynd adre.
  She's telling the pupils to go home.

Meanings of 'am'

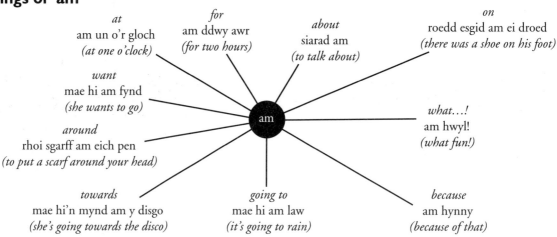

at
am un o'r gloch
(at one o'clock)

for
am ddwy awr
(for two hours)

about
siarad am
(to talk about)

on
roedd esgid am ei droed
(there was a shoe on his foot)

want
mae hi am fynd
(she wants to go)

what…!
am hwyl!
(what fun!)

around
rhoi sgarff am eich pen
(to put a scarf around your head)

towards
mae hi'n mynd am y disgo
(she's going towards the disco)

going to
mae hi am law
(it's going to rain)

because
am hynny
(because of that)

Translate these sentences.

1. They're arriving at eight o'clock.
2. She's always talking about you.
3. They're staying for two hours.
4. Put a coat on.
5. It looks like rain today.
6. Because of that, put wellingtons (esgidiau glaw) on your feet.

Make a conversation.

Mae hi'n wyth o'r gloch, ac mae Rachel a Kim am fynd i'r disgo. Mae'r disgo'n dechrau am naw o'r gloch. Mae hi'n oer iawn ac mae hi'n mynd i fwrw glaw.
Ydyn nhw eisiau mynd?
Beth maen nhw am wisgo?
Am faint o amser *(for how much time)* maen nhw am ddawnsio?
Pryd maen nhw am ddod adre?

'am' with verbs

about		for		at	
adrodd am	*to relate about*	aros am	*to wait for*	chwerthin am ben	*to laugh at*
anghofio am	*to forget about*	chwilio am	*to look for*	dechrau am	*to start at*
clywed am	*to hear about*	diolch am	*to thank for*	gorffen am	*to finish at*
cofio am	*to remember*	disgwyl am	*to wait for, to expect*		
chwerthin am	*to laugh about*	edrych am	*to look for*	*after*	
darllen am	*to read about*	galw am	*to call for*	gofalu am	*to look after*
dweud am	*to tell about*	gofyn am	*to ask for*		
dysgu am	*to teach/learn about*	hiraethu am	*to long for*		
gofidio am	*to worry about*	talu am	*to pay for*		
gofyn am	*to ask about*				
gwybod am	*to know about*				
hidio am	*to care about*				
meddwl am	*to think about*				
poeni am	*to worry about*				
pryderu am	*to worry about*				
siarad am	*to talk about*				
sôn am	*to mention*				
ysgrifennu am	*to write about*				

4.2

> **Dydw i ddim yn gofidio am fy ngwallt erbyn hyn.**
> *I don't worry about my hair any more.*

'am' with nouns
We use 'am' after some nouns.

hiraeth am	*longing for*
pryder am	*concern about*
rheswm am	*reason for*

'am' with adjectives
We use 'am' after some adjectives.

diolchgar am	parod am	hyderus am
thankful for	*ready for*	*confident about*

'am' with expressions of time
We use 'am' in expressions of time.

am amser maith	*for a long time*
am byth	*for ever*
am ddiwrnod	*for a day*
am ganrif	*for a century*
am hydoedd	*for a long time*

am oes	*for ages, for life*
am un o'r gloch	*at one o'clock*
am wythnos	*for a week*
am y tro	*for the time being*

 Write a conversation between Huw and Yvonne. Use six of these expressions of time.

Mae hi'n saith o'r gloch a Huw am fynd i'r dafarn. Mae e'n aros am amser maith am ei gariad, Yvonne. Mae hi'n dod am naw o'r gloch ac mae hi am fynd i'r disgo.

Other expressions

am bob punt	*for every pound*
am ddim	*free*
am fod	*because*
am fy nhrafferth	*for my efforts*
am hynny	*because of that*
am le braf!	*what a fine place!*
am unwaith	*for once*
am wn i	*for all I know*
am yn ail	*alternately*
cael hwyl am ben rhywun	*make fun of someone*
chwerthin am ben rhywun	*to laugh at someone*
gair am air	*word for word*
mynediad am ddim	*free entry*
rhedwch am eich bywyd!	*run for your life!*
dweud wrth rywun am fynd	*to tell someone to go*

(For more expressions, see Cennard Davies, *Y Geiriau Bach*, 1994.)

 Write a paragraph about a disco in town. You want to go there. Use some of the expressions below.

Mae disgo yn y dref. Rydych chi am fynd yno.

dechrau am	clywed am	aros am
mynediad am ddim	gwybod am	pryder am
am le braf	chwerthin am ben	am un o'r gloch
siarad am	diolch am	am unwaith

The conjunction 'am'
(See Clauses, Step 5)

We can form an adverbial clause by putting 'bod' after 'am' *(because)*.

> Dw i'n mynd i'r disgo am fod Siân yn mynd.
> *I'm going to the disco because Siân is going.*

 Translate these sentences.

1. She's reading about it in the paper.
2. He's making fun of the teacher.
3. They're forgetting about the trouble last night.
4. We're putting on a coat – it's going to rain.
5. It's starting at twelve o'clock, so I'll have to go for the moment.
6. What is she talking about?
7. He's always worrying about his hair.
8. They're not a bad band, for all I know.

 Correct the prepositions in these sentences.

1. Maen nhw wedi dweud y stori **i** fi.
2. Roedden nhw'n chwerthin **ar** ben y bachgen bach.
3. Ysgrifennodd e'r llythyr **i**'r prifathro.
4. Dw i wedi clywed **amdano** Huw.
5. Roedd e wedi darllen y stori yn y papur **amdano** hi.
6. Beth mae e wedi ei ddweud **am** fi?
7. Mae e wedi dweud wrth Huw **i** orffen y gwaith.
8. Roedden nhw wedi cyrraedd **at** ddeg o'r gloch.

Y bêl? Does dim sôn amdani hi fan hyn! *The ball? There's no sign of it here!*

cariad (m) – *love*
cariad (m/f)/-on – *girlfriend/-s,*
boyfriend/-s, lover/-s
caru – *to love, to court*

cusanu – *to kiss*
cwrdd â – *to meet*
dyweddïo – *to get engaged*
hoffi – *to like*

priodas (f)/-au – *marriage/-s*
priodi – *to marry*
sgwrs (f)/sgyrsiau – *conversation/-s*

4.3

'â' with

'â' does not change in front of pronouns.
    â fi (*or* â mi), â ni, â nhw
'â' changes to 'ag' before vowels.
    ag ef
Words undergo spirant mutation after 'â' and 'gyda' (see table, Section 2).
    cyfaill   ffarwelio â **ch**yfaill   *to say good-bye to a friend*
    tîm   mynd gyda **th**îm   *to go with a team*

Wyt ti wedi cyfarfod…?			Have you met … ?
Mae e wedi cwrdd		fi.	*He has met…*
Dw i wedi siarad	â	thi.	*I have talked…*
Mae hi wedi ffarwelio		fe.	*She has left/said good-bye…*
Ydy e'n cystadlu		hi.	*Is he competing…*
Dych chi'n cyd-fynd		ni.	*You agree…*
		chi.	
		nhw.	

'â' with verbs

bwydo â	*to feed with*	cymharu â	*to compare to*
cwrdd â	*to meet*	cynefino â	*to be accustomed to*
cyd-fynd â	*to agree with*	cystadlu â	*to compete with*
cydsynio â	*to consent with*	cysylltu â	*to connect to, to contact*
cydweithio â	*to co-operate with*	cytuno â	*to agree with*
cyd-weld â	*to agree with*	chwarae â	*to play with*
cyfarfod â	*to meet*	dadlau â	*to argue with*
cyffwrdd â	*to touch*	dod â	*to bring*
cyfnewid â	*to exchange with*	dyweddïo â	*to get engaged to*
		ffarwelio â	*to say good-bye to*

llenwi â	*to fill with*
*methu â	*to fail to*
mynd â	*to take*
peidio â	*not to*
priodi â	*to get married to*
rhyfela â	*to wage war with*
siarad â	*to talk to*
trafod â	*to discuss with*
ymladd â	*to fight with*

*It is possible to drop 'â' after 'methu'

Make a conversation between Mary and Hefin by using these phrases.

wyt ti wedi dod â ffrind?	dod ar dy ben dy hun
siarad â thi	cytuno â fi
paid â chwerthin	cwrdd â fi eto

Mae Mary'n cwrdd â Hefin am y tro cyntaf *(for the first time)*. Mae Mary'n hoff iawn o Hefin, ond dydy Hefin ddim yn siŵr ydy e'n hoffi Mary. Mae hi am ei berswadio fe *(persuade him)* i gael sgwrs â hi mewn caffe, wedyn mynd i'r sinema, a wedyn mae hi am gwrdd ag e eto.

'gyda' *with*

Words undergo spirant mutation after 'gyda'.
>Rydw i'n mynd gyda **ch**yfaill i'r dref.
>*I'm going with a friend to town.*

'gyda' changes to 'gydag' in front of a vowel.
>Mae hi'n cerdded gydag e bob tro.
>*She always walks with him.*

We can use 'gyda' to note a period of day.

gyda'r wawr	*at dawn*
gyda'r nos	*at night*
gyda'r hwyr	*in the evening*

We can use 'gyda' to note attitude.

gyda phleser	*with pleasure*
gyda chyfarchion	*with greetings*
gyda llawer o gariad	*with lots of love*
gyda thristwch mawr	*with great sadness*

Wyt ti'n dod allan gyda fi heno?
Are you coming out with me tonight?

Na, rydw i'n mynd â'r gath i'r fet.
No, I'm taking the cat to the vet.

We use 'â' in the expression 'gyferbyn â' *opposite*.
>Roedden nhw'n caru gyferbyn â'r coleg.
>*They courted opposite the college.*

We use 'â' when talking about an instrument.
>Mae e wedi taro'r wraig â morthwyl.
>*He has hit his wife with a hammer.*

We use 'gyda' for *'in the company of'*.
>Mae e wedi mynd gyda'i gariad i'r dref.
>*He's gone with his girlfriend to town.*

 Put 'â' or 'gyda' in the gaps.

1. … phwy fuest ti yn y ddawns?
2. Fuest ti'n siarad … Jac yno?
3. Beth wnest ti … nos?
4. Oeddet ti wedi trefnu cwrdd … Jac cyn mynd i'r ddawns?
5. Pam doeddet ti ddim gartre tan dri y bore? Fuest ti'n caru … fe ar ôl y ddawns?
6. Pryd ffarweliaist ti …'th ffrindiau di?
7. Oeddet ti wedi cerdded adre … 'r merched?
8. Gytunaist ti i gwrdd … Jac eto?
9. Wnei di gytuno i beidio … chwrdd â Jac eto?
10. Ydy Jac wedi, ym, cyffwrdd … thi erioed?

Expressions using 'gyda'

gyda golwg ar	*with regard to, with the intention of*
gyda lwc	*with luck*
gyda llaw	*by the way*
gyda phob parch	*with all due respect*
gyda'ch caniatâd	*with your permission*
gyda'i gilydd	*together*
time:	
gyda'r hwyr	*in the evening*
gyda hyn	*soon*
gyda hynny	*at that moment*

gyda'r nos	in the evening
gyda'r wawr	at dawn

travel:

gyda'r bws	by bus
gyda'r post	by post
gyda'r trên	by train

Pronouns after 'â' and 'gyda'

(See Pronouns, Step 5)

'm	gyda'm cariad (i)	with my boy/girlfriend
'th	â'th gyfaill (di)	with your friend
'i	gyda'i dad (e)	with his father
	gyda'i thad (hi)	with her father
'n	â'n hysgol (ni)	with our school
'ch	gyda'ch cyfeillion chi	with your friends
'u	â'u harian (nhw)	with their money

Mae	Huw	yn	cwrdd	â	hi.
	Siân		cytuno	ag	nhw.
			mynd	gyda	ef.
			methu	gydag	ni.
			siarad		
			dadlau		

In very formal Welsh, we can use 'a chyda' instead of 'a gyda'.

O diar, bydd rhaid i fi fynd gyda'r trên.
Oh dear, I'll have to go by train.

4.4

STEP 4 – 'i' to – Banking
CAM 4 – 'i' – Bancio

agor – *to open*
arian poced (m) – *pocket money*
cau – *to close*
cerdyn credyd (m)/cardiau credyd – *credit card/credit cards*
cyfrif (m)/-on – *account/-s*
cyfrif cadw – *savings account*
cyfrif cyfredol – *current account*

cyfrif cynilo – *savings account*
cynilion (pl) – *savings*
cynilo – *to save*
ennill arian – *to earn money*
llyfr sieciau (m) – *cheque book*
rheolwr (m)/rheolwyr – *manager/managers*

'i'

Words undergo soft mutation after 'i'.

gweld	i weld	*to see*
Cymru	i Gymru	*to Wales*

'i' with pronouns

i fi
i ti
iddo fe
iddi hi
i ni
i chi
iddyn nhw

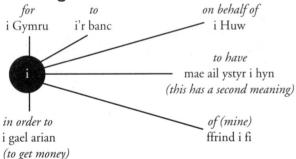

i mi, i fi	i ni
i ti	i chi
iddo (ef)	iddynt (hwy)
iddi (hi)	

without emphasis on the pronoun

imi	inni
iti	ichi
iddo	iddynt
iddi	

Meanings of 'i'

for
i Gymru

to
i'r banc

on behalf of
i Huw

to have
mae ail ystyr i hyn
(this has a second meaning)

in order to
i gael arian
(to get money)

of (mine)
ffrind i fi

 Write sentences using different meanings of 'i'.

'i' after verbs

in front of another verb-noun

cynorthwyo rhywun i wneud	*to help someone to do*
cytuno i wneud	*to agree to do*
dal i wneud	*to keep doing*
dod i wneud	*to come to do*
dysgu rhywun i wneud	*to teach someone to do*
gorfodi rhywun i wneud	*to force someone to do*

helpu rhywun i wneud	*to help someone to do*
llwyddo i wneud	*to succeed to do*
parhau i wneud	*to continue to do*
mynd i wneud	*to go to do*
tueddu i wneud	*to tend to do*

in front of an object

addo i rywun	*to promise someone*
anfon i rywle	*to send to a place*
anufuddhau i rywun	*to disobey someone*
aros i rywun wneud	*to wait for someone to do*
caniatáu i rywun wneud	*to allow someone to do*
canu'n iach i rywun	*to bid farewell to someone*
cyhoeddi i rywun	*to declare to someone*
cynnig i rywun	*to offer someone*
dangos rhywbeth i rywun	*to show something to someone*
digwydd i rywun	*to happen to someone*
diolch i rywun am rywbeth	*to thank someone for something*
disgwyl i rywun wneud	*to expect someone to do*
dod o hyd i rywbeth	*to find something*
dymuno i rywun wneud	*to wish someone to do*
dysgu rhywbeth i rywun	*to teach something to someone*
estyn rhywbeth i rywun	*to pass something to someone*
gadael i rywun wneud	*to leave someone to do*
gofyn i rywun wneud	*to ask someone to do*
gorchymyn i rywun wneud	*to order someone to do*
gweddu i rywbeth	*to match (fit) something*
maddau i rywun am rywbeth	*to forgive someone for something*
mynnu i rywun wneud	*to insist someone to do*
peri i rywun wneud	*to cause someone to do*
perthyn i rywun	*to belong to someone*
rhoi benthyg rhywbeth i rywun	*to lend something to someone*
rhoi help i rywun	*to give help to someone*
rhoi rhywbeth i rywun	*to give something to someone*
rhoi sylw i rywbeth	*to pay attention to something*

rhoi'r gorau i rywbeth	*to give something up*
symud i rywle	*to move to somewhere*
talu rhywbeth i rywun	*to pay something to someone*
ufuddhau i rywun	*to obey someone*
ysgrifennu i rywle	*to write to a place*

Speech bubble: **Diolch i chi am y llyfr, ond mae un gen i'n barod.** *Thank you for the book, but I have one already.*

'i' after an adjective

We can use 'i' after an adjective to introduce:
a noun/pronoun and verb

Mae'n anodd i Huw fynd.	*It's difficult for Huw to go.*
...hawdd iddi hi wneud.	*...easy for her to do.*
...bosibl iddyn nhw fynd.	*...possible for them to go.*
...gyfleus i Siân agor.	*...convenient for Siân to open.*

We do not usually use 'i' after an adjective to introduce a verb-noun.

Mae hi'n hyfryd gweld...	*It's lovely to see...*
...dda deall	*...good to understand*
...bosibl gwneud	*...possible to do*
...addas agor	*...suitable to open*

'i' in front of a noun or pronoun

We need to use 'i' in front of a noun or pronoun in some phrases.

angen i	*need to*	Mae angen i ti agor cyfrif.	*You need to open an account.*
rhaid i	*must*	Mae rhaid i chi weld y rheolwr.	*You must see the manager.*
pryd i	*time to*	Mae (hi)'n bryd i chi gynilo.	*It's time you saved.*
gwerth i	*worth*	Mae (hi)'n werth i chi weld y banc.	*It's worth you seeing the bank.*
hen bryd i	*high time*	Mae (hi)'n hen bryd i ni dalu.	*It's high time we paid.*
gwell i	*better*	Mae (hi)'n well i fi gau'r cyfrif.	*I'd better close the account.*
eisiau i	*need to*	Mae eisiau i fi weld y llyfr sieciau.	*I need to see the cheque book.*
cystal i	*might as well*	Cystal i fi aros.	*I might as well stay.*

- The verb-noun undergoes soft mutation in the above phrases.
- It is possible to put 'mae' or 'mae'n' in front of 'rhaid': Mae rhaid i fi fynd. / Mae'n rhaid i fi fynd.
- We do not put 'yn' in front of 'eisiau' or 'angen'.
- eisiau:

ar + noun/pronoun =	*need/want*
Mae arna i eisiau bwyd.	*I want/need food.*
'eisiau' instead of the verb	*want*
Rydw i eisiau mynd.	*I want to go.*

Questions, positive and negative sentences

Questions:	Oes	angen	i fi	agor cyfrif banc
		rhaid	i ti	weld y rheolwr
Positive:	Mae	eisiau	iddo fe	gynilo arian
			iddi hi	gael llyfr sieciau
Negative:	Does dim		i ni	gau'r cyfrif
			i chi	gael arian o'r wal
			iddyn nhw	ddechrau cynilo
Questions:	Ydy hi'n	bryd	i Huw	gael arian poced
		werth	i'r plant	ennill arian
Positive:	Mae (hi)'n	well		gael mwy o arian
		hen bryd		gael cerdyn credyd
Negative:	Dydy hi ddim yn			agor cyfrif cynilo

Put appropriate phrases in the gaps.

1. Mae'n ___ ___ fi weld y rheolwr.
2. Mae hi'n __ ___ nhw ddechrau cynilo arian.
3. Mae ___ _____ hi gael cerdyn credyd.
4. Mae'n ____ ____ ni wybod faint sy yn y banc.
5. Mae'n ___ ____ fe gael arian poced bob wythnos.

Translate these sentences.

1. Do I have to see the manager?
2. I've succeeded in opening an account.
3. She's let him do the work.
4. He tended to be lazy.
5. We promised them a party.
6. It was lovely to see you again.
7. It was very difficult for us to pay the bill.
8. She asked us to look at the house.

'i' and the adverbial clause

We use 'i' in front of a noun or pronoun after some other prepositions in adverbial clauses (see Clauses, Step 6).

ar ôl i	*after*	wedi i	*after*
cyn i	*before*	erbyn i	*by the time*
er i	*although*	am i	*because*

ar ôl iddi hi weld y rheolwr ...	*after she saw the manager...*
erbyn iddo fe gynilo digon ...	*by the time he had saved enough...*
er i ni agor cyfrif ...	*although we opened an account...*

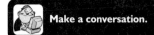
Make a conversation.

Does Siân need to open another bank account? Make up a conversation between Siân and her mother, using the phrases below.

rhaid i	hen bryd i	ar ôl i
cyn i	gwell i	angen i

'i' and noun clauses

We use 'i' to introduce a noun clause where the action has happened before the action of the main clause (see Clauses, Step 8).

> Dywedodd ef iddo roi arian yn y banc.
> *He said that he put money in the bank.*
> Mae hi wedi dweud iddi dynnu arian o'r cyfrif.
> *She said that she took money from the account.*

We do not usually use 'i' (for 'to') when introducing verb-nouns (except after verbs noted at the beginning of this Step).

> talu   *to pay*
> Rydw i wedi trefnu talu'r arian.
> *I've arranged to pay the money.*

'i' in phrases

ambell i blentyn	*an occasional child, a few children*
aros i'r diwedd	*to wait until the end*
cân i Gymru	*a song for Wales*
cwch ac iddi hwyliau	*a boat with sails*
does neb yn debyg iddi	*there's nobody like her*
dysgu rhywbeth i rywun	*to teach someone something*
edrych i'r dyfodol	*to look to (towards) the future*
heb iddi weithio	*without her working*
i ffwrdd	*away*

i fyny	*up*
i lawr	*down*
i mewn i	*into*
i'r byw	*to the quick*
i'r cae â ni	*into the field we go/we went*
i'r carn	*completely, through and through*
i'r diawl â fe	*to hell with him*
i'r dim	*exactly, perfectly*
i'r eithaf	*to the utmost*
i'r funud	*to the second, on the dot, on time*
i'r gad	*into battle*
i'r graddau bod	*to the extent that*
i'r gwrthwyneb	*on the contrary*
i'r pen	*to a head, to an extreme, to the end*
i'r perwyl hwn	*to this end, for this purpose*
i'r pwynt	*to the point, pertinent*
lle da i fwyta	*a good place (at which) to eat*
mae hi i fod yn y gwaith	*she's supposed to be at work*
mynd i'r afael â	*to get to grips with*
pob lwc i ti	*best of luck to you*
rhag i	*lest*
yn agos i gant	*almost a hundred*
yn barod i ddechrau	*ready to start*
yn siŵr i chi	*you can be sure*

'i' and infixed pronouns

i'm, i'th, i'w, i'n, i'ch, i'w (see Pronouns, Step 5):
> i'm coleg *to my college*

i'w < i + ei:
> i'w fam *to his mother*

i'w < i (gael) ei:
> Beth sydd i'w wneud? *What is to be done?*

There is no need to mutate 'mi', 'minnau' and 'mewn' after 'i'.
> i mi *to me*
> i minnau *to me/myself*
> i mewn *in*

Correct these sentences.

1. Mae hi'n dda **i'ch** gweld chi.
2. Mae e wedi dysgu i'r bachgen **i** nofio.
3. Roeddech chi wedi gofyn **wrth** Huw ddoe.
4. Mae e wedi chwarae rygbi **am** Gymru.
5. Ar ôl **y** bechgyn **yn dod** adref, aethon nhw i'r gwely.
6. Roedd e eisiau **fi i** weld y llythyr.
7. Roedd e wedi **diolch Siân** am wneud y cinio.
8. Mae hi'n gyfleus i'r plant **i** fynd allan heno.

> Mae hi'n bryd i fi fynd allan, ond dydw i ddim wedi gorffen y gêm.
> *It's time I went out, but I haven't finished the game.*

STEP 5 – 'at' to, towards – Travelling
CAM 5 – 'at' – *Teithio*

Cymru (f) – *Wales*	Lloegr (f) – *England*	y Swistir (f) – *Switzerland*
Ffrainc (f) – *France*	Sbaen (f) – *Spain*	yr Almaen (f) – *Germany*
Groeg (f) – *Greece*	Twrci (f) – *Turkey*	yr Eidal (f) – *Italy*

'at'

Words soft mutate after 'at'.

cyfaill	at **g**yfaill	*to a friend*
tref	at **d**ref	*to a town*

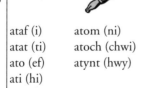

'at' with pronouns

ata i	aton ni		ataf (i)	atom (ni)
atat ti	atoch chi		atat (ti)	atoch (chwi)
ato fe	atyn nhw		ato (ef)	atynt (hwy)
ati hi			ati (hi)	

Meanings of 'at'

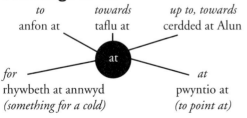

to	*towards*	*up to, towards*
anfon at	taflu at	cerdded at Alun

at

for	*at*
rhywbeth at annwyd	pwyntio at
(something for a cold)	*(to point at)*

'at' after some verbs

at

anelu at	*to aim at*
dal at	*to keep at*
mynd at	*to go at*
synnu at	*to be surprised at*
rhyfeddu at	*to wonder at*
pwyntio at	*to point at*

to

agosáu at	*to approach, to get near to*
anfon at	*to send to (a person)*
apelio at	*to appeal to*
cofio at	*to be remembered to*
cyfeirio at	*to refer to*
cymryd at	*to take to*
dychwelyd at	*to return to*
gogwyddo at	*to tend to*
mynd at	*to go to*
nesáu at	*to near, to get near to*

troi at	to turn to
ychwanegu at	to add to
ysgrifennu at	to write to (a person)

towards	
cyfrannu at	to contribute towards
mynd at	to go towards
taflu at	to throw towards
rhoi at	to give towards
troi at	to turn towards
tueddu at	to tend towards
tynnu at	to draw towards

Mae	Groeg Sbaen Sweden Twrci	yn apelio	ata i. atyn nhw. at Siân. aton ni.

Write a letter from Mallorca including these verbs.

synnu at	agosáu at
rhyfeddu at	ysgrifennu at
apelio at	
mynd ati i… *(to set about …)*	
cofio at	

'at' after some nouns and adjectives

agos at	*near to*
apêl at	*appeal to*
cariad at	*love of/for*

'at' after some prepositions

tuag at	*towards*
hyd at	*up to*

> Mae tri mis o wyliau haf yn apelio ata i.
> *Three months of summer holidays appeals to me.*

'at' in some phrases and idioms

ac ati	*and so on*
at ddant	*to the taste of*
at ddydd Llun	*for Monday*
at ei gilydd	*on the whole*
at hynny	*in addition to that*
at wasanaeth	*for the use of*
at y prynhawn	*by the afternoon*
dal ati	*to persevere*
dod at ei goed	*to come to his senses*
dod ato'i hun	*to come round, to regain consciousness*
mynd ati	*to set about*
tynnu at (50)	*to get on for (50)*
tynnu at ei gilydd	*to pull together, to shrink*

We write or send to a person by using 'at', but to a place or institution by using 'i':

Rydw i wedi ysgrifennu at y rheolwr.
I have written to the manager.
Rydw i wedi ysgrifennu i'r BBC.
I have written to the BBC.
Mae hi wedi anfon y llythyr at y prifathro.
She has sent the letter to the head teacher.
Mae hi wedi anfon y llythyr i'r ysgol.
She has sent the letter to the school.

Translate these sentences.

1. I'm surprised at the beauty of the country.
2. Give her my regards.
3. My mother is getting on for fifty.
4. The concert was not to everyone's taste.
5. Although there was a lot of work in the garden, he set about it at once.
6. After returning home, he wrote to them to thank them.
7. Does the holiday appeal to you?
8. They contributed generously towards the appeal.

Roedd y daith yn hyfryd - roeddwn i'n rhyfeddu at brydferthwch y wlad.
The journey was lovely – I wondered at the beauty of the country.

STEP 6 – 'ar' on – War
CAM 6 – 'ar' – Rhyfel

amddiffyn – *to defend*
arfau niwclear (pl) – *nuclear arms*
awyren (f)/-nau – *aeroplane/-s*
bai (m)/beiau – *fault/faults*
brwydr (f)/-au – *battle/-s*
byddin (f)/-oedd – *army/armies*
cadoediad (m) – *truce, ceasefire*
cyfyngu ar – *to restrict*
cymryd ar – *to pretend*
disgyn – *to fall*

Dwyrain Canol (m) – *Middle East*
dylanwadu – *to influence*
lladd ar – *to condemn*
lloches (m) – *shelter*
llong ryfel (f)/llongau rhyfel – *warship/warships*
llu awyr (m) – *air force*
llwgu – *to starve*
marw – *to die*
meddu ar – *to possess*

milwr (m)/milwyr – *soldier/soldiers*
myfyrio ar – *to contemplate*
polisi (m)/polisïau – *policy/policies*
rhyfel (m)/-oedd – *war/-s*
rhyfel byd – *world war*
sylwi ar – *to notice*
symudiad (m)/-au – *movement/-s*
taflegryn (m)/taflegrau – *missile/missiles*
ymosod ar – *to attack*

'ar'
Words undergo soft mutation after 'ar'.

| diwedd | ar **dd**iwedd | *at the end of* |
| bwrdd | ar **f**wrdd | *on a table* |

'ar' with pronouns

arna i	arnon ni
arnat ti	arnoch chi
arno fe/fo	arnyn nhw
arni hi	

arnaf (i)	arnom (ni)
arnat (ti)	arnoch (chwi)
arno (ef)	arnynt (hwy)
arni (hi)	

Fill the gaps.

1. Ydy America wedi ymosod ___ nhw?
2. Ydy'r bai ____ ni?
3. Mae hi'n gwrando ___ chi.
4. Mae hi wedi blino ____ nhw.
5. Ydy'r bomiau wedi disgyn ___ hi?

Meanings of 'ar'

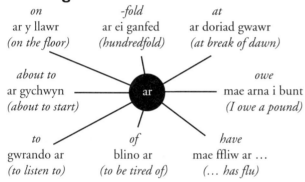

on
ar y llawr
(on the floor)

-fold
ar ei ganfed
(hundredfold)

at
ar doriad gwawr
(at break of dawn)

about to
ar gychwyn
(about to start)

ar

owe
mae arna i bunt
(I owe a pound)

to
gwrando ar
(to listen to)

of
blino ar
(to be tired of)

have
mae ffliw ar …
(… has flu)

• ar hynny   *at that instant*

'ar' with verbs

cyfyngu ar	*to restrict*
cymryd ar	*to pretend*
dylanwadu ar	*to influence*
lladd ar	*to condemn*
meddu ar	*to possess*
myfyrio ar	*to contemplate*
sylwi ar	*to notice*
ymosod ar	*to attack*

 Read the news and answer the questions.

Dyma'r newyddion:
Mae America wedi ymosod ar Irstan y bore 'ma, felly mae Irstan yn awr eisiau dial ar America. Mae America wedi ymosod ar Baghmam trwy'r prynhawn, ac mae nifer o daflegrau wedi syrthio ar y ddinas. Maen nhw wedi cyfyngu ar symudiadau Hapusam Hussein. Mae America eisiau dylanwadu ar y Dwyrain Canol, ond mae Hapusam Hussein wedi lladd ar bolisïau America. Mae e'n cymryd arno ei fod e'n ennill y frwydr. "Mae rhyfel byd ar ddechrau," meddai Hapusam.

1. Ar bwy mae America wedi ymosod?
2. Pam mae Irstan eisiau dial ar America?
3. Ar ba ddinas mae America wedi ymosod?
4. Beth sy wedi syrthio ar y ddinas?
5. Beth mae America eisiau ei wneud yn y Dwyrain Canol?
6. Beth yw barn Hapusam Hussein am bolisïau America?
7. Beth sydd ar ddechrau, yn ôl Hapusam?

'ar' with other verbs

at
chwibanu ar	*to whistle at*
cyfarth ar	*to bark at*
edrych ar	*to look at*
gweiddi ar	*to shout at*
gwenu ar	*to smile at*
syllu ar	*to stare at*

to
apelio ar	*to make an appeal to*
dechrau ar	*to start to*
esgor ar	*to give birth to*
gweddïo ar	*to pray to*
gwrando ar	*to listen to*

4.6

on

cefnu ar	*to turn one's back on*
dechrau ar	*to start on*
dial ar	*to take revenge on*
dibynnu ar	*to depend on*
effeithio ar	*to have an effect on*
galw ar	*to call on*
gwledda ar	*to feast on*
manylu ar	*to detail on*
pwyso ar	*to lean on*
traethu ar	*to talk on*

of

blino ar	*to tire of*
cael gafael ar	*to grasp, to take hold of*
cael gwared ar	*to get rid of*
diflasu ar	*to have a surfeit of*
manteisio ar	*to take advantage of*

with

bodloni ar	*to be satisfied with*

in

cystadlu ar	*to compete in*

Also:

codi ar	*to charge (money)*
cymryd ar	*to pretend*
dal ar	*to grasp*
dechrau ar	*to start*
dial ar	*to avenge*
dylanwadu ar	*to influence*
lladd ar	*to criticize*
meddu ar	*to possess*
rhagori ar	*to excel, be better than*
rhoi bai ar	*to blame*
rhoi coel ar	*to believe*
rhoi min ar	*to sharpen*
sylwi ar	*to notice*
torri ar	*to interrupt*
ymosod ar	*to attack*

Note

apelio at	*to please, attract*
apelio ar	*to call on, entreat*

Mae	America	'n	rhoi bai ar	NATO.
	Irac	yn	galw ar	Rwsia.
	Israel		dibynnu ar	y bomio.
	Iran		lladd ar	y rhyfel.
	Pacistán		ymosod ar	y Dwyrain Canol.
	pawb		dial ar	yr ymosod.
	rhai		diflasu ar	
			gwrando ar	

'ar' after nouns

angen ar	*in need*	Mae angen dillad arna i.	*I need clothes.*
eisiau ar	*to want, need*	Mae eisiau mynd arna i.	*I want to go.*
dyled ar	*in debt*	Roedd dyled arno fe.	*He was in debt.*
bai ar	*at fault*	Roedd bai arni hi.	*She was at fault.*
chwant bwyd ar	*to want food*	Oes chwant bwyd arnoch chi?	*Do you want food?*
darlith ar	*a lecture on*	Rhoddodd hi ddarlith ar hanes Cymru.	*She gave a lecture on the history of Wales.*
golwg ar	*a view of, look at, to look a sight*	Ydych chi eisiau cael golwg ar y gwaith?	*Do you want to have a look at the work?*
		Roedd golwg arna i.	*I looked a sight.*
ofn ar	*in fear*	Roedd ofn mawr arno fe.	*He was very afraid.*
diwedd ar	*an end to*	A dyna ddiwedd ar y stori.	*And that's an end to the story.*
cywilydd ar	*ashamed*	Mae cywilydd arni hi.	*She is ashamed.*

4.6

Complete this report by putting the phrases in the gaps.

golwg ar angen … ar dyled ar diwedd ar bai ar
ofn ar ar ddechrau

Ar ôl y bomio yn Irstan, mae _____ lloches __ y bobl. Does dim _____ __ ddiwedd y rhyfel, ac mae Hapusam Hussein yn rhoi'r _____ __ America. Mae ____ __ y bobl, ac mae _____ __ y wlad. Mae America eisiau gweld _____ ___ reolaeth Hapusam Hussein yn Irstan. Mae'r bobl yn ofni bod rhyfel byd __ ____.

Note

I'm afraid.	Mae ofn arna i.
He's at fault.	Mae bai arno fe.
We're in debt.	Mae arnon ni ddyled.
They're ashamed.	Mae cywilydd arnyn nhw.
I'm in need (of…)	Mae angen (…) arna i. / Mae eisiau (…) arna i.

Mae angen dillad arna i.
I need clothes.

Mae	ofn	mawr llwgu marw rhyfel	
	bai dyled cywilydd		arna i arnat ti arno fe arni hi arnon ni arnoch chi arnyn nhw
	angen	bwyd dillad diod lloches help	

Make a speech. Use the phrases below.

Mae America wedi bomio pentref yn Sudan. Mae llysgennad *(ambassador)* Sudan yn disgrifio'r dioddef *(suffering)* yn ei wlad i'r Cenhedloedd Unedig *(United Nations)*. Mae e'n apelio am help.

y wlad yn dlawd
ofn ar y bobl
ofn llwgu arnyn nhw (llwgu – *to starve*)
ofn marw arnyn nhw
dyled fawr ar y wlad
angen bwyd, dillad a diod arnyn nhw
angen help arnyn nhw

'ar' with illnesses

annwyd	*cold*
dolur rhydd	*diarrhoea*
ffliw	*flu*
gwres	*temperature*
peswch	*cough*
twymyn y gwair	*hay fever*
y ddannodd	*toothache*
y felan	*the blues, depression*
y frech Almaenig	*German measles*
y frech goch	*measles*
y pâs	*whooping cough*
Mae annwyd arna i.	*I have a cold.*

We use 'gan', 'gyda' or ''da' *(with)* with parts of the body.

bola tost	*stomach ache*
cefn tost	*backache*
clust dost	*earache*
cur pen	*headache (North Wales)*
llwnc tost	*bad throat*
pen tost	*headache*
pigyn clust	*earache (North Wales)*
poen bol	*stomach ache (North Wales)*
stumog tost	*stomach ache*
Mae cefn tost 'da fi.	*I have backache/a bad back.*

Translate these sentences.

1. They were in great need of food.
2. After the holiday we were in debt.
3. The people were in great fear.
4. We depended on them to finish the work.
5. She got rid of the evidence (tystiolaeth).
6. When he failed (methu) the examination, he blamed the school.
7. The politician listened to us, but we didn't influence him.
8. Why am I always at fault?

Say what illnesses these suffer from.

stumog tost	y frech goch	llwnc tost
y pâs	peswch	clust dost
dolur rhydd	pen tost	y felan
annwyd	ffliw	twymyn y gwair
y frech Almaenig		

fe

hi

nhw

chi

ti

ni

* We use 'ar' with illnesses and 'gan', 'gyda' or ''da' with parts of the body.

125

'ar' in phrases

ar agor	open
ar amrantiad	in a twinkling of an eye
ar antur	by chance
ar awr wan	at a weak moment
ar ben ei ddigon	well off
ar ben y drws	on the doorstep
ar ben	all over
ar bensiwn	pensioned
ar brawf	on trial
ar brydiau	sometimes
ar bwys	near
ar chwâl	scattered
ar daith	on tour
ar dân	on fire
ar ddamwain	by accident
ar ddarfod	about to end
ar ddihun	awake
ar ddu a gwyn	in black and white, in writing
ar ddyletswydd	on duty
ar delerau da	on good terms
ar drai	waning, at an ebb
ar draul	at the expense of
ar draws gwlad	across the country
ar draws	across
ar droed	afoot, on foot
ar ei ben ei hun	on his own
ar ei elw	to his name (money etc.)
ar ei ganfed	a hundredfold
ar ei hanner	halfway through
ar ei hôl hi	behind the times
ar ei hyd	in its entirety
ar ei hynt	on his travels
ar ei phen ei hun	on her own
ar fai	at fault
ar fechnïaeth	on bail
ar fenthyg	on loan
ar ffo	on the run
ar flaen ei dafod	at the tip of his tongue
ar flaenau ei fysedd	at his fingertips
ar frys	in haste
ar fy meddwl	on my mind
ar fy mhen fy hun	on my own
ar fyr o dro	without delay
ar fyr rybudd	at short notice
ar fyrder	in a short time
ar gael	available
ar gais	at the request of
ar gam	unjustly
ar ganol	in the middle of
ar garlam	in a rush, at a gallop
ar gau	closed
ar gerdded	afoot
ar glawr	on record, in print
ar glo	locked
ar gof	by heart, in the memory
ar goll	lost
ar golled	at a loss
ar gyfer	in preparation for, for
ar gyngor	on the advice of
ar gynnydd	on the increase
ar hap	by chance
ar i fyny	looking up
ar i lawr	on the way down / out
ar lafar	in the spoken language, orally
ar lawr	tired out
ar led	outstretched, going around (story)
ar les	on a lease
ar log	on hire
ar lw	on oath
ar ôl	after
ar osod	to let
ar ran	on behalf of
ar ras	in haste
ar sail	on the basis of, because of
ar stop	on stop, on hold
ar unwaith	at once
ar waethaf	despite
ar wahân i	apart from
ar waith	going on, in action
ar wasgar	scattered

Meanings of 'dros'

'Dros' has several meanings.

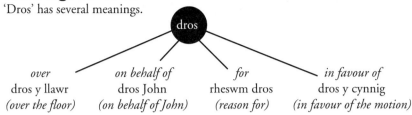

over	on behalf of	for	in favour of
dros y llawr	dros John	rheswm dros	dros y cynnig
(over the floor)	*(on behalf of John)*	*(reason for)*	*(in favour of the motion)*

'dros' in some expressions

ateb dros rywun	*to answer for someone*
dadlau dros rywbeth	*to argue for something*
dros amser	*over time*
dros ben llestri	*over the top*
dros ben	*left over, remaining; very (after adjectives)*
dros dro	*temporary, for a period*
dros ei ben a'i glustiau	*head over heels*
dros ei grogi	*over his dead body*
dros fwyd	*over a meal*
dros gyfnod	*over a period*
drosodd a thro	*time and again*
drosodd	*over, finished, overleaf*
edrych dros y gwaith	*to look over the work*
esgus dros ddiogi	*a reason for being lazy*
gweddïo dros	*to pray for*
pleidleisio dros	*to vote for*
ymladd dros Gymru	*to fight for Wales*

 Make up a conversation between Mel and the boss. Use these phrases.

Mae Mel wedi dod yn hwyr i'r gwaith. Mae'r bòs eisiau siarad â fe.

dros awr yn hwyr	drosodd a thro	dros amser
esgus dros ddiogi	rheswm dros fod yn hwyr	
hwyr dros ben	dros y cwmni	

'dros' with verbs

for

ateb dros	*to answer for*
wylo dros	*to cry for*
chwarae dros	*to play for*
gweddïo dros	*to pray for*
ymbil dros	*to beseech for*
dadlau dros	*to argue for*
siarad dros	*to speak for*
edrych dros	*to look over*

 Translate these sentences.

1. She did the work for me.
2. He played for his college many times.
3. I can't answer for anyone else.
4. I left my clothes on the beach, but the tide went over them.
5. Can you look over it for me?
6. We'll have to look at the growth over a considerable period.
7. He tried to make a good impression, but he went over the top.
8. Although I didn't like him, I voted for him.
   (pleidleisio = to vote)

131

Meanings of 'trwy'

'trwy' has several meanings

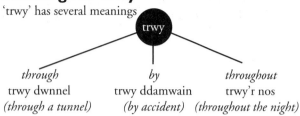

through	by	throughout
trwy dwnnel	trwy ddamwain	trwy'r nos
(through a tunnel)	*(by accident)*	*(throughout the night)*

'trwy' in some expressions

dewch drwodd!	*come through!*
dod trwyddi	*to get over something, to survive*
tatws trwy'u crwyn	*baked potatoes*
trwy chwys ei wyneb	*by his hard work*
trwy ddŵr a thân	*through all difficulties*
trwy deg neu trwy dwyll	*by fair means or foul*
trwy drugaredd	*thankfully*
trwy garedigrwydd	*by courtesy of*
trwy gydol y nos	*throughout the night*
trwy lwc	*luckily*
trwy wahoddiad	*by invitation*
trwy'r amser	*all the time*
trwy'r cyfan	*through everything*
trwy'r dydd	*all day*
trwy'r nos	*all night*
trwy'r post	*through the post*
trwy'r trwch	*mixed*
trwyddi draw	*mixed*

* We can put a verb-noun after 'trwy'.
> Trwy weithio'n galed, fe gafodd e ddyrchafiad.
> *Through (by) working hard, he had promotion.*

* 'trwodd' and 'drosodd' are adverbial forms of 'trwy' and 'dros'.
> Mae e'n mynd drwodd i'r stafell nesaf.
> *He is going through to the next room.*
> Trowch drosodd ar unwaith.
> *Turn over immediately.*

 Fill the gaps with a sensible expression using 'trwy'.

Bues i'n bwyta tatws _____ i swper, ac yna fe ganodd y ffôn. Y bòs oedd yno, wedi bod yn gweithio _____. Roedd e _____ yn sôn am ryw gamsyniad roeddwn i wedi'i wneud yn y gwaith. _____ doedd e ddim yn poeni gormod, ond roeddwn i wedi anfon llythyr anghywir _____. Ond yna dechreuodd e ddweud bod fy ngwaith i i gyd _____, a doeddwn i ddim yn credu y byddwn i'n _____ 'n dda iawn. Yna, _____, roedd rhaid iddo fe ateb ffôn arall. Fe es i yn ôl at y tatws.

 Translate these sentences.

1. I received the news through him.
2. He got the job through you, thank goodness.
3. He found out by writing to her.
4. He's complaining all the time.
5. Luckily we got over it all right.
6. He went through to the kitchen.
7. He read through the paper in two minutes.
8. When I'm through with him, he'll be sorry.

'heb' in expressions

heb amheuaeth	*without a doubt*
heb aros	*without waiting*
heb daw	*ceaselessly*
heb ddim amdano	*naked*
heb Dduw heb ddim	*without God, without anything*
heb ei ail	*best, incomparable*
heb flewyn ar ei dafod	*(speak) bluntly*
heb goes tano	*blind drunk*
heb ofal yn y byd	*without a care in the world*
heb ofal	*without a care*
heb os nac oni bai	*without a doubt*
heb sôn am	*apart from, without mentioning*
heb yn wybod iddo	*without his knowing*
mwy na heb	*more or less*
mwy na neb	*more than anyone*

'heb' in front of a verb-noun

We can use 'heb' after the verb 'bod' and in front of a verb-noun to express the negative.

    Rydw i heb orffen.   *I haven't finished.*

We use 'heb' after a positive verb (not after a negative verb).

    Rydyn ni heb ddechrau gweithio.
    We haven't started to work.

* 'heb'; 'heb i' *without (having):*

    Edrychodd e ar ei wraig heb wenu.
    He looked at his wife without smiling.

    Aeth e i'r gwaith heb iddo fe weld y llythyr wrth y drws.
    He went to work without having seen the letter by the door.

    Fydd e ddim yn llwyddo heb iddo fe weithio'n galed.
    He won't succeed without working hard.

 Fill the gaps in this report to the boss on the company's financial situation, using these phrases.

heb os nac oni bai
heb amheuaeth
heb sôn am
heb yn wybod i ni
heb ei ail

_____ bydd rhaid i ni fod yn fwy gofalus o'n harian y flwyddyn nesaf.
Mae rhai miloedd gyda ni yn y cyfrif cyfalaf *(capital account),* ond bydd hyn _____ yn diflannu *(disappear)* oni bai ein bod ni'n cynyddu'r elw. Roedd costau yn ystod y flwyddyn wedi cynyddu _____, _____ am orfod talu mwy i'n gweithwyr. Mae'n dda, serch hynny, fod gyda ni swyddog ariannol *(finance officer)* _____.

*   heibio   the adverbial form of 'heb'
    Cerddodd e heibio.   *He walked past.*

*   heblaw am   *except for*
    Roedd pawb yn gweithio heblaw am y bòs.
    Everyone was working except for the boss.

 Translate these sentences.

1. Don't go without me.
2. He walked to town without saying a word.
3. She returned home not having seen the capital city.
4. He talked bluntly without waiting for an answer.
5. My certificates? I've come without them!
6. I could not have done it without you.
7. They are without a doubt the best team in Wales.
8. They are typical students, without a care in the world.

'rhwng' in expressions

does dim Cymraeg rhyngddyn nhw	*they don't speak to each other*
ei gwt rhwng ei goesau	*his tail between his legs*
rhwng cwsg ac effro	*half awake*
rhwng gwŷr Pentyrch a'i gilydd	*let them do as they wish*
rhwng popeth	*all things considered*
rhyngddo fe a'i gawl	*between him and his mess, that's up to him*
rhyngon ni a'n gilydd	*between ourselves*
rhyngot ti a fi	*between you and me*

 Fill the gaps with suitable expressions from the above list.

Maen nhw'n siarad am y bòs.

Siân:	Welaist ti fe'n dod i mewn ddoe? Ro'dd _____.
Mair:	Pam hynny?
Siân:	Wel, _____, roedd e wedi cael stŵr 'da'i wraig.
Mair:	Am beth?
Siân:	Wel, _____ ar ôl iddo fe fynd i'r ddawns gyda ni.
Mair:	Wel, _____ 'weda i.
Siân:	_____ mae e wedi cael llond bol.

Translate these sentences.

1. Has anything come between you?
2. Between you and me, I don't think there's much hope.
3. We collected enough money between us all.
4. We went out between six and seven o'clock.
5. There wasn't much difference between him and his sister.
6. They didn't have enough money for a meal between them.
7. The castle was on a hill between the bridge and the lake.
8. After the visit they haven't spoken to each other.

Mae'r gwaith bron drosodd, diolch byth.
The work is almost over, thank goodness.

STEP 9 – 'o' of, from – Hiking
CAM 9 – 'o' – Taith gerdded

centimetr (m)/-au – *centimetre/-s*
cerddwr (m)/cerddwyr – *walker/walkers*
golygfa (f)/golygfeydd – *view/views*

gwesty (m)/gwestai – *hotel/hotels*
metr (m)/-au – *metre/-s*
milltir (f)/-oedd – *mile /-s*
poen (m) – *pain*

poendod (m) – *nuisance*
tafarn (f)/-au – *pub/-s*
teithiwr (m)/teithwyr – *traveller/travellers*

'o'
Words undergo soft mutation after 'o'.
   Caerdydd   o **G**aerdydd   *from Cardiff*

'o' with pronouns
ohono i
ohonot ti
ohono fe
ohoni hi
ohonon ni
ohonoch chi
ohonyn nhw

ohonof (i)
ohonot (ti)
ohono (ef)
ohoni (hi)
ohonom (ni)
ohonoch (chwi)
ohonynt (hwy)

Dw i'n cerdded o gwmpas y cae.
I'm walking around the field.

Meanings of 'o'

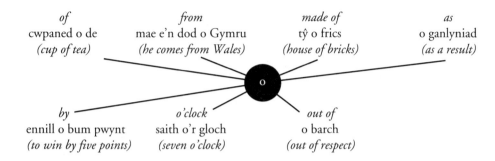

of	*from*
cwpaned o de	mae e'n dod o Gymru
(cup of tea)	*(he comes from Wales)*

made of	*as*
tŷ o frics	o ganlyniad
(house of bricks)	*(as a result)*

o

by	*o'clock*
ennill o bum pwynt	saith o'r gloch
(to win by five points)	*(seven o'clock)*

out of
o barch
(out of respect)

'o' with numbers

We use plural nouns after 'o'.

deg o dafarnau	*ten pubs*
dau ddeg o westai	*twenty hotels*

'o' to note a part of something, or proportion

ardal o Gymru	*area of Wales*
rhan o'r wlad	*part of the country*
pawb ohonyn nhw	*all of them*
rhai o'r teithwyr	*some of the travellers*
neb o'r plant	*none of the children*
BUT	
gweddill y plant	*the rest of the children*

'o' to note number, size or distance

gormod o lawer	*far too much*
tipyn o boendod	*a bit of a nuisance*
peth o'r ffordd	*some of the way*
pellach o ddeg milltir	*further by ten miles*
metr o uchder	*a metre in height*
centimetr o drwch	*a centimetre in thickness*
tri deg metr o led	*thirty metres in width*
digon o le	*enough room*
ychydig o fwyd	*a little food*

'o' with dates

y pymthegfed o Fai	*May the fifteenth*

- We do not use 'o' to translate *of* in a genitive combination.

copa'r mynydd	*top of the mountain*

 Write a letter arranging a hike for a club. Use the phrases below.

Pryd mae'r daith yn dechrau? I ble maen nhw'n cerdded? Pryd maen nhw'n cyrraedd?

9 o'r gloch
yr ugeinfed o Fehefin
o gwmpas rhan o'r sir
peth o'r daith dros y mynydd
copa'r mynydd erbyn 12 o'r gloch
rhai o'r plant iau i droi'n ôl
gweddill y cerddwyr
gweddill y daith
rhan o'r daith yn ôl mewn bws
dod yn ôl i'r coleg erbyn 6 o'r gloch

'o' in expressions

digon o	*enough*
diolch o galon	*sincere thanks*
dod o hyd	*to find*
gormod o	*too much*
llawer o	*a lot of*
o barch	*out of respect*
o bedwar ban byd	*from all corners of the world*
o bell ffordd	*by far*
o bell	*from afar*
o bryd i'w gilydd	*from time to time*
o chwith	*wrongly, back to front*
o dan	*under*
o dipyn i beth	*gradually*
o dro i dro	*from time to time*
o drwch blewyn	*by a whisker*
o ddewis	*by choice*
o ddifrif	*seriously*
o ddrwg i waeth	*from bad to worse*
o fantais	*of advantage*
o flaen	*in front of*
o Fôn i Fynwy	*all over Wales*
o fore tan nos	*from dawn to dusk*
o fwriad	*intentionally*
o gam i gam	*step by step*
o ganlyniad	*as a result*
o gwmpas	*around*
o hyn ymlaen	*from now on*
o law i law	*from hand to hand*
o le i le	*from one place to another*
o leiaf	*at least*
o raid	*out of necessity*
o sylwedd	*of substance*
o'i anfodd	*unwillingly*
o'i fodd	*willingly*
o'i gof	*in a temper*
o'i le	*out of place, wrong*
o'i wirfodd	*voluntarily*
o'r blaen	*before*
o'r braidd	*hardly*

o'r bron	*in a row*
o'r crud i'r bedd	*from cradle to grave*
o'r diwedd	*at last*
o'r frest	*off the cuff*
o'r gorau	*all right*
o'r herwydd	*therefore*
pleser o'r mwyaf	*great pleasure*
siŵr o fod	*probably, sure to be*
y byd sydd ohoni	*the world as it is*
ychydig o	*a little*

 Use these phrases in the gaps.

o Fôn i Fynwy
o gam i gam
pleser o'r mwyaf
ychydig o
o leiaf
o le i le
o'r blaen
o'r diwedd

1. Rydyn ni'n mynd i gerdded __ ____ __ _____.
2. Bydd amser i ni gael _____ __ fwyd.
3. Ydych chi wedi bod yno ___ _____?
4. Bydd tri deg o bobl __ _____ ar y trip.
5. Byddwn ni'n mynd __ __ __ __.
6. Aethon ni'n araf dros y cerrig, __ __ __ ___.
7. Ar ôl cerdded trwy'r dydd, cyrhaeddon ni Aberystwyth __ _____.
8. ____ __ _____ oedd mynd ar y daith.

'o' after some words

arolwg o	*a review of*
astudiaeth o	*a study of*
atgoffa o	*to remind... of*
balch o	*proud to/of*
cymryd sylw o	*to take notice of*
deillio o	*to stem from*
dioddef o	*to suffer from*

dod o	*to come from*
euog o	*guilty of*
hoff o	*fond of*
iacháu rhywun o	*to cure someone of*
tueddol o	*tending to*
siŵr o	*sure of*

 Translate these sentences.

1. Has anything come of him?
2. They won by five points.
3. I suffer from a cough from time to time.
4. Having wandered from place to place, he settled down at last.
5. They didn't take any notice of them.
6. Have you reminded him of it before?
7. There are too many people making studies of people's opinions.
8. It was probably advantageous.

Mae rhai'n gofyn beth ddaw ohono i, ond rydw i'n hoff o grwydro o le i le.
Some ask what will become of me, but I like wandering from place to place.

4.10

STEP 10 – 'yn' *in* – The internet
CAM 10 – 'yn' – Y rhyngrwyd

anfantais (f)/anfanteision – *disadvantage/disadvantages*
cyfathrebu – *to communicate*
cyfeiriad e-bost (m)/-au ebost – *e-mail address/-es*
cyfeiriad gwe (m)/-au gwe – *web address/-es*
cyfrifiadur (m)/-on – *computer/-s*
cysylltu â – *to connect, to contact*
e-bost (m)/-au – *e-mail/-s*

ffacsio – *to fax*
gwefan (f)/-nau – *website/-s*
mantais (f)/manteision – *advantage/advantages*
porydd (m)/porwyr – *browser/browsers*
rhyngrwyd (m) – *internet*
sir (f)/-oedd – *county/counties*

'yn'

Nasal mutation occurs after the preposition 'yn'
(see Section 2).

tŷ Siân	yn **nh**ŷ Siân	*in Siân's house*
Dinbych	yn **N**inbych	*in Denbigh*

'yn' with pronouns

yno i	ynof (i)
ynot ti	ynot (ti)
ynddo fe	ynddo (ef)
ynddi hi	ynddi (hi)
ynon ni	ynom (ni)
ynoch chi	ynoch (chwi)
ynddyn nhw	ynddynt (hwy)

'yn' changes in front of 'ng', 'ngh', 'm' and 'mh'.

yn + c:	Canada	yng Nghanada
yn + g:	Gwynedd	yng Ngwynedd
yn + b:	Bangor	ym Mangor
yn + p:	Patagonia	ym Mhatagonia
yn + m:	Môn	ym Môn

- Don't mix 'yn' *in* with verbal 'yn' (no mutation):

  Pen-y-bont   ym Mhen-y-bont

  poeni *to worry*   yn poeni *worrying*

- Don't mix 'yn' with predicative 'yn' + adjective or noun (soft mutation, except for initial 'll' and 'rh').

Caerdydd	yng Nghaerdydd	*nasal mutation*
cadarn *strong*	yn gadarn	*soft mutation*
cogydd *cook*	yn gogydd	*soft mutation*

We mutate Welsh names of countries and places, and common names across the world.

Paris	ym Mharis
Patagonia	ym Mhatagonia
Gwlad Belg	yng Ngwlad Belg
Canada	yng Nghanada

We do not usually mutate names of countries and native names.

Denver	yn Denver
Bangladesh	yn Bangladesh
Pacistàn	yn Pacistàn

> **Connect these people together using various means of communication.**

ffonio; e-bostio; postio at; galw; anfon at; dod o hyd i safle gwe; ffacsio

e.g. Mae Huw yng Nghaerdydd yn postio at Siân yn Nhal-y-bont.

1. Huw yn + Caerdydd   Siân yn + Tal-y-bont
2. Mary yn + Bangor   Brian yn + Casnewydd
3. Edward yn + Buckingham   Suzie yn + Powys
4. David yn + Môn   Sioned yn + Gwent
5. Hannah yn + Dinbych   Rhian yn + Timbyctŵ
6. ffrind yn eich tref chi   siop yn eich sir chi
   (name your town)   *(name your county)*
7. coleg yn + Cymru   amgueddfa yn + Dulyn
8. cwmni ceir yn + Prydain   gwesty yn + Gwlad Pŵyl
9. coleg yn + gogledd America   cwmni bananas yn + de America

> **Y papur bro - does dim byd ond angladdau ynddo fe'r mis hwn eto.**
> *The local paper – there's nothing but funerals in it this month again.*

'yn' with definite expressions

name of a place, book, film	yng Nghymru, yn *Gone with the Wind*
noun after the definite article	yn y wlad *in the country*
noun after 'pob' *each*	ym mhob tref *in each town*
before a pronoun	yn ei goleg e *in his college*

'yn' in front of interrogative (question) words

We can use 'yn' in front of 'ble' *where*, 'pa' *which* and 'pwy' *who*.

Yn ble mae'r disg?	*Where is the disk?*
Ym mha wlad mae'r wefan?	*In which country is the website?*
Ym mhwy rydyn ni'n gallu ymddiried?	*In whom can we trust?*

We use 'mewn' before indefinite nouns (see step 12), e.g.
mewn gwlad
mewn ffilm fel *Gone with the Wind*

'yn' in expressions

beth yn y byd	*what on earth*
ym mêr ei esgyrn	*deep inside him*
ym mhob dim	*in everything*
ym myw ei lygad	*straight in his eye*
yn agored	*open*
yn ei anterth	*at his peak*
yn ei bryd	*in its time*
yn ei bwysau	*in his own time*
yn ei ddyled	*indebted to him*
yn ei dyb e	*in his opinion*
yn ei elfen	*in his element*
yn ei farn e	*in his opinion*
yn ei gwman	*stooping*

yn ei gwrw	*under the influence of drink*
yn ei waed	*in his blood, a part of him*
yn fy myw	*for the life of me*
yn llawn dop	*overflowing*
yn lle rhywun	*in place of someone*
yn llewys ei grys	*in shirtsleeves*
yn llygad ei le	*spot on*
yn niffyg	*through lack of*
yn oriau mân y bore	*in the early hours of the morning*
yn rhywle	*somewhere*
yn sgil	*in the wake of*
yn y bôn	*basically*
yn y bore bach	*very early in the morning*
yn y byd sydd ohoni	*in the world as it is*
yn y fan a'r lle	*at the scene, on the exact spot*
yn y fan	*on the spot*
yn y fantol	*in the balance*
yn y gwt	*in the queue*
yn y lle cyntaf	*in the first place*
yn y man	*before long*
yn y pen draw	*in the end*
yn yr un cwch	*in the same boat*
yng nghysgod	*in the shadow of*
yng ngyddfau ei gilydd	*at loggerheads*

Maen nhw yn llewys eu crys.
They are in their shirt sleeves.

yn yr un cwch	yn y pen draw	yn fy myw	yn ei gwrw
yn y bore bach	yn ei dyb e	yn ei elfen	

1. Fydda i byth _____ yn gallu deall sut i weithio'r rhyngrwyd.
2. Roedd e _____ pan ffoniodd e fi _____, felly ddeallais i'r un gair.
3. _____ mae rhaid i bawb ddeall sut i weithio cyfrifiadur.
4. Dwyt ti na fi'n deall y we – rydyn ni'n dau _____.
5. _____ byddwn ni'n gallu gweld ein gilydd ar y ffôn cyn bo hir.
6. Mae e _____ ar y ffôn, ac _____ mae ffonio cystal â gweithio'n galed.

'yn' after verb-nouns and adjectives

arbenigo yn	arbenigo yn y gwaith	*to specialize in the work*
credu yn	credu yn Nuw	*to believe in God*
cydio yn	cydio yn ei fraich	*to take hold of his arm*
gafael yn	gafael yn y ffôn	*to take hold of/grasp the phone*
hyddysg yn	hyddysg yn ei waith	*knowledgeable in his work*
llawenhau yn	llawenhau yn ei llwyddiant hi	*rejoicing in her success*
ymddiried yn	ymddiried yn y bòs	*to trust the boss*
ymffrostio yn	ymffrostio yn ei lwyddiant e	*to boast in his success*
ymhyfrydu yn	ymhyfrydu yn y gwaith	*to take pleasure in the work*

'yn' with 'canol' *middle,* 'pobl' *people,* 'pen' *head, top*

yng nghanol	*in the middle of*	yng nghanol y dref
ym mhen	*at the end of, in the head of*	ym mhen y dyn
ym mhob	*in every*	ym mhob gwlad

* If we do not emphasize 'canol', 'pen' or 'pob' we can use the preposition and noun as one word.

ynghanol y dref	*(somewhere) in the middle of town*
ymhen awr	*after an hour*
ymhen hir a hwyr	*after a long time*
ymhob pen mae piniwn	*everyone has an opinion*

Adverbial expressions

ymhobman	*everywhere*
ymhopeth	*in everything*
ynghyd	*together*
ynghyd â	*together with*
ynglŷn â	*regarding, to do with, connected to, about*
yn erbyn	*against* (see Step 13)

'yn' with adjectives

Sometimes we can make one word of 'yn' + an adjective.

ymhell	*distant*
ynghynt	*quicker*
ynghudd	*hidden*
ynghlwm	*tied, bound*

Answer.

1. Oes gyda chi rywbeth yn erbyn defnyddio'r we?
2. Beth yw'r problemau ynglŷn â defnyddio'r rhyngrwyd?
3. Beth yw manteision defnyddio e-bost ynghyd â ffacs?
4. Beth yw anfanteision defnyddio ffôn symudol ynghanol y dref?
5. Ydych chi fel arfer yn cael ateb ynghynt os ydych chi'n defnyddio e-bost?
6. Beth yw'r problemau yn y defnydd o'r e-bost?
7. Os ydy'ch teulu yn byw ymhell, beth yw'r ffordd orau o gysylltu â nhw?

Expressions of time

We can drop 'yn' in expressions of time.

am wyth (o'r gloch) y bore	*at eight (o'clock) in the morning*
am ddau y prynhawn	*at two in the afternoon*
am un ar ddeg o'r gloch y nos	*at eleven o'clock in the night*

We can also use these.

a.m.	y bore	*in the morning*
p.m.	y prynhawn	*in the afternoon*
	yr hwyr	*in the evening*
	y nos	*in the night*

4.10

Rydw i yn fy elfen yn y gwaith.
I am in my element at work.

Aelod Cynulliad (m)/-au Cynulliad – *Assembly Member/-s*
Aelod Seneddol (m)/-au Seneddol – *Member of Parliament/Members of Parliament*
arlywydd (m)/-ion – *president/s*
brenin (m)/brenhinoedd – *king/kings*
Cynulliad (f) – *Assembly*
etholiad (m)/-au – *election/-s*
gweriniaeth (f)/-au – *republic/-s*

gwleidydd (m)/-ion – *politician/-s*
hunanlywodraeth (f) – *self-government*
Plaid Cymru (f) – *the Party of Wales*
Prif Weinidog (m) – *Prime Minister, First Minister*
senedd (f) – *parliament*
y Blaid Geidwadol (f) – *the Conservative Party*
y Blaid Lafur (f) – *the Labour Party*
y Blaid Ryddfrydol (f) – *the Liberal Party*

'gan'

Words undergo soft mutation after 'gan'.

Cymru   Mae Cynulliad gan **G**ymru.

Wales has an Assembly.

• Note the mutations when changing the order of words.

Mae gan **G**ymru **G**ynulliad.

'gan' with pronouns

gen i	gennyf (i)
gen ti	gennyt (ti)
ganddo fe	ganddo (fe)
ganddi hi	ganddi (hi)
gynnon ni	gennym (ni)
gynnoch chi	gennych (chwi)
ganddyn nhw	ganddynt (hwy)

South Wales oral equivalent forms.
'gyda' shortened to ''da'.

'da fi
'da ti
'da fe
'da hi
'da ni
'da chi
'da nhw

Mae pen tost 'da fi.
I have a headache.

Meanings of 'gan'

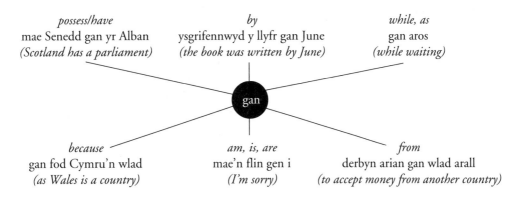

possess/have	*by*	*while, as*
mae Senedd gan yr Alban	ysgrifennwyd y llyfr gan June	gan aros
(Scotland has a parliament)	*(the book was written by June)*	*(while waiting)*

gan

because	*am, is, are*	*from*
gan fod Cymru'n wlad	mae'n flin gen i	derbyn arian gan wlad arall
(as Wales is a country)	*(I'm sorry)*	*(to accept money from another country)*

'gan' in expressions

gan amlaf	*usually*
gan bwyll	*steadily, not so quick(ly)*
gan hynny	*because of that*
gan mwyaf	*mostly*
mae cof gen i	*I remember*

'gan' after adjectives

beth sydd orau gennych chi?	*what do you like best?*
byddai'n well gen i	*I would prefer*
mae'n dda gen i	*I'm glad, pleased*
mae'n edifar gen i	*I regret*
mae'n flin gen i	*I'm sorry*
mae'n well gen i	*I prefer*
waeth gen i	*I don't mind, I don't care*

'gan' with illnesses (see Step 6)

Mae cur pen gen i.	*I have a headache.*
Mae coes dost gen i.	*I have a bad leg.*
Mae cefn tost gen i.	*I have a bad back.*

Mae'n	dda	gen i	fod gan Gymru Gynulliad.
Byddai'n	well	ganddo fe	fod senedd gan yr Alban.
	flin	ganddi hi	gael senedd yng Nghymru.

Answer.

1. Dros bwy mae eich teulu chi'n pleidleisio gan amlaf?
2. Dros bwy mae Cymry'n pleidleisio gan mwyaf?
3. Ydych chi am weld Cymru'n cael hunanlywodraeth gan bwyll?
4. Gan bwy mae'r grym *(power)* mwyaf heddiw – Ewrop neu Brydain?
5. Oes ffydd gennych chi mewn gwleidyddion?
6. A ddylai fod brenin gan Ewrop?

Translate these sentences.

1. I'm glad to be back.
2. I'd rather see a proper parliament *(senedd iawn)* in Wales.
3. I'm sorry that she won't be here.
4. The policy was written by them before the election.
5. She had a bad back, so she walked with care.
6. Which coat do you prefer?
7. He was pleased that they had a home at last.
8. The prime minister had a bad conscience *(cydwybod ddrwg)*.

> Erbyn y flwyddyn 2050, bydd gan Gymru senedd iawn.
> *By the year 2050, Wales will have a proper parliament.*

STEP 12 – 'dan' *under*, 'tan' *until, whilst*, 'hyd' *until* – Examinations 1
CAM 12 – 'dan', 'tan', 'hyd' – Arholiadau 1

astudiaeth (f)/-au – *study/studies*
astudio – *to study*
celfyddydau (pl) – *arts*
dylanwad (m)/-au – *influence/-s*

dyniaethau (pl) – *humanities*
gwyddorau (pl) – *sciences*
paratoi – *to prepare*
sefyll arholiad – *to sit an exam*

'dan', 'tan', 'hyd'

Words undergo soft mutation after 'dan', 'tan' and 'hyd'.

dylanwad   dan **dd**ylanwad *under the influence of*

- We often put 'o' in front of 'dan' when noting a literal place.
  o dan fwrdd y gegin   *under the kitchen table*
- We sometimes use 'tan' instead of 'dan'.
  canu   tan ganu   *while singing*

'dan' with pronouns

dana i	danaf (i)
danat ti	danat (ti)
dano fe	dano (ef)
dani hi	dani (hi)
danon ni	danom (ni)
danoch chi	danoch (chwi)
danyn nhw	danynt (hwy)

Meanings of 'dan', 'tan', 'hyd'
'dan'

+ noun/pronoun	*under*
dan y ddesg	*under the desk*
+ verb-noun	*while/whilst*
dan ganu	*whilst singing*

'tan'

until (when whatever happens comes to an end)
Rydw i'n aros tan yfory.   *I'm staying until tomorrow.*

'hyd'

until (when whatever happens continues)
Bydda i'n aros hyd ddiwedd yr wythnos.
I shall be staying until the end of the week.
Bydda i'n aros hyd byth.
I shall wait for ever.

- 'Byth' does not mutate when it is a noun.
  Am byth *forever*

'dan', 'tan' in expressions

dan bwysau	*under pressure*
dan ddaear	*underground*
dan ddylanwad	*under the influence of*
dan deimlad	*under emotion*
dan din	*underhand*
dan draed	*in the way*
dan ei sang	*full of people*
dan gwmwl	*under a cloud, under criticism*
dan law	*in hand*
dan nawdd	*under the patronage of*
dan ofal rhywun	*in someone's care*
dan sylw	*in question*
dan y fawd	*under the thumb*
dan y lach	*heavily criticized*
dan ystyriaeth	*under consideration*
tan gamp	*excellent*
tan glo	*locked*

 Make a conversation.

Your friend wants you to play snooker, but you want to prepare for the examinations.
Mae eich ffrind am i chi chwarae snwcer, ond rydych chi am baratoi am yr arholiadau.

Mae e'n dadlau:
He argues:

　　　　　Rydych chi'n dadlau:
　　　　　You argue:

eich bod dan ddylanwad athrawon
　　　　dydych chi ddim am weithio o dan ddaear
eich bod yn gwneud gwaith tan gamp
　　　　eich bod dan lach athrawon
bod popeth dan law
　　　　eich bod dan bwysau gwaith
eich bod dan fawd eich rhieni
　　　　eich bod dan gwmwl yn yr ysgol

'hyd' in expressions

ar hyd ac ar led	*all over*
ar hyd y lle	*all over the place*
ar hyd	*along*
ers hydoedd	*since a long time*
hyd angau	*until death*
hyd at	*as far as*
hyd byth	*for ever*
hyd ddydd y farn	*until judgement day*
hyd heddiw	*up to today*
hyd hynny	*until then*
hyd nes	*until*
hyd pan ...	*until the time ...*
hyd y diwedd	*to the end*
hyd y gwn i	*as far as I know*
hyd yma	*up to now, up to this point*
hyd yn hyn	*up to now*
hyd yn oed	*even*
hyd yr eithaf	*to the utmost*
o hyd ac o hyd	*constantly*
o hyd	*still*

'tan' in expressions

tan ddydd Sul	*until Sunday*
tan heddiw	*up to today*
tan hynny	*until then*
tan yfory	*until tomorrow*
tan yr arholiadau	*until the exams*

Rhaid i chi aros yn y gwely tan yfory.
You have to stay in bed until tomorrow.

Fill the gaps with these expressions.

ar hyd y lle   tan ddiwedd yr wythnos   hyd byth
hyd yn hyn   hyd ddydd y farn   hyd yn oed

1. Bydd rhaid i fi aros _____ cyn cael yr arholiadau.
2. Mae'r arholiadau wedi mynd yn iawn _____, ond efallai y bydd pethau'n gwaethygu.
3. Dydw i ddim eisiau aros yn y coleg _____.
4. Mae sôn _____ fod yr arholwr yn un cas.
5. Methais i basio Astudiaethau Twristaidd, _____.
6. Bydd rhaid i fi ailsefyll yr arholiad _____ cyn pasio.

 Translate these sentences.

1. The girl went home singing.
2. They had some success after studying under him.
3. We were under considerable pressure to pass.
4. I'm not waiting for you for ever.
5. She'll never pass, even if she'll work until next year.
6. Has anyone in your family worked underground?
7. There was a wonderful view beneath us.
8. He's completely under her thumb.

> **Adeiladwr fydda i hyd ddydd y farn! Dylwn i fod wedi adolygu cyn yr arholiadau!**
> *I shall be a builder until the day of judgement! I should have revised before the exams!*

STEP 13 – 'mewn' *in* – Examinations 2
CAM 13 – 'mewn' – Arholiadau 2

'mewn'
There is no mutation after 'mewn'.
    mewn papur arholiad   *in an examination paper*

'mewn' in front of indefinite nouns (see Step 10)

mewn munud   *in a minute*
mewn coleg   *in a college*
mewn gwlad   *in a country*
    Rydw i'n ymddiddori mewn ieithoedd modern.
    I am interested in modern languages.

We use 'mewn' in front of 'rhyw' *some* and 'rhai' *some, a few*, 'peth' *some*, 'sawl' *several*, and 'ambell' *a few*.

mewn rhyw arholiad   *in some examination*
mewn rhai arholiadau   *in some examinations*

If the last element in an expression is definite, we use 'yn'.

yn rhai ohonyn nhw   *in some of them*
yn un o'r papurau   *in one of the papers*
yn yr ieithoedd Celtaidd   *in the Celtic languages*

Note

	mewn carchar	*in a prison*
BUT	yng ngharchar (yn y carchar)	*in prison*
	mewn rhyw le	*in some place*
BUT	yn rhywle	*somewhere*
	yn uffern	*in hell*
	yn unman	*nowhere*
	ym mharadwys	*in paradise*
	credu yn Nuw	*to believe in God*

'mewn' in expressions

mewn amrantiad	*in a flash*
mewn angen	*in need*
mewn bri	*in vogue*
mewn brys	*in a hurry*
mewn cariad	*in love*
mewn cawl	*in a mess*
mewn cyfyng gyngor	*in a quandary*
mewn cysylltiad â…	*in connection with…*
mewn difrif	*in all seriousness*
mewn dim o dro	*in a short time*
mewn dyled	*in debt*
mewn eiliad	*in a second*
mewn ffordd o siarad	*in a manner of speaking*
mewn ffydd	*in faith*
mewn gair	*briefly*
mewn gobaith	*in hope*
mewn golwg	*in view (planned)*
mewn gwaed oer	*in cold blood*
mewn gwirionedd	*in fact*
mewn gwth o oedran	*very old*
mewn hwyliau da	*in good spirits*
mewn hwyliau drwg	*in a bad mood*
mewn munud	*in a minute*
mewn penbleth	*in a quandary*
mewn pryd	*on time*
mewn pryder	*worried*
mewn trafferth	*in trouble*
plant mewn angen	*children in need*

 Fill the gaps.

mewn penbleth   mewn pryd   mewn hwyliau da
mewn brys   mewn cawl

1. Roeddwn i wedi cyrraedd y coleg ____ ____.
2. Doeddwn i ddim yn gwybod yr ateb – roeddwn i ___ ____.
3. Dim ond pum munud oedd ar ôl – roeddwn i ___ ____.
4. Atebais i dri chwestiwn yn anghywir – roeddwn i ___ ____.
5. Pasiais i'r arholiad, felly roeddwn i ___ ____ ___.

'mewn' in composite prepositions

i mewn i *into*
> Cerddodd e i mewn i'r stafell.
> *He walked into the room.*

(y) tu mewn i *inside*
> Roedd hi'n cysgodi y tu mewn i'r drws.
> *She sheltered inside the door.*

oddi mewn i *inside (of)*
> Roedd y papur oddi mewn i'r blwch.
> *The paper was inside the box.*

 Talk about your experience of examinations. Answer some of these questions and mention other things.

1. Ydych chi'n nerfus mewn arholiadau?
2. Fuoch chi'n llwyddiannus ymhob arholiad?
3. Pa mor bwysig yw arholiadau mewn gwirionedd?
4. Ydych chi erioed wedi bod mewn trafferth yn ystod arholiad?
5. Beth yw'r peth gwaethaf sydd wedi digwydd i chi mewn arholiad?

4.13

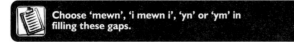
1. Roedd hi ___ pentref bach yng Nghymru.
2. Edrychodd hi _____ 'r cwpan.
3. Rwy'n credu ____ ysbrydion.
4. Ydych chi'n credu ___ Nuw?
5. Mae'r llyfrau i gyd ____ llyfrgell y coleg.
6. Aethoch chi i'r dref ___ bws?
7. Roedd yr allwedd ____ mhoced ei got.
8. Mae'r record ___ siartiau Cymru ers wyth wythnos.

Translate these sentences.

1. There are too many books in the National Library of Wales.
2. In some cases, it is better to look up the web.
3. There were many mistakes in her friend's work.
4. When did you see a swallow in any part of the country?
5. They are very interested in languages.
6. She was in bad spirits all day.
7. In winter, it is better to eat warm food once a day.
8. They will be in prison for years.

STEP 14 – 'rhag' *from* – Women's rights
CAM 14 – 'rhag' – *Hawliau menywod*

amddiffyn – *to defend*
atal – *to stop*
cam-drin – *to abuse, to ill-treat*
cydraddoldeb (m) – *equality*

cyfrifoldeb (m)/-au – *responsibility/responsibilities*
diffyg (m) – *lack*
trais (m) – *violence*

'rhag' with pronouns

rhagddo i	rhagof (i)
rhagddot ti	rhagot (ti)
rhagddo fe	rhagddo (ef)
rhagddi hi	rhagddi (hi)
rhagddon ni	rhagom (ni)
rhagddoch chi	rhagoch (chwi)
rhagddyn nhw	rhagddynt (hwy)

Mae hi'n	cuddio	rhagddo fe.
Mae'r fenyw yn	dianc	rhagddyn nhw.
Roedd hi'n	ffoi	rhagddo i.
	amddiffyn ei hun	

'rhag' after verbs

We use 'rhag' after verbs which imply defence or escape from something.

achub rhag	*to save from*
amddiffyn rhag	*to defend against*
arbed rhag	*to save from*
arswydo rhag	*to dread*
atal rhag	*to stop from*
cadw rhag	*to keep from*
celu rhag	*to hide from*
cilio rhag	*to retreat from*
cuddio rhag	*to hide from*
cysgodi rhag	*to shelter from*
dianc rhag	*to escape from*
diogelu rhag	*to safeguard from*
ffoi rhag	*to escape from*
gochel rhag	*to avoid*
gwared rhag	*to save from*

'rhag' in expressions

rhag ofn	*in case*
rhag blaen	*at once*
rhag eich cywilydd	*for shame*
mynd rhagddo	*go ahead, proceed, make progress*

rhag ofn + i + noun/pronoun + verb-noun (soft mutated)
  rhag ofn iddo fe fethu   *in case he fails*

 Respond to these questions or statements.

1. Sut gall menyw amddiffyn ei hun rhag gŵr sy'n ei cham-drin?
2. Sut mae modd *(how is it possible)* atal dynion rhag cael y swyddi uchaf mewn banciau, colegau, ffatrïoedd ac ati?
3. Mae angen arbed menywod rhag gwneud yr holl waith tŷ.
4. Dylai pob mam gael ei thalu gan y wlad am godi teulu, rhag i'r plant gael cam *(suffer injustice)*.
5. Mae cyfrifoldebau menywod yn eu hatal rhag dod ymlaen yn y byd.
6. Does dim modd i fenywod guddio rhag diffyg cydraddoldeb y ddau ryw.

Diogelwch plant mewn peryg!
Children's safety in danger!
Rhaid amddiffyn plant rhag y traffig.
Children must be safeguarded from the traffic.

4.15

STEP 15 – 'er' *although, since* – Keeping the chapel going
CAM 15 – 'er' – *Cynnal y capel*

aelod (m)/-au – *member/-s*
capel (m)/-i – *chapel/-s*
casgliad (m)/-au – *collection/-s*
emyn (m)/-au – *hymn/-s*
enwad (m)/-au – *denomination/-s*
gweinidog (m)/-ion – *minister/-s*
hyrwyddo – *to foster*
offeiriad (m)/-on – *priest/-s*
pregeth (f)/-au – *sermon/-s*

'er'
Words do not mutate after 'er'.
  er ceisio   *in spite of trying*
            in order to try

Meanings of 'er'

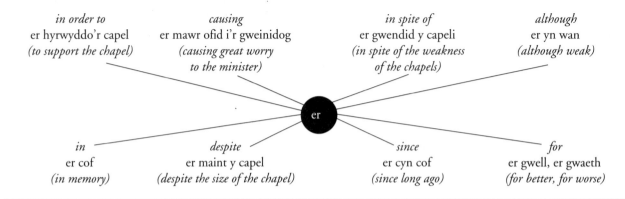

in order to
er hyrwyddo'r capel
(to support the chapel)

causing
er mawr ofid i'r gweinidog
(causing great worry to the minister)

in spite of
er gwendid y capeli
(in spite of the weakness of the chapels)

although
er yn wan
(although weak)

er

in
er cof
(in memory)

despite
er maint y capel
(despite the size of the chapel)

since
er cyn cof
(since long ago)

for
er gwell, er gwaeth
(for better, for worse)

'er' in expressions

er anrhydedd	*in honour*
er cof	*in memory (of)*
er cymaint	*despite so many/the size of*
er cyn cof	*since time immemorial*
er da	*for good*
er gwell	*for better*
er gwaeth	*for worse*
er gwaethaf	*despite, in spite of*
er hyn	*despite this*
er hynny	*despite that*
er lles	*for the benefit (of)*
er mwyn	*for the sake of*
er mwyn popeth	*for goodness' sake*
ers amser	*for a long time*
ers talwm	*a long time ago*
ers tro	*for a long time*

'er' in front of specific time

We use the Present tense instead of the Perfect tense in English.

Mae hi'n drysorydd er 1996.

She's been treasurer since 1996.

We use 'ers' *(since)* in front of unspecific time.

Rydw i'n aelod yma ers amser.

I've been a member here for a long time.

In the Past: 'er' + i + noun/pronoun + verb-noun (soft mutated).

er iddi hi fwrw glaw
er bod
er bod y tywydd yn ddrwg

er ei bod hi'n bwrw glaw

although it rained
although
although the weather is/was bad
although it's/it was raining

 Make up a conversation between the minister and his members. The chapel has room for 800, but has only 150 members. Some want to join another chapel.

Use these phrases:

er gwaethaf maint y capel
er cof am y sylfaenwyr
er gwell neu er gwaeth
er hynny
er bod y capel yn wag

er lles yr aelodau
er mwyn y gymdeithas
ers talwm
ers amser

STEP 16 – non-declinable and composite prepositions + nouns only –
The language struggle
CAM 16 – arddodiaid dirediad a chyfansawdd + enwau'n unig – Brwydr yr iaith

cydradd – *equal*
deddf iaith (f)/-au iaith – *language act/-s*
deiseb (f)/-au – *petition/-s*
dilysrwydd cyfartal (m) – *equal validity*

llys (m)/-oedd – *court/-s*
poblogeiddio – *to make popular*
ymgyrch (f)/-oedd – *campaign/-s*

4.16

Non-declinable prepositions

Nouns (not pronouns) follow these:

cyn	*before*	cyn un naw wyth dau	*before 1982*
erbyn	*by*	erbyn heddiw	*by today*
er	*since*	er 1993	*since 1993* (er + definite element)
ers	*since*	ers hynny	*since then* (ers + indefinite element)
ger	*near*	ger Caerdydd	*near Cardiff*
gerfydd	*by (holding)*	gerfydd ei wallt	*by his hair*
gerllaw	*near*	gerllaw'r llys	*near the court*
islaw	*below*	islaw'r adeilad	*below the building*
mewn	*in*	mewn llys	*in a court*
nes	*until*	nes yr ail ddeddf iaith	*until the second language act*
tua (+ spirant mutation)	*towards, about*	tua chan mlynedd	*about a hundred years*
uwchlaw	*above*	uwchlaw'r tai	*above the houses*
wedi	*after*	wedi deddf iaith 1993	*after the 1993 language act*
ymhen	*within*	ymhen chwarter canrif	*within a quarter of a century*

only used in very formal Welsh:

parthed	*regarding*	parthed statws yr iaith	*regarding the status of the language*

Examples

Cyn 1967 doedd dim deddf iaith yng Nghymru.
Erbyn 1993 roedd dwy ddeddf iaith.
Tua 1971 cafwyd arwyddion ffordd dwyieithog.
Ymhen wyth mlynedd sefydlwyd sianel deledu.
Wedi llawer o ymgyrchu cafwyd Cynulliad Cenedlaethol.
Ers hynny mae Cymru wedi dod yn wlad ddwyieithog.

Before 1967 there was no language act in Wales.
By 1993 there were two language acts.
Around 1971 bilingual road signs were obtained.
Within eight years a television channel was established.
After a lot of campaigning a National Assembly was obtained.
Since then Wales has become a bilingual country.

Give an account of the language struggle in Wales, using these phrases.

cyn yr Ail Ryfel Byd *before the Second World War*
wedi darlith *(lecture)* Saunders Lewis
ers hynny
erbyn 1947
erbyn 1971
ymhen pum mlynedd

Here are some dates in the story of the language struggle in Wales.

1923   Dechrau Urdd Gobaith Cymru.
     Beginning of the Welsh League of Youth.
     Deiseb o hanner miliwn yn galw am statws i'r Gymraeg.
     Petition of half a million calling for status for Welsh.

1939   Dechrau ysgol Gymraeg breifat yn Aberystwyth.
     Start of a private Welsh medium school at Aberystwyth.
     Deddf Llysoedd: caniatáu defnyddio'r Gymraeg yn y llysoedd.
     Courts Act: allowing the use of Welsh in courts.

1947   Yr ysgol Gymraeg gyntaf dan awdurdod cyhoeddus, yn Llanelli.
     The first Welsh medium school under a public authority, at Llanelli.

1962   Darlith radio Saunders Lewis 'Tynged yr Iaith' yn dweud bod angen defnyddio dulliau chwyldro i achub y Gymraeg.
     Saunders Lewis' radio lecture 'Fate of the Language' saying that revolutionary means were needed to save Welsh.
     Dechrau Cymdeithas yr Iaith.
     Start of the Welsh Language Society.

1967   Deddf yr Iaith Gymraeg: yn methu rhoi 'dilysrwydd cyfartal' i'r Gymraeg.
     The Welsh Language Act failed to give 'equal status' to Welsh.

1971   Arwyddion ffordd dwyieithog.
     Bilingual road signs.
     Sefydlu Mudiad Ysgolion Meithrin.
     Establishment of the Welsh Playgroup Movement.

1982   Dechrau S4C.
     Start of S4C.

1993   Deddf yr Iaith Gymraeg: trin y Gymraeg yn iaith 'gydradd'. Rhoi statws statudol i Fwrdd yr Iaith Gymraeg.
     Welsh Language Act: treating Welsh as an 'equal' language. Statutory status given to the Welsh Language Board.

erbyn 1995   Dros fil o bobl wedi bod mewn achosion llys am dorri'r gyfraith.
by 1995   *Over 1,000 people had been in court cases for breaking the law.*

1997   Cymru'n cael Cynulliad Cenedlaethol.
     Wales gets a National Assembly.

2001   Nifer siaradwyr y Gymraeg yn cynyddu.
     Number of Welsh speakers increases.

Mae S4C digidol yn dangos deg awr o Eisteddfod yn ystod y dydd, a deg awr o'r Ŵyl Gerdd Dant yn ystod y nos!
Digital S4C shows 10 hours of Eisteddfod during the day, and 10 hours of the Harp singing festival during the night!

Composite prepositions

A noun, verb-noun or noun phrase (not a pronoun) follows these:

ar fedr	*on the point of*	ar fedr ennill	*about to win*
ar fin	*on the point of, at the edge of*	ar fin mynd	*about to go*
ar flaen	*at the front of*	ar flaen y gad	*leading the fight*
cyn pen	*before the end of*	cyn pen dim	*very shortly*
i fyny	*up*	i fyny'r mast	*up the mast*
i lawr	*down*	i lawr y bryn	*down the hill*
trwy gydol	*throughout*	trwy gydol y cyfan	*throughout everything*
yn anad	*above (all), in preference to*	yn anad dim	*above all*
		yn anad neb	*in preference to anyone, more than anyone*
yn rhinwedd	*by virtue of*	yn rhinwedd ei swydd	*by virtue of his post*
yn wyneb	*in the face of*	yn wyneb yr anawsterau	*in the face of the difficulties*
yn ystod	*during*	yn ystod y frwydr	*during the battle*

4.16

 Fill the gaps below with phrases from this list.

yn anad neb   yn ystod
yn rhinwedd ei swydd yn wyneb
yn erbyn   trwy gydol
cyn pen   ar fin

1. Roedd hi'n bwrw glaw ___ ____ yr haf.
2. Maen nhw __ ____ symud tŷ.
3. Mae'r Cynulliad yn gorffen ___ ____ y mis.
4. ____ ____ yr anawsterau, aethon nhw ddim.
5. Fe, ___ ___ ____, oedd yn gyfrifol am y llwyddiant.
6. Roedd rhaid iddi hi fod yno ___ ___ ___ ____.
7. Roedden nhw wedi pleidleisio ___ ___ y cynnig.
8. Doedd dim byd yn digwydd yn y senedd ___ ____ y gwyliau.

 Form sentences including these elements.

1. trwy gydol y ganrif
2. yn ystod y pum mlynedd diwethaf
3. cyn pen mis
4. ar fin marw
5. yn wyneb yr anawsterau
6. Saunders Lewis yn anad neb
7. yn rhinwedd ei swydd
8. yn ystod y nos

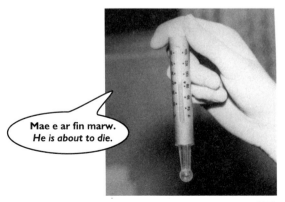

Mae e ar fin marw.
He is about to die.

anobeithio – *to dishearten*

ar streic – *on strike*

ffatri (f)/ffatrïoedd – *factory/factories*

gorymdaith (f)/gorymdeithiau – *march/marches*

gorymdeithio – *to march*

streicio – *to strike*

Prepositions followed by a noun or pronoun

ar hyd	ar hyd-ddyn nhw; ar hyd-ddi hi; ar hyd-ddo fe	*along them*	(+ 3rd person plural and singular only)
ar wahân i	ar wahân iddyn nhw	*apart from them*	
erbyn i	erbyn iddyn nhw	*by the time they*	
gyferbyn â	gyferbyn â nhw	*opposite them*	
heblaw	heblaw nhw	*except them*	
heibio i	heibio iddyn nhw	*past them*	
hyd at	hyd atyn nhw	*up to them*	
hyd nes (i)	hyd nes iddyn nhw	*until they*	
i mewn i	i mewn iddyn nhw	*into them*	
nes i	nes iddyn nhw	*until they*	
o dan	o danyn nhw	*under them*	
oddi ar	oddi arnyn nhw	*from them, off them*	
oddi mewn i	oddi mewn iddyn nhw	*inside them*	
oddi wrth	oddi wrthyn nhw	*from them*	
tuag at	tuag atyn nhw	*towards them*	
y tu allan i	y tu allan iddyn nhw	*outside them*	
y tu mewn i	y tu mewn iddyn nhw	*inside them*	
y tu ôl i	y tu ôl iddyn nhw	*behind them*	
ynglŷn â	ynglŷn â nhw	*regarding them*	
yr ochr arall i	yr ochr arall iddyn nhw	*the other side of them*	

Cerddodd Rhedodd Aeth	y gweithiwr y gweithwyr yr orymdaith y dynion y menywod	i mewn i'r yr ochr arall i'r heibio i'r	ffatri. gwaith. swyddfa.
Arhosodd Streiciodd		hyd nes iddyn nhw nes iddyn nhw	ennill. anobeithio.

Put these prepositions in the gaps below.

heblaw, erbyn i, tuag atyn, tu mewn iddi, heibio iddi,
ynglŷn â, ar wahân i, gyferbyn â

1. Roedd y sefyllfa wedi ei datrys ____ __ ni streicio.
2. Roedd y perchennog yn gas ____ ___ nhw.
3. Arhosodd pawb gartre __ ___ __ fi.
4. Aeth y gweithwyr i sefyll ___ ___'r gwaith.
5. Roedd y ffatri ar gau: cerddodd y gweithwyr ___ ___ hi.
6. Doedd neb yn gweithio y __ ____ ____ hi heddiw.
7. Gall pawb streicio __ 'r heddlu *(police)*.
8. Dydyn ni ddim yn gwybod dim ____ __'r streic.

Composite pronouns with the pronoun in the middle

If we use a pronoun with these prepositions, we put the pronoun between the two elements (see Step 2).

am ben	*(laugh) at*	am eu pennau nhw	Mae hi'n chwerthin am fy mhen i. *She's laughing at me.*
ar ben	*on top of*	ar eu pen(nau) nhw	Roedd mast teledu ar ben y tŷ. *The TV mast was on top of the house.*
ar bwys	*near*	ar eu pwys nhw	Oes rheilffordd ar bwys yr heol? *Is there a railway near the road?*
ar draws	*across*	ar eu traws nhw	Rhedai'r heol ar draws y wlad. *The road ran across the country.*
ar gefn	*on the back of*	ar eu cefn(au) nhw	Roedd sach ar ei chefn hi. *There was a sack on her back.*
ar gyfer	*for*	ar eu cyfer nhw	Codwyd heol ar eu cyfer nhw. *A road was built for them.*
* ar gyfyl	*near*	ar eu cyfyl nhw	Does dim heol ar gyfyl y lle. *There's no road near the place.*
ar hyd	*along*	ar eu hyd	Roedd rheilffordd ar hyd y gamlas. *There was a railway along the canal.*
ar ochr	*on the side of*	ar eu hochr nhw	Roedd y gweinidog ar eu hochr nhw. *The minister was on their side.*
ar ôl	*after*	ar eu hôl nhw	Rhedodd hi ar ei ôl ef. *She ran after him.*
ar ymyl	*at the side of*	ar eu hymyl nhw	Mae coed ar ymyl y ffordd. *There are trees by the road side.*
er mwyn	*for (the sake of)*	er eu mwyn nhw	Mae e'n mynd er ei mwyn hi. *He's going for her sake.*
gerbron	*before (in front of)*	ger eu bron nhw	Roedd e gerbron y llys. *He was before the court.*
trwy gyfrwng	*by means of*	trwy eu cyfrwng nhw	Clywodd e trwy gyfrwng y radio. *He heard by means of the radio.*
uwchben	*above*	uwch eu pen(nau)	Mae to uwch eu pennau. *There is a roof above their heads.*
ynghanol	*in the midst of*	yn eu canol nhw	Roedd goleuadau ynghanol y dref. *There were lights in the middle of the town.*

ynghylch	*around, about*	yn eu cylch	Mae hi'n poeni yn fy nghylch i.
			She's worrying about me.
yng ngŵydd	*in the presence of*	yn eu gŵydd nhw	Roedd e yno yng ngŵydd ei rieni.
			He was there in the presence of his parents.
ymhlith	*among*	yn eu plith nhw	Mae llawer o ladron yn eu plith nhw.
			There are many thieves amongst them.
ymysg	*among*	yn eu mysg nhw	Roedd peth tlodi yn eu mysg nhw.
			There was some poverty amongst them.
yn erbyn	*against*	yn eu herbyn nhw	Rydyn ni yn ei erbyn e.
			We are against it.
yn lle	*instead of*	yn eu lle nhw	Beth wnelech chi yn fy lle i?
			What would you do in my place?
yn ôl	*according to*	yn eu hôl/holau nhw	Mae angen heol newydd yn ei ôl e.
			There is a need for a new road according to him.
yn sgil	*in the wake of*	yn eu sgil nhw	Daeth ffatri yn sgil yr heol newydd.
			A factory came in the wake of the new road.
yn ymyl	*near*	yn eu hymyl nhw	Does dim siop yn eu hymyl nhw.
			There is no shop near them.

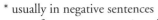

* usually in negative sentences

| yn + cyfer | *on impulse* | yn eu cyfer | Gwnes i hyn yn fy nghyfer. |
| | | | *I did this on impulse.* |

ar hyd	*along*		
	ar hyd iddo	*along it*	
	ar ei hyd	*on its side*	
	ar hyd y nos	*all through the night*	

 Note arguments in favour of building a new road across good farm land.

Use these phrases and any others:

in favour – **o blaid**
ynghanol y dref
ar bwys y dref
yn ymyl siopau'r dref
beiciau yn lle ceir

against – **yn erbyn**
traffig yn ei sgil
heolydd ar draws y wlad
y tu allan i'r dref

1. Maen nhw wedi gwneud y gwaith **ar gyfer fi**.
2. Chwarddodd e **ar** fy mhen i.
3. Eisteddodd y ferch **yn ymyl ni**.
4. Cariodd y sach **ar gefn e**.
5. Ydych chi'n mynd i chwarae **yn lle hi**?
6. Roedd y tywydd yn ddrwg, **yn ôl nhw**.
7. Mae rhai gweithwyr da **ymhlith nhw**.
8. Mae e **ar ochr ni** bob tro, chwarae teg.

> Llinellau melyn? Mae ceir yn parcio ar hyd iddyn nhw o hyd. *Yellow lines? Cars park along them all the time.*

STEP 19 – composite prepositions including 'i' and 'o' – Standing for election
CAM 19 – arddodiaid cyfansawdd yn cynnwys 'i' ac 'o' – Sefyll mewn etholiad

etholiad (m)/-au – *election/-s*
gwladoli – *to nationalize*
cyhoeddus – *public*
preifateiddio – *to privatize*
gwasanaeth (m)/-au – *service/-s*

blaenoriaeth (f)/-au – *priority/priorities*
etholaeth (f)/-au – *constituency/constituencies*
etholwr (m)/etholwyr – *voter/voters*
pleidleisio – *to vote*
ymgeisydd (m)/ymgeiswyr – *candidate/candidates*

Composite prepositions including 'i' or 'o' with a pronoun (see Step 5)

These are the pronouns we use after 'i' and 'o' (see Pronouns):

i'm...i;   i'th...di;   i'w...e;   i'w...hi;   i'n...ni;   i'ch...chi;   i'w...nhw
o'm...i;   o'th...di;   o'i...e;   o'i...hi;   o'n...ni;   o'ch...chi;   o'u...nhw

i blith	*to the midst of*	i'n plith ni	Daeth i siarad i'n plith ni.
			He came to talk in our midst.
i fysg	*to the midst of*	i'w mysg nhw	Aeth yn syth i'w mysg nhw.
			He went straight to their midst.
i ganol	*to the middle of*	i'w canol nhw	*to the middle of* Cerddodd i'w canol nhw.
			He walked to their midst.
o amgylch	*around*	o'u hamgylch nhw	Roedd cefnogwyr o'u hamgylch nhw.
			There were supporters around them.
oblegid	*because of*	o'i blegid e	Pleidleisiais o'i blegid e.
			I voted because of it.
o blaid	*in favour of*	o'm plaid i	Roedd pawb o'm plaid i.
			Everyone was in favour of me.

o bobtu	o'u pobtu nhw	*on all sides of*	Roedd pobl o'u pobtu nhw.
			There were people around them.
o fewn	o'i mewn hi	*within*	Roedd arian o'i mewn hi.
			There was money inside it.
oherwydd	o'm herwydd i	*because of*	Enillodd hi o'm herwydd i.
			She won because of me.
o flaen	o'u blaen nhw	*in front of*	Safodd e o'n blaen ni.
			He stood in front of us.
o gwmpas	o'i gwmpas e	*around*	Roedd rhywun o'i gwmpas e o hyd.
			There was someone always around him.
o gylch	o'i chylch hi	*around, about*	Roedd plant o'i chylch hi.
			There were children around her.
o ran	o'm rhan i	*in terms of, for their part*	O'm rhan i, maen nhw i gyd yr un fath.
			As far as I'm concerned, they are all the same.

Daeth	yr ymgeisydd	i'n plith ni.
Aeth	y bobl	o'n blaen ni.
Cerddodd	y siaradwr	i'w canol nhw.
		i'w mysg nhw.
		i'n mysg ni.
		o'n hamgylch ni.

Correct these sentences.

1. Cerddodd e yn ôl **i ei** dŷ ef.
2. Roedden nhw wedi rhedeg **o'u amgylch** nhw.
3. Cyrhaeddodd e'r coleg **o flaen hi**.
4. Siaradodd hi'n gryf iawn **o'm blaid** i.
5. Gorffennodd hi'n gynnar **oherwydd ef**.
6. Rhedon ni'n syth **i ganol nhw**.
7. Doedd neb **o'm flaen** i yn y rhes.
8. Mae rhyw ddillad od **o'th cylch** di heddiw.

Mae'r pleidiau eraill i gyd yr un fath!
All the other parties are the same!

5: The Article - Y Fannod

anifail anwes (m)/ anifeiliaid anwes – *pet/pets*
cig oen (m) – *lamb (meat)*
cig eidion – *beef*

gafr (f)/geifr – *goat/goats*
pawen (f)/-nau – *paw/-s*
cawell (f)/cewyll – *cage/cages*

No indefinite article

There is no indefinite article ('*a*' or '*an*') in Welsh.
How do we say '*a*' or '*an*'? We do not use them.

anifail	*an animal*
ci	*a dog*
cath	*a cat*
ceffyl	*a horse*

Two nouns can follow each other in Welsh. This shows a
connection between one word and the other. The first
word belongs to the second word. In English, usually, '*of*'
or '*'s*' is put between the two words. The word order in
Welsh is different to English.

coler ci	*a dog collar / a dog's collar*
bwyd ci	*dog food*
llaeth buwch	*cow's milk*
llaeth gafr	*goat's milk*

Rydw i wedi yfed llawer o laeth.
I've drunk a lot of milk.

 Say in Welsh.

a cat collar	*a horse's foot*	*a cow's leg*
goat cheese	*lamb's meat*	*cat food*
a cat's bed	*a dog's tail*	*a farm animal*

Common English expressions
with the indefinite article

a little	ychydig
a little food	ychydig fwyd, ychydig o fwyd
a few	ychydig, ambell
a few animals	ychydig o anifeiliaid, ambell anifail
a lot	llawer
a lot of milk	llawer o laeth
a week ago	wythnos yn ôl
a good time	amser da
an hour ago	awr yn ôl
a little dog	ci bach
a good cause	achos da

ar y chwith – *on the left*　　　i'r chwith – *to the left*　　　trowch – *turn*
ar y dde – *on the right*　　　i'r dde – *to the right*　　　yn syth ymlaen – *straight on*
ewch – *go*

The definite article

y

We use 'y' in front of consonants.

y sinema	*the cinema*
y theatr	*the theatre*
y stryd	*the street*

We use 'y' in front of consonantal 'w'.

| y wal | *the wall* |
| y wennol | *the swallow, the shuttle* |

Feminine nouns undergo soft mutation after the definite article.

pont	y **b**ont	*the bridge*
canolfan	y **g**anolfan	*the centre*
tref	y **d**dref	*the town*

Feminine nouns starting with 'll' and 'rh' do not mutate after 'y'.

| llyfrgell | y **ll**yfrgell | *the library* |
| rhes | y **rh**es | *the row* |

yr

We use 'yr' in front of vowels.

gorsaf	yr orsaf	*the station*
egwyl	yr egwyl	*the break*
afon	yr afon	*the river*
ysgol	yr ysgol	*the school*
wythnos	yr wythnos	*the week*

We use 'yr' in front of 'h'

| yr haul | *the sun* |
| yr heol | *the road* |

'r

We use ''r' after a vowel.

i'r ysgol	*to school*
o'r parc	*from the park*
dringo'r Wyddfa	*climbing Snowdon*
neidio'r wal	*jumping the wall*
Mae'r theatr ar y dde.	*The theatre is on the right.*
Ydy'r sinema ar y chwith?	*Is the cinema on the left?*

Singular feminine nouns (except those starting with 'll' or 'rh') undergo soft mutation after ''r'.

　　　Mae'r **b**ont wrth y castell.　　*The bridge is by the castle.*
　　　Mae'r **ll**yfrgell wrth yr afon.　*The library is by the river.*

If we put a list of nouns after the article, we must put the article in front of each noun.

　　　Mae hi'n hoffi'r parc, yr afon, yr eglwys a'r farchnad.
　　　She likes the park, river, church and market.

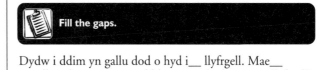 **Fill the gaps.**

Dydw i ddim yn gallu dod o hyd i__ llyfrgell. Mae__ castell wrth ___ parc, ond ble yn ___ byd mae___ llyfrgell? Ydy hi wrth ___ eglwys? Ydy hi wrth ___ sinema?
"Esgusodwch fi."
"Fi?"
"Ie, chi. Ble mae__ llyfrgell, os gwelwch yn dda?"
"___ llyfrgell? Llyfrgell __ coleg?"
"Nage, llyfrgell __ dre."
"Wel, ewch i__ chwith, at ___ ysgol. Wedyn trowch i___ heol ar ___ dde, at ___ afon. Wrth __ afon trowch i___ chwith eto, ac mae___ llyfrgell ar ___ heol wrth ___ ysbyty, ar ___ dde."

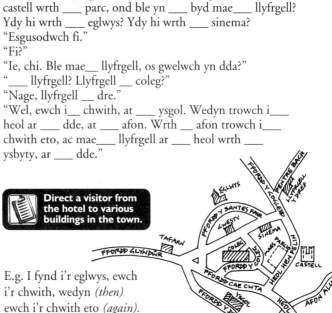 **Direct a visitor from the hotel to various buildings in the town.**

E.g. I fynd i'r eglwys, ewch
i'r chwith, wedyn *(then)*
ewch i'r chwith eto *(again)*.
Mae'r eglwys ar y dde.

5.2

161

The definite article with proper nouns

We use 'y' or 'yr' with some names of countries.

Yr Alban	*Scotland*	Yr Aifft	*Egypt*
Yr Almaen	*Germany*	Yr Eidal	*Italy*
Y Swistir	*Switzerland*	Yr Ariannin	*Argentina*
Y Ffindir	*Finland*	Yr Iseldiroedd	*the Netherlands*

We use 'y' or 'yr' with some place names.

Y Barri	*Barry*	Y Bala	*Bala*
Y Drenewydd	*Newtown*	Y Felinheli	*Port Dinorwic*
Y Porth	*Porth*	Yr Wyddgrug	*Mold*
Y Fenni	*Abergavenny*	Y Trallwng	*Welshpool*
Y Gelli	*Hay on Wye*		

We use 'y' or 'yr' in front of the names of some mountains and seas.

Yr Wyddfa	*Snowdon*	Y Môr Canoldir	*The Mediterranean Sea*
Yr Alpau	*the Alps*	Yr Andes	*the Andes*
Y Môr Tawel	*the Pacific Ocean*		

We do not use 'y' or 'yr' in front of seas if a country's name, or a place name, is used.

Môr India	*the Indian Ocean*
Môr Hafren	*the Bristol Channel*
Môr Iwerydd	*the Atlantic Ocean*

We do not use 'y' or 'yr' in front of names of rivers.

the Tawe river	afon Tawe
the river Taff	afon Taf
the river Thames	afon Tafwys
the river Dee	afon Dyfrdwy
(BUT: *the river Jordan*	yr Iorddonen
Menai Straits	afon Menai, y Fenai)

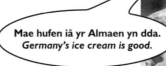

Mae hufen iâ yr Almaen yn dda.
Germany's ice cream is good.

We use 'y' or 'yr' in front of the seasons.

y gwanwyn	*spring*	yr haf	*summer*
yr hydref	*autumn*	y gaeaf	*winter*

We also use 'y' in front of the names of some holidays.

y Nadolig	*Christmas*	y Pasg	*Easter*
y Sulgwyn	*Whitsun*	y Grawys	*Lent*

We can put 'y' in front of the name of a language instead of using 'iaith' *(language)*.

y Gymraeg	*the Welsh language*	y Saesneg	*the English language*

NOTE:

yn (y) Gymraeg	*in Welsh*
yng Nghymraeg Ceredigion	*in the Welsh of Ceredigion*

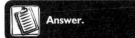

Answer.

Beth wyt ti'n wneud yn ystod:
    gwyliau'r Pasg? gwyliau'r Nadolig? gwyliau'r haf?
Wyt ti wedi bod i'r Almaen?
y Barri? yr Alban? yr Eidal? y Bala?
Beth sy yn
    yr Ariannin? y Gelli Gandryll *(Hay on Wye)*?

Rydw i Mae e Mae hi	eisiau mynd i'r wedi bod i'r 	Almaen Swistir Alban Aifft Eidal	i weld	y mynyddoedd. y wlad. yr olion hanesyddol. y llynnoedd. yr haul.	*(the mountains)* *(the country)* *(the historical remains)* *(the lakes)* *(the sun)*

Dw i'n hoffi hufen iâ yr **Eidal**.
I like Italy's ice cream.

Correct these sentences.

1. Mae afon Hafren yn llifo i **Fôr yr** Hafren.
2. **Mae Almaen, Eidal a Swistir** yn yr Undeb Ewropeaidd.
3. Es i i Fangor, **Barri a Bala**'r haf yma.
4. Beth ydych chi am ei wneud yn ystod **gwyliau Pasg**?
5. Rydw i'n edrych ymlaen **at wanwyn** eleni.
6. Roedden ni'n hedfan dros **y Môr India** ar y ffordd i Awstralia.
7. **Yn haf**, maen nhw'n treulio eu gwyliau yn **y Sbaen**.
8. Roedd hi bob amser yn siarad **yn Gymraeg** Sir Benfro.

awr (f)/oriau – *hour/hours*
bresychen (f)/bresych – *cabbage/cabbages*
ceiniog (f)/-au – *penny/pennies*
ceiriosen (f)/ceirios – *cherry/cherries*
cilo (m) – *kilo*
eirin gwlanog (pl) – *peaches*
eirinen (f)/eirin – *plum/plums*
ewro (m)/-s – *euro/-s*
ffrwythau (pl) – *fruit*
galwyn (m)/-i – *gallon/-s*
gellygen (f)/gellyg – *pear/pears*

grawnwin (pl) – *grapes*
litr (m)/-au – *litre/-s*
llysiau (pl) – *vegetables*
milltir (f)/-oedd – *mile/-s*
moronen (f)/moron – *carrot/carrots*
oren (f)/-au – *orange/-s*
pinafal (m)/-au – *pineapple/-s*
pris (m)/-au – *price/-s*
punt (f)/punnoedd – *pound/pounds (in money)*
pwys (m)/-i – *pound/-s (in weight)*
taten (f)/tatws – *potato/potatoes*

The article in expressions of measure

We use the definite article ('y', 'yr' or ''r', see Step 2)
instead of 'a' or 'per' in English in some expressions.

wyth deg ceiniog y pwys	*80p a pound*
dwy bunt y cilo	*£2 a kilo*
tri deg pum milltir i'r galwyn	*35 miles a gallon*
naw milltir i'r litr	*9 miles a litre*
pum deg milltir yr awr	*50 miles an hour*

 What is the price of these fruit and vegetables?

(…ceiniog y cilo)

(afalau)	(gellyg)	(ceirios)	(tatws)	(moron)
65c/cilo	70c/cilo	80c/cilo	25c/cilo	35c/cilo
45e/cilo	45e/cilo	55e/cilo	15e/cilo	25e/cilo

Other expressions

	yr un	*each*
	ugain ceiniog yr un	*20p each*
	y ddau, y ddwy	*both*
	Ydych chi'n moyn y ddau?	*Do you want both?*
	Ydych chi eisiau'r ddau?	*Do you want both?*
BUT	fe a chi	*both he and you*
	chi'ch dau	*both of you*
	y naill a'r llall	*the one and the other*
	y naill neu'r llall	*one or the other*
	y cyntaf	*the former*
	yr olaf	*the latter*
	ar y naill law	*on the one hand*
	ar y llaw arall	*on the other hand*
	ar y llall	*on the other*

codi am bedwar: mae e'n hwyr
mynd i'r farchnad ffrwythau a llysiau
ydy e'n teithio'n gyflym?
prynu ffrwythau a llysiau:
      afalau: pris?
      orenau: pris?
      gellyg: pris?
      eirin gwlanog: pris?
      tatws: pris?
      moron: pris?

mynd yn ôl i'r siop yn y car
gyrru: cyflymdra? *(speed)*
cyrraedd am 8 o'r gloch
agor y siop
gwerthu'r ffrwythau a'r llysiau: mae e'n dyblu *(doubles)* pob pris
beth yw pris gwerthu'r llysiau a'r ffrwythau?

5.4

'mewn' and 'yn' *(in)*

With the article, and in front of definite expressions, we always use 'yn'.

yn y siop   yn siop Siân   yn amgueddfa'r dref
in the shop   *in Siân's shop*   *in the town museum*

With words without the article, and in front of indefinite expressions, we always use 'mewn'.

mewn siop   mewn tref   mewn siop ffrwythau   mewn gwlad
in a shop   *in a town*   *in a fruit shop*   *in a country*

| Rydw i'n | gweithio | mewn | siop groser swyddfa | *office* |
| Mae hi'n | prynu | yn | yr archfarchnad y dref | *supermarket* |

Maen nhw'n mynd i mewn i'r awyren.
They are going into the aeroplane.

doctor (m)/-iaid – *doctor/-s*
meddyg (m)/-on – *doctor/-s*
moddion (pl) – *medicine*
pilsen (f)/pils – *pill/-s*
y clefyd melyn – *jaundice*
y ddannodd – *toothache*
y dwymyn – *fever*

y fogfa – *asthma*
y frech Almaenig – *German measles*
y frech goch – *measles*
y frech wen – *smallpox*
y ffliw – *influenza*
y pâs – *whooping cough*
yr eryr – *shingles*

The article with illnesses

We use the article in front of the names of some illnesses.

Mae'r ffliw arna i.	*I have flu.*
Mae'r frech goch arna i.	*I have measles.*

The article can occur between two elements.

brech yr ieir	*chicken pox*
clefyd y galon	*heart disease*
clefyd y gwair	*hay fever*
llid yr ymennydd	*meningitis*
llid yr ysgyfaint	*bronchitis*
twymyn y gwair	*hay fever*

Ydych chi wedi cael brech yr ieir?	*Have you had chicken pox?*

We do not use the article in front of these:

annwyd	*a cold*
cefn tost	*backache*
gwres	*temperature/fever*
llwnc tost/dolur gwddf	*sore throat*
peswch	*a cough*
pen tost/cur pen	*headache*
coes dost	*bad leg*
polio	*polio*

Oes annwyd arnoch chi?
Have you got a cold?
Oes gwres arnoch chi?
Have you got a temperature?

Mae annwyd arna i.
I have a cold.
Does dim gwres arna i.
I haven't got a temperature.

Oes pen tost 'da chi?
Have you got a headache?
Does dim pen tost 'da fi.
I haven't got a headache.

We use 'ar' after names of illnesses.
Mae annwyd arna i.   *I have a cold.*
We use 'gyda' ("da") after parts of the body which are ill.
Mae clust dost 'da fi.   *I have earache.*

 Say which illnesses you've had.

e.g.   Rydw i wedi cael y frech goch.

Put these words in a conversation.

Mari:	gwres
meddyg:	pen tost?
Mari:	cefn tost – annwyd – peswch
meddyg:	brech yr ieir – yn blentyn?
Mari:	y frech Almaenig – y frech goch – y frech wen – yn blentyn
meddyg:	y fogfa
Mari:	pils/moddion?
meddyg:	gwely – tri diwrnod – ffliw

The article with expressions of place

We use the article in some expressions where it is not used in English. Many of these expressions note buildings or places.

i'r dre	*to town*	o'r dre	*from town*
i'r ysgol	*to school*	o'r ysgol	*from school*
i'r coleg	*to college*	yn y coleg	*at college*
i'r eglwys	*to church*	i'r capel	*to chapel*
i'r ysbyty	*to hospital*	yn yr ysbyty	*in hospital*
i'r carchar	*to jail*	yn y carchar	*in jail*

5.6

The article with means of travel

We use the article to note some means of travel.

ar y trên	*by train*
yn y car	*by car*
ar y bws	*by bus*

Other expressions

Other expressions using 'y', 'yr' or ''r':

yn y gwaith	*at work*
yn y golwg	*in sight, in view*
yn y tŷ	*at home*
yn y gwely	*in bed*

Answer.

1. Beth rydych chi wedi'i astudio yn yr ysgol/yn y coleg?
2. Ydych chi'n mynd i'r ysgol neu i'r coleg nawr?
3. Wyt ti eisiau mynd/wedi bod i'r coleg neu i'r brifysgol?
4. Wyt ti'n mynd i'r coleg/i'r gwaith ar y trên/yn y car?
5. Wyt ti wedi bod i'r carchar/i'r ysbyty?

Bues i yn yr ysbyty ar ôl cwympo oddi ar y beic.
I was in hospital after falling off the bike.

167

The article with titles

(see Nouns, Step 12)

Yr Athro Siencyn ap Gwalchmai
Professor Siencyn ap Gwalchmai

The article with genitive nouns

(see Nouns, Step 9)

ceir y cwmni   *the company cars*

The article with languages, countries and places

(see Nouns, Step 12, also The Article, Step 3,
y Gymraeg   *the Welsh language*

The article in front of adjectives

(see Adjectives, Step 10)

y tlawd   *the poor*

 Translate these sentences.

1. He was in prison for eight years (wyth mlynedd).
2. What are you doing at work?
3. She went to chapel regularly (yn gyson).
4. We all went to bed early.
5. After the accident (damwain) I was in hospital for a week.
6. Are you going to college today?
7. They're going there by bus.
8. Her petticoat (pais) was showing.

 Answer.

1. Ydych chi'n mynd i'r capel bob wythnos?
2. Ydych chi'n gweithio yn y dre?
3. Fuoch chi erioed yn y carchar?
4. Ydych chi'n teithio'n aml ar y trên?
5. Aethoch chi i'r gwely'n gynnar neithiwr?
6. Ydych chi'n nabod y Tywysog Carlo?

6: Adjectives - *Ansoddeiriau*

STEP I – adjectives with nouns and verb-nouns – Television programmes I
CAM I – ansoddeiriau gydag enwau a berfenwau – Rhaglenni teledu I

cyfres (f)/-i – *series*
rhaglen (f)/-ni – *programme/-s*

Adjectives with nouns and verb-nouns

Most Welsh adjectives are put after the noun. There is no mutation after singular masculine nouns, or after plural nouns.

actor da	*a good actor*	newyddion trist	*sad news*
grŵp gwael	*a bad group*	rhaglenni hirwyntog	*longwinded programmes*
dramâu araf	*slow plays*	diwedd cyffrous	*an exciting end*
canwr rhywiol	*a sexy singer*		

We can put adjectives after verb-nouns. There is no mutation.

ffilmio da	*good filming*	dechrau hapus	*a happy beginning*
actio gwael	*bad acting*	sgriptio truenus	*pathetic scripting*

Adjectives after singular feminine nouns undergo soft mutation.

deniadol	actores **dd**eniadol	*an attractive actress*
poblogaidd	cyfres **b**oblogaidd	*a popular series*
da	rhaglen **dd**a	*a good programme*
gwych	ffilm **w**ych	*a great film*
diddorol	golygfa **dd**iddorol	*an interesting scene*
diflas	rhaglen **dd**iflas	*a boring programme*
cyffrous	drama **g**yffrous	*an exciting play*

Maen nhw'n hapus, ond dw i'n drist.
They are happy, but I'm sad.

 Write about this evening's television programmes. Use these words.

Remember to mutate adjectives after singular feminine nouns.

rhaglen	gwych
drama	cyffrous
ffilmiau	poblogaidd
actores	rhywiol
sgriptiau	diddorol
cyfres	diflas
golygfa	trist

Adjectives in front of nouns

We put some adjectives in front of the noun sometimes, and others every time in front of the noun. A noun undergoes soft mutation after an adjective. In the list below, * denotes an adjective that is always put in front of the noun.

*ambell	(+ singular noun only)	ambell raglen	*an occasional programme*
*amryw	(+ plural noun only)	amryw raglenni	*several programmes*
*cryn	(+ singular noun only)	cryn drafferth	*considerable difficulty*
*cyfryw		y cyfryw raglen	*the programme in question*
da		mewn da bryd	*in good time*
*dirprwy		dirprwy gyfarwyddwr	*deputy director*
hen		hen raglen	*an old programme*
		hen bryd	*high time*
hoff		fy hoff ddrama	*my favourite drama*
*holl		yr holl raglenni	*all the programmes*
		yr holl ddiwrnod	*the whole day*
llawn		llawn bryd	*high time*
*pa		pa brynhawn	*which afternoon*
*prif		y prif ddarllenydd	*the main reader*
prin		prin flwyddyn	*scarcely a year*
*rhyw		rhyw ddrama	*some drama*
unig		yr unig deledu	*the only television*
*unrhyw		unrhyw le	*any place*
*ychydig	(+ plural noun)	ychydig raglenni	*a few programmes*
	(+ singular noun)	ychydig fenyn	*a little butter*
*y fath		y fath gawl!	*such a mess!*

- y fath
  y fath raglen   *or*   rhaglen o'r fath   *such a programme*

There is no mutation after these:

*peth	(+ singular noun only)	peth Cymraeg	*some Welsh*
*pob	(+ singular noun only)	pob dydd	*every day*
*rhai	(+ plural noun only)	rhai dynion	*some men*
*sawl	(+ singular noun only)	sawl prynhawn	*several afternoons*

- 'Rhai' can also be a noun.
  Mae rhai'n actio'n dda.   *Some act well.*

6.1

Sion Wayne Pobl y Cwm Zeta Evans	yw'r	prif unig brif hen	actor opera sebon actores raglen
	yw fy hoff		

Translate these sentences.

1. The film is the only good programme tonight.
2. All the programmes tonight are in Welsh (yn Gymraeg).
3. Who is the main actress in the film?
4. They're showing old films once again.
5. An exciting play? What about the pathetic acting?
6. Which afternoon are they filming?
7. Who is the main news reader tonight?
8. Some people watch three soap operas a night.

STEP 2 – different meanings; common expressions – Television programmes (2)
CAM 2 – ystyron gwahanol; ymadroddion cyffredin – Rhaglenni teledu (2)

Different meanings

If we put these adjectives in front of a noun, they change in meaning.

aml	aml raglen	*many programmes*
	rhaglenni aml	*frequent programmes*
cas	fy nghas beth	*my most hated thing*
	y peth cas	*the nasty thing*
diweddar	y diweddar actor	*the late (dead) actor*
	yr actor diweddar	*the late (in time) actor, the recent actor*
eithaf	eithaf rhaglen	*quite a programme*
	y cam eithaf	*the furthest (extreme) step*
gwahanol	gwahanol raglenni	*various programmes*
	rhaglen wahanol	*a different programme*
gwir	y wir neges	*the real message*
	y neges wir	*the true message*
hen	yr hen raglen	*the old programme*
	y rhaglen hen	*the ancient programme*
hoff	fy hoff ffrind	*my favourite friend*
	fy ffrind hoff	*my dear friend*
iawn	iawn bwyll	*right mind*
	person iawn	*a real person*
mân	mân actorion	*unimportant actors*
	darnau mân	*small pieces*
prin	prin hanner awr	*scarcely half an hour*
	llyfrau prin	*rare books*

priod	y priod actorion	the appropriate actors
	yr actorion priod	the married actors
pur	pur dda ('pur' as an adverb)	quite good
	Cymraeg pur	pure Welsh
unig	yr unig actor	the only actor
	yr actor unig	the lonely actor
union	yr union lwybr	the exact path
	y llwybr union	the straight path

 Use these expressions in sentences to show the difference in meaning.

1. unig actorion
2. actorion unig
3. yr union heol
4. yr heol union

5. gwir ystyr
6. stori wir
7. gwahanol raglenni
8. amserau gwahanol

These adjectives are opposites:

blasus	tasty	di-flas	tasteless
caled	hard	meddal	soft
cyffrous	exciting	diflas	boring
cyflym	quick	araf	slow
cyfoethog	rich	tlawd	poor
chwerw	bitter	melys	sweet
da	good	gwael, drwg	poor, bad
diddorol	interesting	anniddorol	uninteresting
doeth	wise	ffôl	foolish
drud	expensive	rhad	cheap
dwfn	deep	bas	shallow
enwog	famous	anenwog, distadl	not famous
ffyddlon	faithful	anffyddlon	unfaithful
glân	clean	brwnt, budr	dirty
gwybodus	knowledgeable	anwybodus	ignorant
gwych	excellent	ofnadwy	awful
hapus	happy	trist	sad
hardd	beautiful	salw, hyll	ugly
hawdd	easy	anodd	difficult
hen	old	ifanc	young
llawn	full	gwag	empty

lliwgar	*colourful*	di-liw	*colourless*
llydan	*wide*	cul	*narrow*
llyfn	*smooth*	garw	*rough*
mawr	*big*	bach	*small*
melys	*sweet*	sur	*sour*
newydd	*new*	hen	*old*
parchus	*respectable*	amharchus	*unrespectable*
peryglus	*dangerous*	diogel	*safe*
poblogaidd	*popular*	amhoblogaidd	*unpopular*
poeth	*hot*	oer	*cold*
prydferth	*beautiful*	hyll	*ugly*
rhydd	*free*	caeth	*captive*
serth	*steep*	gwastad	*flat*
swnllyd	*noisy*	tawel	*quiet*
sych	*dry*	gwlyb	*wet*
tenau	*thin*	tew	*thick, fat*
trwchus	*thick*	tenau	*thin*
trwm	*heavy*	ysgafn	*light*
tywyll	*dark*	golau	*light*
uchel	*high*	isel	*low*

 Make up a conversation about the evening's programmes, between Mair and Steve. Link the programmes to these adjectives and any others.

	Mair:	**Steve:**
cwis	poblogaidd	swnllyd
opera sebon	diflas	diddorol
ffilm	cyffrous	ofnadwy
gêm bêl-droed	ofnadwy	gwych
rhaglen natur *(nature)*	diddorol	anniddorol

Dw i'n hoffi ffilmiau trist.
I like sad films.

Common expressions with the adjective in front of the noun

cyfan gwbl	*completely*
dydd o brysur bwyso	*a day of reckoning*
dyledus barch	*due respect*
gwyn fyd y tlodion	*blessed are the poor*
hir oes!	*a long life!*
llwyr anobeithio	*to despair completely*
mae brith gof gen i	*I have a faint memory*
mae taer angen	*there is an urgent need*
mewn da bryd	*in good time*
mewn dirfawr angen	*in great need*
o bell ffordd	*by a long way*
rhwydd hynt iddo	*let him do as he wants*
rhyfedd wyrth	*a wonderful miracle*
uchel siryf	*high sheriff*

 Translate these sentences.

1. Who's playing the lonely wife?
2. They were showing various programmes all evening.
3. There was a real elephant on the stage.
4. Name your favourite programme and your most hated programme.
5. With all due respect, it was an awful film.
6. I only have a faint memory of the play.
7. We are the only people in the audience (yn y gynulleidfa).
8. She has an excellent voice (llais) but an awful accent (acen).

6.3

STEP 3 – feminine; 'bod yn' *be* + adjective – In the country
CAM 3 – benywaidd; 'bod yn' + ansoddair – Yn y wlad

Feminine of adjectives
Some adjectives have a feminine form.

brith	braith	*speckled*
bychan	bechan	*small*
byr	ber	*short*
crwn	cron	*round*
cryf	cref	*strong*
dwfn	dofn	*deep*
gwyn	gwen	*white*
gwyrdd	gwerdd	*green*
melyn	melen	*yellow*
tlws	tlos	*pretty*
trwm	trom	*heavy*

Merch dlos. *A pretty girl.*

175

Common examples

afon ddofn	*deep river*
siaced fraith	*multicoloured jacket*
pont fechan	*small bridge*
stori fer	*short story*
deilen werdd	*green leaf*
golygfa dlos	*pretty view*
y ford gron	*the round table*

The adjective undergoes soft mutation after a singular feminine noun.

 Describe the country in your area, or use your imagination!

Link the nouns (which are all feminine) with adjectives.

Nouns:

nant	afon	pont	ffordd
heol	coeden	eglwys	stryd
caseg	buwch	dafad	fferm

Adjectives: (change to their feminine form, if possible, where necessary)

dwfn	prysur	trwm	bychan
tlws	gwyrdd	gwyn	tenau
llydan	byr	mawr	tawel

'bod yn' *be* + adjective

We can put an adjective after the verb 'bod' + noun or pronoun + yn ('Mae … yn …'; 'Roedd … yn …'). The adjective undergoes soft mutation.

Mae'r stryd yn brysur.   *The street is busy.*

'll' and 'rh' do not mutate.

Mae'r afon yn llydan.   *The river is wide.*

'Braf' never mutates.

Roedd hi'n braf yn y wlad.   *It was fine in the country.*

We do not usually use the feminine form after 'yn'.

Roedd yr afon yn ddwfn.	*The river was deep.*
golau	*light*
gwyrdd golau	*light green*
tywyll	*dark*
glas tywyll	*dark blue*

Describe this view.
Use adjectives and some of these colours.

coch	melyn	gwyrdd	glas	gwyn
brown	llwyd	porffor	oren	

glas

gwyrdd tywyll

gwyrdd golau

brown

llwyd   melyn

Plural of adjectives

Some adjectives have a plural form. We can use these after plural nouns. Here are the most common ones:

arall	eraill	*other*
balch	beilch	*proud*
bras	breision	*large, rich*
budr	budron	*dirty*
byr	byrion	*short*
bychan	bychain	*small*
cadarn	cedyrn	*strong, firm*
caled	celyd	*hard*
coch	cochion	*red*
crwn	crynion	*round*
cryf	cryfion	*strong*
cul	culion	*narrow*
dall	deillion	*blind*
dewr	dewrion	*brave*
du	duon	*black*
dwfn	dyfnion	*deep*
garw	geirw, geirwon	*rough*
glas	gleision	*blue*
gloyw	gloywon	*bright*
gweddw	gweddwon	*widowed*
gwyllt	gwylltion	*wild*
gwyn	gwynion	*white*
gwyrdd	gwyrddion	*green*
hardd	heirdd, heirddion	*beautiful*
hir	hirion	*long*
ieuanc	ieuainc	*young*
ifanc	ifainc	*young*
llwyd	llwydion	*grey*
llydan	llydain	*broad, wide*
marw	meirw, meirwon	*dead*
mawr	mawrion	*big*
melyn	melynion	*yellow*
mud	mudion	*mute*
truan	truain	*pitiful, poor*
trwm	trymion	*heavy*

We can say:
    Mae'r plant bychain yn chwarae gyda'r mamau cryfion.
    The little children play with the strong mothers.
But we usually say:
    Mae'r plant bach yn chwarae gyda'r mamau cryf.
    The little children play with the strong mothers.
We don't use plural forms of the adjective when speaking, or very often when writing.
The plural form of the adjective does not mutate after a plural (feminine) noun:
    merched bychain   *little girls*
Usually, there is no feminine form for plural adjectives:
    siwmper werdd   siwmperi gwyrddion
    green jumper   *green jumpers*
'Pobl' is a singular, feminine noun, but we can put a singular or a plural adjective after it:
    pobl ifanc, pobl ifainc   *young people*
    pobl ddu, pobl dduon   *black people*
We cannot use 'arall' after a plural noun. We must use 'eraill':
    dyn arall > dynion eraill   *other men*

6.4

Some common expressions

Indiaid cochion	*red Indians*
camau breision	*large steps, great increase*
mwyar duon	*blackberries*
plant bychain	*little children*
mewn dyfroedd dyfnion	*in deep waters (in trouble)*

Plural adjective as a noun (see Nouns, Step 8)

adjective	plural adj.	noun	
dall	deillion	y deillion	*the blind*
ifanc	ifainc	yr ifainc	*the young people*
tlawd	tlodion	y tlodion	*the poor people*
cyfoethog	cyfoethogion	y cyfoethogion	*the rich people*
mawr	mawrion	y mawrion	*the great people*
marw	meirw(on)	y meirwon	*the dead*
caredig	*no plural*	y caredigion	*the kind people, the patrons*
anffodus	*no plural*	yr anffodusion	*the unfortunate people, the sufferers*

* We can create a plural noun from the adjective, even when there is no plural adjective form.

STEP 5 – comparing; equative long form; 'da' and 'drwg' – Shopping
CAM 5 – cymharu; cyfartal cwmpasog; 'da' a 'drwg' – Siopa

Comparing adjectives

An adjective has four degrees.

1. Absolute: a term for an adjective that is not compared, e.g. 'cyflym', 'glân', 'coch' are absolute forms.
2. Equative: when we say that something is the same as the absolute degree, e.g. mor gyflym *as fast.*
3. Comparative: when we say that something is more (less etc.) than something else, e.g. mwy *bigger.*
4. Superlative: when we say that something is the best or worst, the biggest or smallest etc., e.g. mwyaf *biggest.*

There are two ways of comparing adjectives: the short form and the long form. This Step and the Steps that follow introduce the long form.

When speaking, we often use the long form with most of the less common adjectives.

We usually use the short form of the most common adjectives: da *good*, gwael *bad*, mawr *big*, bach *small.*

When writing very formally, we use the short form.

Rydw i'n gallu dawnsio'n well na nhw.
I can dance better than them.

Equative long form

If two things are equal, we use this pattern:

mor... â...   *as... as...*

Mae	'r	ddiod	mor	ddrud	â	'r bwyd.	*the food*
		llyfr		drwm		bricsen.	*a brick*
Roedd	y	siopwr		gyflym		mellten.	*lightening*
		ffenest		fawr		'r siop.	*the shop*
		siop		frwnt / fudr		thwlc mochyn.	*pigsty*
		llawr		lân		phapur gwyn.	*white paper*
		e		fach		llygoden.	*mouse*
		hi			ag	archfarchnad.	*supermarket*

6.5

Negative sentences:

Dydy	'r siop	ddim mor	rhad	â	'r archfarchnad.
	hi		ddrud		
			lân		
			effeithiol		

Adjectives undergo soft mutation after 'mor'.

drud   mor ddrud   *as expensive*

'll' and 'rh' do not mutate after 'mor'.

Mae'r dref mor llawn â thun o bysgod.

The town is as full as a tin of fish.

Mae'r cig mor rhad â'r caws.

The meat is as cheap as the cheese.

Nouns undergo spirant mutation after 'â'.

twlc mochyn > mor frwnt â **th**wlc mochyn

as dirty as a pigsty

'â' changes to 'ag' in front of a vowel.

Mae orenau mor rhad ag afalau.

Oranges are as cheap as apples.

'mor' does not mutate.

Merch mor hardd.

A girl so beautiful.

> **Mae fy siop fach i mor rhad â'r archfarchnad.**
> *My little shop is as cheap as the supermarket.*

Dw i ddim yn gallu ffeindio dim yn yr archfarchnad!
I can't find anything in the supermarket!

Adjectives ending in -ol, -og, -us, -gar, -adwy, -edig

If an adjective ends with one of these endings, we must use the long form when comparing.

-ol	dymunol	mor ddymunol	*as pleasant*
-og	godidog	mor odidog	*as wonderful*
-us	gwybodus	mor wybodus	*as knowledgeable*
-gar	gafaelgar	mor afaelgar	*as gripping*
-adwy	ofnadwy	mor ofnadwy	*as awful*
-edig	gweledig	mor weledig	*as visible*

'da' and 'drwg' *good* and *bad*
da

We can use the short form 'cystal â' *(as good as)* or 'mor dda' *(as good as)*.

> Mae'r bwyd yn y siop fach cystal â'r bwyd yn yr archfarchnad.
> *The food in the small shop is as good as the food in the supermarket.*
> Mae hi mor dda â'i chwaer.
> *She is as good as her sister.*

drwg

We can use the short form 'cynddrwg â' *(as bad as)* or 'mor ddrwg â' *(as bad as)*.

> Mae'r cig cynddrwg â'r pysgod.
> *The meat is as bad as the fish.*
> Mae e mor ddrwg â'i frawd.
> *He is as bad as his brother.*

We do not put 'mor' in front of the adjective when using the short form.

Useful phrases

cynddrwg â'i gilydd	*as bad as each other*
cystal â fi	*as good as me*
cystal â'i gilydd	*as good as each other*
cystal cyfaddef	*just as well to confess*
Rydw i cystal â thi.	*I'm as good as you.*
yn ogystal â	*as well as, in addition to*

 Correct these sentences.

1. Roedd y gwasanaeth *(service)* yn y siop fach mor **cyflym ag** yn yr archfarchnad.
2. Mae'r bwyd yn y cigydd *(butcher)* **yn mor** flasus â'r cig yn y farchnad.
3. Mae'r llawr mor lân **a'r** bwrdd.
4. Mae orenau mor iachus **â** afalau.
5. Roedd y lle mor frwnt â **twlc** mochyn.
6. Mae'r ffilm mor ddiddorol **ag y** llyfr.
7. Roedd y moron **mor rad** â'r tatws.
8. Mae'r gwasanaeth **yn cynddrwg** â'r bwyd.

STEP 6 – comparing; comparative of 'mawr' *big* and 'bach' *small*; long and short form comparative – The Third World

CAM 6 – *cymharu; cymharol 'mawr' a 'bach'; cymharol cwmpasog a chryno – Y Trydydd Byd*

annatblygedig – *undeveloped*
cyfoethog – *rich*
difreintiedig – *underprivileged*
diwydiannol – *industrial*

mynyddig – *mountainous*
poblog – *populated*
sych – *dry*
tlawd – *poor*

'mwy' *more* and 'llai' *less*

We can use the short form of two adjectives to form the long form with other adjectives.

| mawr | mwy | *more, bigger* |
| bach | llai | *less, smaller* |

If one thing is more or less than something else, we can use this pattern.

| e.g. | *India* | *is bigger* | *than* | *England.* |

Mae	India	yn fwy	na	Lloegr.
	Ffrainc	'n fwy	nag	Chymru.
	Canada	yn llai		Denmarc.
	Sbaen	'n llai		Israel.
Dydy	hi	ddim yn fwy		
		ddim yn llai		

Nouns undergo spirant mutation after 'na'.
  Cymru   na **Ch**ymru   *than Wales*
'na' changes to 'nag' in front of a vowel.
  Mae India'n fwy nag Ewrop.   *India is bigger than Europe.*
In the negative we use this pattern:
  Dydy Cymru ddim yn fwy nag India.   *Wales is not bigger than India.*
We do not use the feminine or plural form of the adjective when comparing.
  Mae'r wlad yn fwy tlawd na'r dref.   *The country is poorer than the town.*
'mwy' and 'llai' can be nouns.
  mwy o fwyd   *more food*
  llai o law   *less rain*

6.6

Compare these countries:

China	–	Cymru *Wales*
yr Ariannin *Argentina*	–	Lloegr *England*
Ethiopia	–	Llydaw *Brittany*
yr Aifft *Egypt*	–	Iwerddon *Ireland*

Comparison, long form

We can use 'yn fwy' *more* or 'yn llai' *less* when comparing other adjectives. We use this pattern:

e.g.	*Ethiopia*	*is*	*poorer*	*than* `	*Wales.*

Mae Roedd	Ethiopia hi	yn/'n fwy yn/'n llai	tlawd sych	na nag	Chymru. Sweden.
Dydy Doedd	India Norwy Sbaen	ddim yn fwy ddim yn llai	cyfoethog		Albania. hi.

Compare two countries in different parts of the world. Use these phrases.

mwy / llai +

poeth *hot*	gwlyb *wet*	cyfoethog *rich*	oer *cold*
diwydiannol *industrial*	breintiedig *privileged*	annatblygedig *undeveloped*	poblog *populated*

Long form after nouns

'Mwy' and 'llai' mutate after a feminine singular noun.

mwy cyfoethog	Mae'r Swistir yn wlad fwy cyfoethog na Chymru. *Switzerland is a richer country than Wales.*
mwy tlawd	Mae Affrica'n gyfandir mwy tlawd nag Ewrop. *Africa is a poorer continent than Europe.*
llai prydferth	Mae Lloegr yn wlad lai prydferth na Chymru. *England is a less beautiful country than Wales.*

Mae'r	Almaen Swistir Eidal Alban Aifft Iseldiroedd	yn wlad	fwy cyfoethog na fwy mynyddig na fwy prydferth na lai poblog na lai diwydiannol na lai mynyddig na	Chymru. Lloegr. Ffrainc. Gwlad Belg. Japan. Sbaen.	*Belgium*
Dydy'r		ddim yn wlad			

(For names of some countries, see the Article, Step 3.)

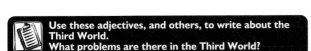

Use these adjectives, and others, to write about the Third World.
What problems are there in the Third World?

6.6

economi:	llai datblygedig	llai diwydiannol	mwy tlawd
y bobl:	llai cyfoethog	mwy poblog	llai addysgedig *educated*
ffyrdd *roads:*	mwy araf	llai trefnus *orderly*	llai effeithiol *effective*
bywyd *life:*	llai prysur *busy*	llai cymhleth *complicated*	mwy cyfeillgar *friendly*

Comparative, short form

(see Steps 11-13)

When speaking and writing, we often use the short form when comparing common adjectives. '-ach' corresponds to '-er' in English.

byr	byrrach na	*shorter than*
cyfoethog	cyfoethocach na	*richer than*
drud	drutach na	*more expensive than*
glân	glanach na	*cleaner than*
gwlyb	gwlypach na	*wetter than*
gwyn	gwynnach na	*whiter than*
rhad	rhatach na	*cheaper than*
sych	sychach na	*drier than*
tlawd	tlotach na	*poorer than*

e.g.   *The Indians are   poorer than   the Welsh.*

Mae'r	Indiaid Awstriaid Gwyddelod Americaniaid	yn	dlotach na'r lanach na'r fyrrach na'r gyfoethocach na'r	Cymry. Saeson. Ffrancod. Rwsiaid.

183

Indiaid – *Indians* Awstriaid – *Austrians*
Gwyddelod – *Irish* Americaniaid – *Americans*
Cymry – *Welsh* Saeson – *English*
Ffrancod – *French* Rwsiaid – *Russians*

Different forms

agos	nes na	*nearer than*
cyflym	cynt na	*quicker than*
	cyflymach na	*quicker than*
da	gwell na	*better than*
drwg	gwaeth na	*worse than*
isel	is na	*lower than*
uchel	uwch na	*higher than*

Examples

Mae mynyddoedd y Swistir yn uwch na mynyddoedd Cymru.
The mountains of Switzerland are higher than the mountains of Wales.
Mae'r Iseldiroedd yn is na'r Swistir.
The Netherlands is lower than Switzerland.
Mae byw yn y wlad yn well na byw yn y dref.
Living in the country is better than living in the town.
Mae'r Alpau'n fynyddoedd uwch na'r Pyreneau.
The Alps are higher mountains than the Pyrenees.
Mae tîm rygbi Cymru'n waeth na thîm merched yr Uplands.
The Welsh rugby team is worse than the Uplands' women's team.
Mae Merched yr Uplands yn dîm gwell na thîm Cymru.
The Uplands' Women's are a better team than the Wales team.

Use these phrases in sentences to compare living in the country with living in the town.

bywyd	yn well na
traffig y dref	yn gyflymach na
awyr	yn waeth na
bryniau	yn uwch na
incwm *income*	yn is na

Translate these sentences.

1. Wales is richer than many (llawer o) other small countries.
2. The weather is colder in summer than in winter.
3. Third World countries aren't as industrial as western countries (gwledydd y gorllewin).
4. Poverty (tlodi) in the country is not as bad as poverty in the town.
5. The mountains are always colder than the valleys.
6. Life in the country is less complicated (llai cymhleth) than life in the city.
7. Africa is a richer continent (cyfandir mwy cyfoethog) than Europe.
8. Taxi drivers' income (incwm gyrwyr tacsi) is more than farmers' income.

Mae mwy o fwytai Indiaidd yng Nghymru nag yn India.
There are more Indian restaurants in Wales than in India.

STEP 7 – comparing; superlative of 'mawr' *big* and 'bach' *small*;
superlative long and short form – **Athletics**
CAM 7 – cymharu; eithaf 'mawr' a 'bach'; eithaf cwmpasog a chryno – Athletau

disgen (f) – *discus*	picell (f) – *javelin*	
naid bolyn (f) – *pole vault*	ras gyfnewid (f) – *relay race*	
naid driphlyg (f) – *triple jump*	ras wib (f) – *sprint*	
naid hir (f) – *long jump*		

'mwyaf' **biggest** and 'lleiaf' *smallest*

If one thing is bigger or smaller, better or worse than everything else, we use this pattern:

Huw Siân Fe/Hi	ydy'r	mwyaf. lleiaf.	*Huw is the biggest.* 

When talking, we can use 'mwya' and 'lleia'.
If we compare two things, we use 'mwyaf' (instead of *bigger* or *more* in English) or 'lleiaf' (instead of
smaller or *less* in English).

Hi yw'r lleiaf o'r ddwy.   *She is the smaller of the two.*
Fe yw'r mwyaf o'r ddau.   *He is the bigger of the two.*

'Mwyaf' undergoes soft mutation if we mention a feminine singular noun.

Hi ydy'r fwyaf.   *She is the biggest.*

Superlative, long form

If we use another adjective, we can use this pattern.

Siôn	*is the*		*quickest.*
Siôn Fe	ydy'r	mwyaf lleiaf	cyflym. araf. uchel.
Siân Hi		fwyaf lleiaf	cryf.

185

6.7

Superlative, short form

(see Step 14)

We usually put '-af' after the adjective, corresponding to English '-er'.

| coch | cochaf | *reddest* |

Hwn yw'r rhosyn cochaf.   *This is the reddest rose.*

Some common adjectives:

da	gorau	*best*
uchel	uchaf	*highest*
drwg, gwael	gwaethaf	*worst*
isel	isaf	*lowest*

The adjective can undergo soft mutation if we use a feminine noun.

Hi yw'r orau.   *She is the best.*

 Translate these sentences.

1. She was the stronger of the two.
2. They were the quickest runners (rhedwyr) in the race.
3. We are the best, but we lost (collon ni).
4. Did you win the race? No, I was (fi oedd…)third.
5. Which building (pa adeilad) is the highest in New York?
6. The Welsh news (Newyddion Cymru) is the most interesting.
7. The tide (Y llanw) in Swansea is the second highest (ail uchaf) in the world.
8. That's the saddest thing I've heard this year.

 Write a report to a newspaper.

The Welsh Games have been held. Use these results. Say who is the:

quickest mwyaf cyflym	*least quick* lleiaf cyflym
highest mwyaf uchel	*least high* lleiaf uchel
furthest mwyaf pell	*least far* lleiaf pell

Ras 100 metr i ferched	*100 metres race for women*
1. Mari Hughes	11.51 eiliad *second*
2. Sioned Evans	11.67 eiliad
3. Abu Simbel	11.68 eiliad

Naid uchel i ferched	*High jump for women*
1. Mandy Puw	1.56 metr
2. Martina Jones	1.54 metr
3. Hanna Supple	1.48 metr

Taflu'r ddisgen i ddynion	*Discus throwing for men*
1. Hans Anderson	68 metr
2. Gwilym Fychan	67 metr
3. Morgan Lewis	32 metr

• 1af	cyntaf	*first*
• 2il	ail	*second*
• 3ydd	trydydd	*third*

Intensifying adjectives
(see also Step 10)
We can intensify the force of adjectives by using this pattern: adjective + 'o' + adjective (the adjective undergoes soft mutation after 'o').

aruthrol o beryglus   enormously dangerous

An adjective undergoes soft mutation after 'yn' (except for 'rh' and 'll').
The adjectives fit this pattern.

6.8

				Nuclear power	is	especially		dangerous.	

especially	Mae	ynni niwclear		arbennig		beryglus.	*dangerous*
enormously		gwastraff niwclear		aruthrol		niweidiol.	*damaging*
awfully		atomfeydd		ddiawledig	o	fanteisiol.	*advantageous*
seriously, terribly		gorsafoedd niwclear	yn	ddifrifol		ddiogel.	*safe*
terribly		plwtoniwm		ddychrynllyd		wenwynig.	*poisonous*
exceptionally		damwain niwclear		eithriadol		ddinistriol.	*destructive*
remarkably				hynod			
awfully				ofnadwy			
astoundingly				rhyfeddol			
hellishly				uffernol			
unbelievably				anhygoel			
especially				neilltuol			

 What is your opinion of the following.

ynni niwclear	*nuclear power*
cau gorsafoedd niwclear	*closing nuclear power stations*
gwastraff niwclear	*nuclear waste*
cludo gwastraff niwclear	*transporting nuclear waste*
sut i gynhyrchu digon o drydan	*how to produce enough electricity*
ynni niwclear neu ynni ffosil?	*nuclear energy or fossil energy?*

Intensifying an adjective after a noun
We can use this pattern immediately after a noun.

Syniad arbennig o beryglus	*An especially dangerous idea*
Gorsaf ryfeddol o ddiogel	*An astoundingly safe station*

arbennig o fanteisiol	*especially advantageous*
eithriadol o bwysig	*exceptionally important*
ofnadwy o dwp	*awfully silly*
rhyfeddol o rad	*astoundingly cheap*
hynod o beryglus	*remarkably dangerous*
aruthrol o niweidiol	*enormously damaging*
dychrynllyd o real	*terribly real*

We can put the adjectives 'ofnadwy' *awful,* 'difrifol' *serious,* 'dychrynllyd' *terrible,* 'rhyfeddol' *astounding,* 'iawn' *very,* 'eithriadol' *exceptional* and 'dros ben' *very* after the adjective.

peryglus ofnadwy	*awfully dangerous*
oer difrifol	*seriously, terribly cold*
peryglus eithriadol	*exceptionally dangerous*

If an expression uses a singular feminine noun, the two adjectives mutate.

Mae hi'n boeth ddifrifol. *It's terribly hot.*

We can use 'iawn' *very* and 'dros ben' *very* after an adjective.

niweidiol iawn	*very damaging*
cyflym dros ben	*very quick*

We can use 'uffernol' *hellish* and 'diawledig' *devilish* in spoken Welsh (but not in formal Welsh).

poeth uffernol	*hellishly hot*
diawledig o beryglus	*devilishly (terribly) dangerous*

Mae plwtoniwm yn stwff uffernol o beryglus. *Plutonium is an awfully dangerous stuff.*

Mae pysgod y llyn wrth yr orsaf niwclear yn aruthrol o fawr. *Fish in the lake by the nuclear power station are enormously big.*

Opposites of adjectives with the prefix 'an-'

To note the opposite of an adjective, we can sometimes put the prefix 'an-' at the beginning.

hapus	an + hapus	anhapus	*unhappy*

The first consonant of the adjective is either soft mutated (b, g, m) or undergoes nasal mutation (c, d, p, t).

cynnes	an + nghynnes	anghynnes	*cold*
bodlon	an + fodlon	anfodlon	*unsatisfied*

Where 'an' is put in front of 'd' or 't' , we double the 'n'.

dealladwy	an + nealladwy	annealladwy	*unintelligible*
teg	an + nheg	annheg	*unfair*

We do not double 'n' where 'tr' undergoes nasal mutation.

trefnus	an + nhrefnus	anhrefnus	*disorderly, untidy*

When 'p' undergoes nasal mutation, 'an-' changes to 'am-'.

parod	an + mharod	amharod	*unwilling*

6.9

addas	anaddas	*unsuitable*
aml	anaml	*not often, seldom*
arferol	anarferol	*unusual*
bodlon	anfodlon	*unwilling, unsatisfied*
cwrtais	anghwrtais	*discourteous*
cyfarwydd	anghyfarwydd	*unacquainted*
cyffredin	anghyffredin	*unordinary*
cyfiawn	anghyfiawn	*unjust*
cyfleus	anghyfleus	*inconvenient*
cyfreithlon	anghyfreithlon	*illegal*
deallus	anneallus	*ignorant*
dibynnol	annibynnol	*independent*
diddorol	anniddorol	*uninteresting*
diffuant	anniffuant	*insincere*
diogel	anniogel	*unsafe*
effeithiol	aneffeithiol	*ineffective*
eglur	aneglur	*unclear*
esmwyth	anesmwyth	*restless*
gwâr	anwar	*uncivilized*
gweddus	anweddus	*indecent*
hwylus	anhwylus	*unwell, inconvenient*
moesol	anfoesol	*immoral*
parod	amharod	*unwilling*

personol	amhersonol	*impersonal*
poblogaidd	amhoblogaidd	*unpopular*
sicr	ansicr	*unsure*
taclus	annhaclus	*untidy*
tebyg	annhebyg	*unlike*
tebygol	annhebygol	*improbable*
teg	annheg	*unfair*
trefnus	anhrefnus	*disorderly*
trugarog	anhrugarog	*merciless*
ymwybodol	anymwybodol	*unconscious*

 Use pairs of the above to describe the difference between country and town people. Write a paragraph to compare town and country.

Mention these factors:

y bobl   traffig   teithio   yr amgylchedd *the environment*
swyddi   adloniant *entertainment*
tai   cymdogion *neighbours*

Opposites of adjectives with the prefix 'di-'

Another way of forming the opposite of an adjective is to put 'di-' in front of a noun (and sometimes an adjective).

diamynedd	*impatient*
dianaf	*unhurt*
di-baid	*unceasing*
di-ben-draw	*never ending*
di-blant	*childless*
dibrofiad	*inexperienced*
dibwys	*unimportant*
di-dâl	*unpaid*
didaro	*unconcerned*
dideimlad	*unfeeling*
di-doll	*toll free*
didostur	*relentless*
didrafferth	*trouble free*
di-drefn	*untidy*
diduedd	*impartial*

didwyll	*sincere*
diddim	*worthless*
diddrwg didda	*indifferent*
diedifar	*impenitent*
dienaid	*soulless, awful*
di-fai	*faultless*
difeddwl	*thoughtless*
diffrwyth	*fruitless, paralysed*
diflas	*miserable*
di-flas	*tasteless*
digalon	*dismal*
digartref	*homeless*
di-gwsg	*sleepless*
digyffro	*tranquil*
digywilydd	*shameless*
di-hwyl	*miserable*
di-les	*worthless*
diniwed	*innocent, harmless*
di-nod	*insignificant*
di-oed	*immediate*
diofal	*careless*
direol	*unruly, disorderly*
di-rif	*countless*
di-rym	*powerless*
di-sut	*unwell, inept*
diystyr	*meaningless*

The element which follows 'di-' is soft mutated.

calon   digalon   *dismal, disheartened*

We put '-' in front of the last syllable, where the accent is on the last syllable.

di-flas   *tasteless*

We put '-' between the elements where there are several elements.

di-ben-draw   *never ending*

 Put adjectives with opposite meanings in these sentences.

1. Roedd y noson yn hwyliog iawn.
2. Mae'r trefniadau teithio'n gyfleus.
3. Maen nhw'n credu eu bod nhw'n bwysig.
4. Roedd hi'n ymddwyn mewn ffordd anweddus iawn.
5. Ydy'r cwpwrdd yn dal yn drefnus?
6. Rydw i'n barod i helpu fy hen goleg.
7. Mae'r cinio'n flasus iawn.
8. Mae hi wedi mynd yn ferch ddibynnol iawn.

STEP 10 – modifying; translation tactics – Bargains
CAM 10 – goleddfu; tactegau cyfieithu – Bargeinion

Modifying adjectives

We can put words in front of adjectives to change the meaning a little (see Adverbs, Step 8).

The adjective undergoes soft mutation after these:

rhy ddrud	*too expensive*
gweddol rad	*fairly cheap*
cwbl beryglus	*completely dangerous*
gwirioneddol ddrud	*really expensive*
hollol benderfynol	*completely determined*
hynod ddiolchgar	*most thankful*
go dda	*quite good*
cymharol rad	*comparatively cheap*
pur wael	*quite poor*
lled dda	*fairly good*
llawer rhy ddrud	*far too expensive*

The adjective does not mutate after these:

eitha da	*quite good*
digon drud	*expensive enough*

The adjective undergoes spirant mutation after 'tra':

tra chostus	*very expensive*

We can put 'iawn' and 'dros ben' after adjectives:

drud iawn	*very expensive*
drud dros ben	*extremely expensive*

We use these in front of 'yn' + adjective:

ychydig yn gostus	*a little expensive*
braidd yn ddrud	*rather expensive*
tipyn yn fawr	*quite/a bit large*
ychydig bach yn fach	*a little bit small*

We can use 'hanner' and 'chwarter' in a negative sentence. There is no mutation.

Dydy e ddim hanner da.	*He's not well at all.*
Dydy hi ddim chwarter call.	*She's not all there.*

 Fill these gaps with an appropriate expression.

rhy ddrud	eitha rhesymol	lled rad
ychydig yn gostus	cwbl anobeithiol	llawer rhy ddrud

1. Doedd y dillad ddim yn ddrud – roedden nhw'n _____ _____.
2. Roedd y sgert ___ __ _____ – a doedd dim digon o arian gen i.
3. Roedd y sgarff yn ___ _____, felly prynais i hi.
4. Roedd pris y llestri'n ____ _____ – doeddwn i ddim yn gallu eu fforddio (*afford*).
5. Er bod y llyfr yn ddiddorol, roedd yn ___ __ _____.
6. Doedd y casetiau ddim yn ___ ___, felly prynais i nhw.

Adjectives and verb-nouns

We can put an adjective in front of the verb-noun.
The adjective causes soft mutation.

llwyr gytuno	*to agree completely*
prin ddechrau	*scarcely begin*

It is more usual to say:

cytuno'n llwyr	*to agree completely*

When we use these in a sentence, we do not mutate the adjective after 'yn' – the whole phrase is used as a verb-noun.

Rydw i'n llwyr gytuno.	*I agree completely.*
Mae e'n camddarllen y pris.	*He misreads the price.*
Rydyn ni'n gwirioneddol obeithio y bydd hi'n eich ffitio.	*We really hope it will fit you.*
Roedd y siop yn llawn haeddu'r wobr.	*The shop fully deserved the prize.*
Mae pethau'n lled wella.	*Things are getting somewhat better.*

 Fill the gaps in these sentences.

gwirioneddol obeithio   camddarllen
prin ddechrau   llwyr gytuno

1. Maen nhw'n costio £5 – rydych chi wedi _____ y pris.
2. Rwy'n _____ _____ y bydd hi'n sych yfory.
3. Mae'r tywydd yn wael – rwy'n ____ _____.
4. ____ _____ mae'r glaw, rwy'n ofni.

Translation tactics

We can use these methods when translating the following into Welsh:

noun + adjective + o + adjective (see Step 8)
   wonderfully attractive area   ardal ryfeddol o brydferth
noun + adjective + adjective (see Step 10)
   fairly good book   llyfr gweddol dda
noun + adjective + pronoun + noun: to describe an aspect of something
   wonderfully scenic route   ffordd ryfeddol ei golygfeydd

   healthy looking horse   ceffyl iach ei olwg
'wedi' + verb + adverb: to describe how something has been done
   tŷ wedi ei adeiladu'n dda   *well built house*
'â' + noun + adjective: to describe the quality of something
   caws â blas gwan   *mildly flavoured cheese*
'sy' + adjectival clause: to describe a verbal adjective
   y fenyw sy'n edrych yn gas   *the nasty looking woman*

 Translate.

1. The cheap looking book.
2. An excellently prepared meal.
3. The wonderfully cooked food.
4. A cleverly written letter.
5. A solidly built bridge.
6. The quickly running stream.
7. A half-read novel.
8. The excellently painted picture.

> Bargeinion! Llyfrau wedi hanner eu darllen!
> *Bargains! Half-read books!*

Forming adjectives from verb-nouns by adding '-adwy'

We can add '-adwy' to the stem of verb-nouns (as '-able') in English.

bwyta	bwytadwy	*edible*
canmol	canmoladwy	*praiseworthy*
clywed	clywadwy	*audible*
cofio	cofiadwy	*memorable*
credu	credadwy	*believable*
cynnal	cynaliadwy	*sustainable*
cyrraedd	cyraeddadwy	*attainable*
darllen	darllenadwy	*readable*
deall	dealladwy	*understandable*
dibynnu	dibynadwy	*dependable*
ennill	enilladwy	*winnable*
gweld	gweladwy	*visible*
gwerthu	gwerthadwy	*sellable*
ofni	ofnadwy	*awful*
talu	taladwy	*payable*
teimlo	teimladwy	*emotional, moving*
yfed	yfadwy	*drinkable*

 Change these sentences, by following this pattern.

Mae modd bwyta'r cig.   *It is possible to eat the meat.*
Mae'r cig yn fwytadwy.   *The meat is edible.*

1. Mae modd gweld yr effaith *(effect)* ar y gwylwyr *(viewers)*.
2. Mae modd yfed y gwin.
3. Mae modd gweld y gwahaniaeth *(difference)*.
4. Mae modd cofio'r perfformiad *(performance)*.
5. Mae modd darllen y llyfr.
6. Mae modd deall y neges *(message)*.

Forming adjectives from verb-nouns by adding '-edig'

We can add '-edig' to the stem of verb-nouns (as '-ed/-t') in English.

caru	caredig	*kind*
colli	colledig	*lost*
dethol	detholedig	*selected*
diwyllio	diwylliedig	*cultured*
dyddio	dyddiedig	*dated*
ethol	etholedig	*elected*
goleuo	goleuedig	*enlightened*
gostwng	gostyngedig	*humble*
gweld	gweledig	*seen, visible*
honni	honedig	*assumed, claimed*
llygru	llygredig	*polluted, corrupt*
siomi	siomedig	*disappointed*
sychu	sychedig	*dried, thirsty*
troi	troëdig	*disgusting*
ysgrifennu	ysgrifenedig	*written*

 Put an appropriate adjective after these nouns. Choose from this list.

diwylliedig, gwasgaredig, sychedig, goleuedig, siomedig, colledig

pobl, dadl, person, newyddion, teulu, bachgen

6.11

Forming adjectives from verb-nouns by adding '-ol'

We can add '-ol' to the stem of verb-nouns (and nouns) to make an adjective.

arfer	arferol	*usual*
aros	arhosol	*permanent*
ateb	atebol	*answerable*
boddhau	boddhaol	*satisfactory*
breuddwydio	breuddwydiol	*dreamy*
cadarnhau	cadarnhaol	*positive*
canlyn	canlynol	*following*
defnyddio	defnyddiol	*useful*
derbyn	derbyniol	*acceptable*
dewis	dewisol	*optional*
dymuno	dymunol	*pleasant*
effeithio	effeithiol	*effective*
ffurfio	ffurfiol	*formal*
goddef	goddefol	*passive*
gorfodi	gorfodol	*compulsory*
gwahanu	gwahanol	*different*
gweithredu	gweithredol	*active, acting*
gweld	gweledol	*visual*
iacháu	iachaol	*healing*
marw	marwol	*deadly*
niweidio	niweidiol	*harmful*
tueddu	tueddol	*tending*
uno	unol	*united*
ysgubo	ysgubol	*sweeping*
ystyried	ystyriol	*considerate*

 Make comments on a film by using these nouns and adjectives.

actio *(acting)*	dymunol
diweddglo *(ending)*	ysgubol
neges *(message)*	gadarnhaol
effeithiau *(effects)*	gweledol
cymeriadu *(characterization)*	ystyriol
perfformiad *(performance)*	gwahanol
cerddoriaeth *(music)*	effeithiol
naws *(atmosphere)*	tueddol o fod *(tending to be)* yn drist

Adding other endings to the stem

Here are other adjectives which are formed by adding an ending to the stem of the verb-noun:

-us	adnabod	adnabyddus	*well-known*
	chwarae	chwareus	*playful*
	cyffroi	cyffrous	*exciting*
	cynhyrfu	cynhyrfus	*stirring, exciting*
	gwybod	gwybodus	*knowledgeable*
		gwybyddus	*known, acknowledged*
	medru	medrus	*skilled*
	parhau	parhaus	*continual, continuing*
-og	gallu	galluog	*able*
	rhedeg	rhedegog	*running*
	sefydlu	sefydlog	*established, standing*

 Translate these sentences.

1. The food was edible, but the water wasn't drinkable.
2. The music is pleasant, and the actors are very able.
3. The Welsh think that they are a cultured people.
4. Although the film was awful, we had a satisfactory evening.
5. An elected body is better than a selected one.
6. Don't talk to me about politicians. They're all corrupt.
7. Sustainable growth? What does than mean?
8. She was a kind, dreamy person.

Beth ddigwyddodd yn y Cynulliad ddoe? *What happened in the Assembly yesterday?*

Wn i ddim – papur wythnosol yw'r Cymro. *I don't know – the Cymro is a weekly paper.*

canrif (f)/-oedd – *century/centuries*
diwethaf – *last*
eleni – *this year*
erioed – *ever*
gaeaf (m) – *winter*
glawiad (m) – *rainfall*
gwanwyn (m) – *spring*
haf (m) – *summer*

hinsawdd (f) – *climate*
hydref (m) – *autumn*
hyfryd – *pleasant*
sychder (m) – *drought, dryness*
tymheredd (m) – *temperature*
tywydd (m) – *weather*
y llynedd – *last year*
yn ôl – *ago, according to*

6.12

Equative, short form
We can add '-ed' to the adjective.

glân	glaned	*(as) clean*

'g', 'b' and 'd' at the end of the absolute adjective harden to 'c', 'p' and 't'.

teg	teced	*(as) fair*
gwlyb	gwlyped	*(as) wet*
rhad	rhated	*(as) cheap*
cyn … â/ag		*as … as*
cyn oered ag eira		*as cold as snow*

The adjective undergoes soft mutation after 'cyn', except for 'll' and 'rh'.

cyn rhated â	*as cheap as*
cyn llawned â	*as full as*

We can usually use the short form of the equative with short adjectives.
We cannot usually use the short form with long or less common adjectives.

anarferol	mor anarferol	*as unusual*

Mae'r	ganrif hon	cyn	wlyped	â'r	ganrif ddiwethaf.
Roedd y	tywydd		boethed		tywydd ganrif yn ôl.
Ydy'r	gaeaf		hyfryted		haf.
Bydd y	gwanwyn		fyrred		hydref.
	osôn		deneued	â	phapur teipio.
	hinsawdd		oered	ag	erioed.
Dydy'r	tymheredd	ddim cyn	uched		y buodd.
Doedd y			ised		
Fydd y					

ABC

Talk about the climate.

1. Yr haf a'r gaeaf
2. Y tywydd yn gyffredinol
3. Yn yr Alpau
4. Yn yr Arctig
5. Yn yr Eidal
6. Yn Affrica
7. Newid yn yr hinsawdd
8. Effaith tŷ gwydr *(greenhouse effect)*

In spoken Welsh in the south we can say:
   'mor gynted â'   *as quick as*
instead of 'cyn gynted â'.

Rydw i'n edrych ymlaen i'r byd dwymo – bydd hi'n haws tyfu bananas na gwair!
I'm looking forward to global warming – it will be easier to grow bananas than hay!

Equative form of some adjectives

		(as…)
agos	nesed, agosed	*near*
anodd	anhawsed	*difficult*
bach	lleied	*small*
brwnt	brynted	*dirty*
cas	cased	*nasty*
coch	coched	*red*
cryf	cryfed	*strong*
cyflym	cynted, cyflymed	*quick*
cynnar	cynted	*early*
dewr	dewred	*brave*
drud	druted	*expensive*
du	dued	*black*
glân	glaned	*clean*
gwlyb	gwlyped	*wet*
gwyn	gwynned	*white*
hagr	hacred	*ugly*
hawdd	hawsed	*easy*
hen	hyned	*old*
hir	hired, cyhyd	*long*
hyfryd	hyfryted	*pleasant*
ifanc	ifanced	*young*
ieuanc	ieuenged	*young*
isel	ised	*low*
llawn	llawned	*full*
llydan	lleted	*wide*
melyn	melyned	*yellow*
rhad	rhated	*cheap*
sych	syched	*dry*
tlws	tlysed	*pretty*
uchel	uched	*high*
ysgafn	ysgafned	*light*

Mae	tymheredd mynyddoedd tywydd	Cymru Sbaen Ewrop	cyn	uched ised wlyped	â	Affrica. India.
					ag	America.
Dydy	hafau gaeafau	Awstralia	ddim cyn	syched		Rwsia.

Irregular short form

These adjectives are irregular and we do not put 'cyn' in front of the adjective.

Mae'r tywydd eleni cynddrwg â'r tywydd y llynedd.
The weather this year is as bad as the weather last year.

		(as...)
mawr	cymaint	*big*
drwg	cynddrwg	*bad*
da	cystal	*good*
llydan	cyfled	*wide*
hir	cyhyd	*long*
uchel	cyfuwch	*high*

 Put these phrases into sentences.

tywydd y byd	cynddrwg â
glawiad yn Ewrop	cymaint â
sychder yn Affrica	cyn ised â
hinsawdd Cymru	cyfuwch â
tymheredd yr haf	
tymheredd y gaeaf	

Equative form in front of verbs

In front of verbs, we put 'ag y' or 'ag yr' (in front of vowels) instead of 'â'.

Cyn gynted ag y gwelodd e'r ferch, aeth e adref.
As soon as he saw the girl, he went home.

Dysgodd hi gymaint ag y gallai.
She learnt as much as she could.

Adeiladon nhw'r wal cyn uched ag yr oedd modd.
They built the wall as high as (was) possible.

Common expressions using the equative

llawn cystal	*just as well*
bron cynddrwg	*almost as bad*
hanner cystal	*half as good*
	(with negative verb)
cyn gynted ag y gallwch	*as soon as you can*

 Correct these sentences.

1. Mae chwaraewyr Cymru heddiw **cyn gynddrwg** â phlant.
2. Dydy'r swper ddim **cyn gystled** â'r cinio.
3. Roedd y gwaith cartref **mor hawsed** â'r gwaith dosbarth.
4. Mae siop Aldo **cyn rated** â'r archfarchnad.
5. Fydd y tywydd eleni ddim **mor syched** â'r tywydd y llynedd.
6. Dydy hi ddim wedi bwrw **cyn gymaint** eleni.
7. Dydy'r ffilm ddim hanner **mor gystal** â'r llyfr.
8. Roedd y ferch **mor fached** â'i mam.

Mae hufen iâ'r Almaen mor fawr â hufen iâ'r Eidal.
Germany's ice cream is as big as Italy's ice cream.

Abergwaun – *Fishguard*	Dulyn – *Dublin*
Abertawe – *Swansea*	Efrog Newydd – *New York*
Aberteifi – *Cardigan*	Hwlffordd – *Haverfordwest*
Caerdydd – *Cardiff*	Llundain – *London*
Caeredin – *Edinburgh*	Manceinion – *Manchester*
Caerfyrddin – *Carmarthen*	Pen-y-bont – *Bridgend*
Casgwent – *Chepstow*	Trefynwy – *Monmouth*
Casnewydd – *Newport*	Yr Wyddgrug – *Mold*

Comparative short form

We put '-ach' after the absolute adjective, as '-er' in English.

| iach | iachach | *healthier* |

'g', 'b' and 'd' at the end of a positive adjective harden to 'c', 'p' and 't'.

| teg | tecach | *fairer* |

We often use the 'short' form with monosyllabic adjectives, but not with long or uncommon adjectives.

| rhad | rhatach | *cheaper* |
| anghyffredin | mwy anghyffredin | *more uncommon* |

We double the last 'n' and 'r' following a short vowel.

| gwyn | gwynnach | *whiter* |
| byr | byrrach | *shorter* |

Some adjectives are irregular.

| anodd | anos | *more difficult* |

'Na' *(than)* follows the comparative degree. A spirant mutation follows 'na'.

Mae Abertawe'n hyllach na Chaerdydd.　　　*Swansea is uglier than Cardiff.*

Mae	Aberystwyth Bangor Wrecsam	yn	hyllach iachach bertach hyfrytach lanach wlypach	na nag	Chaerdydd. Chaernarfon. Phen-y-bont. Aberteifi. Chaerfyrddin.

Comparative forms of common adjectives

agos	nes, agosach	*nearer*
anodd	anos	*more difficult*
bach	llai	*smaller*
brwnt	bryntach	*dirtier*
cas	casach	*nastier*
coch	cochach	*redder*
cryf	cryfach	*stronger*
cyflym	cynt, cyflymach	*quicker*
cynnar	cynt	*earlier*
da	gwell	*better*
dewr	dewrach	*braver*
doeth	doethach	*wiser*
drud	drutach	*more expensive*
drwg	gwaeth	*worse*
du	duach	*blacker*
glân	glanach	*cleaner*
gwlyb	gwlypach	*wetter*
gwyn	gwynnach	*whiter*
hagr	hacrach	*uglier*
hawdd	haws	*easier*
hen	hŷn	*older*
hir	hwy, hirach	*longer*
hyfryd	hyfrytach	*more pleasant*
ieuanc	iau	*younger*
ifanc	ifancach	*younger*
isel	is	*lower*
llawn	llawnach	*fuller*
llydan	lletach	*wider*
mawr	mwy	*bigger*
melyn	melynach	*more yellow*
rhad	rhatach	*cheaper*
sych	sychach	*straighter*
tlws	tlysach	*prettier*
twp	twpach	*sillier*
uchel	uwch	*higher*
ysgafn	ysgafnach	*lighter*

We do not mutate a noun after the comparative degree.

gwell Cymro	*a better Welshman*
tecach gwlad	*a fairer country*

If we compare two things, we use the superlative degree, not the comparative degree (see Step 14).

y gorau o'r ddau	*the better of the two*
yr orau o'r ddwy	*the better of the two (feminine)*

We put 'nag y' instead of 'na' in front of verbs.

Mae e'n rhedeg yn gynt nag y rhedodd ddoe.
He's running faster than he ran yesterday.
Mae hi'n gweithio'n well nag y gweithiodd ei chwaer.
She's working better than her sister worked.

6.13

Common expressions using the comparative short form

gwell byth	*better still*
gwell dysg na golud	*knowledge is better than wealth*
haws dweud na gwneud	*easier said than done*
llawer cynt	*much sooner*
llawer gwell	*much better*
llawer iawn cynt	*very much sooner*
o flaen ei well	*before the judge, in court*
rhywfaint callach	*somewhat wiser*
tipyn gwell	*quite a bit better*
ychydig mwy	*a little more*

 Translate these sentences.

1. Is Cader Idris higher than Pumlumon?
2. Harlech castle is smaller than Caernarfon, but it is prettier.
3. She's wiser than her brother.
4. Of the two towns, Pwllheli is the prettier.
5. He was a better poet than his father.
6. The river was much wider near the sea.
7. Newport is lower than Pontypridd in the league (cynghrair).
8. Hungarian wine is redder and drier than French wine.

amddiffyn – *to defend*
cadw – *to keep*
carchar (m)/-dai – *prison/-s*
dull (m)/-iau – *means, method/-s*

iaith (f)/ieithoedd – *language/languages*
llosgi – *to burn*
protest (f)/-iadau – *protest/-s*

Superlative short form

We add '-af' to the adjective (as '-*est*' in English).

coch	cochaf	*reddest*

When speaking, the last 'f' can disappear in the superlative degree.

cryf   cryfa   *strongest*
Hi yw'r ferch gryfa.   *She is the strongest girl.*

We often use the short form with common adjectives and monosyllabic ones, but not with long or uncommon adjectives.

byr   byrraf   *shortest*
anghyfarwydd   mwyaf anghyfarwydd   *most unfamiliar, most unaccustomed*

We double the last 'n' and 'r' of adjectives after a short vowel.

gwyn   gwynnaf   *whitest*
byr   byrraf   *shortest*

We can use the superlative degree of the adjective as a noun.

y gorau   *the best*
y cochaf   *the reddest*
y bertaf   *the prettiest (female)*

Beth			gorau	o	amddiffyn yr iaith.
Mynd i'r carchar		dull	hawsaf		ddysgu'r Gymraeg.
Mynd i brotest	yw'r				gadw'r iaith.
Dechrau ysgolion Cymraeg			cyflymaf		
Siarad Cymraeg gartref			gwaethaf		
Llosgi tai haf					

Superlative short form of common adjectives

agos	nesaf, agosaf	*nearest*
anodd	anhawsaf	*most difficult*
bach	lleiaf	*smallest*
brwnt	bryntaf	*dirtiest*
cas	casaf	*nastiest*
coch	cochaf	*reddest*
cryf	cryfaf	*strongest*
cyflym	cyntaf, cyflymaf	*quickest*
cynnar	cynharaf	*earliest*
da	gorau	*best*
dewr	dewraf	*bravest*
drud	drutaf	*most expensive*
drwg	gwaethaf	*worst*
du	duaf	*blackest*
glân	glanaf	*cleanest*
gwlyb	gwlypaf	*wettest*
gwyn	gwynnaf	*whitest*
hagr	hacraf	*ugliest*
hawdd	hawsaf	*easiest*
hen	hynaf	*oldest*
hir	hwyaf, hiraf	*longest*
hyfryd	hyfrytaf	*most pleasant*
ieuanc	ieuengaf	*youngest*
ifanc	ifancaf	*youngest*
isel	isaf	*lowest*
llawn	llawnaf	*fullest*
llydan	lletaf	*widest*
mawr	mwyaf	*biggest*
melyn	melynaf	*most yellow*
rhad	rhataf	*cheapest*
sych	sychaf	*driest*
tlws	tlysaf	*prettiest*
uchel	uchaf	*highest*
ysgafn	ysgafnaf	*lightest*

 **Who is the best? Think of three and choose.
Pwy yw'r gorau?**

1.	tri gwleidydd	*three politicians*
2.	tri band roc	*three rock bands*
3.	tair cantores	*three female singers*
4.	tair opera sebon	*three soap operas*
5.	tri thîm rygbi	*three rugby teams*
6.	tri thîm pêl-droed	*three football teams*
7.	tair tref	*three towns*
8.	tair gwlad	*three countries*

Common expressions using the superlative

ar ei gorau	*at her best*
ar ei orau	*at his best*
ar ei gwaethaf	*at her worst*
ar ei waethaf	*at his worst*
er gwaethaf popeth	*in spite of everything*
gwneud ei gorau glas	*doing her very best*
gwneud ei orau glas	*doing his very best*
o'r gorau	*O.K.*
rhoi'r gorau i'r gwaith	*to give up working*
y cyntaf i'r felin gaiff falu	*first come first served*
y cyntaf oll	*the very first*

Fill the gaps.

er gwaethaf popeth   o'r gorau   eu gorau glas   y cyntaf oll   ar ei orau

1. Gwnaeth y pentrefwyr *(villagers)*___ _____ _____ i achub eu pentref.
2. ___ _____ _____, cafodd y pentre ei foddi *(was drowned)*.
3. Roedd y tîm rygbi ____ ____ _____: enillon nhw'n hawdd.
4. Y gwleidyddion *(politicians)* oedd ___ ____ ___ i wybod y newyddion.
5. __ ____, bydda i'n dod i'r gêm.

Llyn Celyn. Mae pentref Capel Celyn o dan y dŵr. Cafodd y pentref ei foddi i roi dŵr i Lerpwl.
Llyn Celyn. The village of Capel Celyn is under the water. The village was drowned to give water to Liverpool.

STEP 15 – superlative short form with 'po' *the* **and 'pa...bynnag'**
whichever **– Safeguarding animals**
CAM 15 – eithaf cryno gyda 'po' a 'pa.... bynnag' – Diogelu anifeiliaid

achub – *to save*
creulon – *cruel*
gwarchod – *to safeguard*
hela – *to hunt*

llwynog (m)/-od – *fox/-es*
morfil (m)/-od – *whale/-s*
saethu – *to shoot*

Superlative with 'po'

To translate the English *'the (more)…, the (greater)…'* we use this pattern:

po + superlative…, superlative…

> Po fwyaf o anifeiliaid sydd yn y byd, mwyaf gaiff eu lladd.
> *The more animals there are in the world, the more will be killed.*
> Po leiaf o forfilod sydd yn y môr, mwyaf yw'r perygl iddynt.
> *The fewer whales there are in the sea, the greater is the danger to them.*

We can put 'oll' *all* after the second adjective.

> Po leiaf o wledydd sy'n hela morfilod, gorau oll.
> *The more countries that hunt whales, all the better.*

We can put 'gorau' at the beginning of the sentence.

> Gorau po leiaf sy'n cael eu lladd.
> *The fewer killed the better.*

Adjectives undergo soft mutation after 'po'.

> prin   prinnaf   po **b**rinnaf   *the more scarce*
> Po **b**rinnaf yw'r anifeiliaid, mwyaf o berygl sydd iddynt.
> *The more scarce the animals are, the more danger there is to them.*

6.15

| Po
The | brinnaf yw nifer y pysgod
more scarce (is) the number of fish
fwyaf yw pris morfilod
greater the price of whales
ddrutaf yw pris ifori
more expensive the price of ivory
leiaf o forfilod sydd yn y môr
fewer whales there are in the sea
fwyaf o bobl sy'n hela
more people who hunt
fwyaf dof yw'r anifeiliaid
tamer the animals are
brinnaf yw'r fforestydd
more scarce the forests are | mwyaf oll yw'r perygl i forfilod.
the more danger there is to whales.
lleiaf o obaith sydd ganddynt.
the less hope they have.
mwyaf o berygl sydd i eliffantod.
the more danger there is to elephants.
gwaethaf oll yw hi ar eirth.
the worse it is on bears.
lleiaf o obaith sydd iddynt.
the less hope they have.
lleiaf oll yw eu siawns i fyw.
the less chance they have to live.
lleiaf o fwyd sydd ganddynt.
the less food they have. |

Common expressions

gorau oll	*all the better*
gorau po gyntaf	*the sooner the better*

'bynnag' with adjectives

pa mor + adjective + bynnag	*however …*
pa mor ddrud bynnag	*however expensive*

There is soft mutation after 'mor' (except for 'll' and 'rh').

creulon   Pa mor **g**reulon bynnag yw hela, mae angen
bwyd ar bobl.
However cruel hunting is, people need food.

gofalus   Pa mor **o**falus bynnag y byddwn ni, bydd rhai
anifeiliaid mewn perygl o hyd.
*However careful we'll be, some animals will still be
in danger.*

'bynnag' with nouns

pa + enw + bynnag: *whichever …, whatever …*
    pa anifail bynnag *whichever animal*
There is a soft mutation after 'pa'.

gwlad   Pa wlad bynnag sy'n peidio â hela, bydd gwlad
arall yn gwneud hynny.
*Whichever country stops hunting, another country
will do that.*
Pa bysgod bynnag sy'n flasus, bydd pobl yn eu
dal nhw.
Whatever fish are tasty, people will catch them.

'bynnag' in sub-clauses

(pa) beth bynnag *whatever*
    Beth bynnag yw'r manteision, mae'n rhaid gorffen hela.
    Whatever the advantages are, hunting must finish.
pa le / lle bynnag *wherever*
    Lle bynnag mae pobl, bydd pobl yn hela.
    Wherever there are people, people will hunt.
(pa) faint bynnag *however much*
    Faint bynnag yw'r gost, mae'n rhaid gofalu am forfilod.
    However much the cost, one must look after whales.

 Give your opinion on hunting foxes. Use these expressions.

lle bynnag mae pobl yn hela	*wherever people hunt*
faint bynnag o lwynogod maen nhw'n eu dal	*however many foxes they catch*
pryd bynnag mae pobl y dref yn cwyno	*whenever town people complain*
beth bynnag yw barn y bobl	*whatever people's opinion is*
pa ddeddf bynnag sy'n cael ei phasio	*whatever law is passed*
pa mor greulon bynnag yw hela	*however cruel hunting is*

Gorau po fwyaf o dwristiaid sy'n dod i Affrica. Roedd y fenyw 'na'n flasus iawn.
The more tourists that come to Africa the better. That woman was very tasty.

7: Nouns – *Enwau*

Masculine and feminine nouns

Most Welsh nouns are either masculine or feminine. Here are obvious ones.

	Masculine		Feminine	
People				
dyn	*man*	menyw	*woman*	
bachgen	*boy*	merch	*girl*	
brawd	*brother*	chwaer	*sister*	
mab	*son*	merch	*daughter*	
tad	*father*	mam	*mother*	
cefnder	*cousin*	cyfnither	*cousin*	
nai	*nephew*	nith	*niece*	
ewythr	*uncle*	modryb	*aunt*	
tad yng nghyfraith	*father in law*	mam yng nghyfraith	*mother in law*	
mab yng nghyfraith	*son in law*	merch yng nghyfraith	*daughter in law*	
tad-cu	*grandfather*	mam-gu	*grandmother*	
taid	*grandfather*	nain	*grandmother*	
Animals				
ci	*dog*	gast	*bitch*	
cwrcyn	*tomcat*	cath	*cat*	
ceffyl	*horse*	caseg	*mare*	
tarw	*bull*	buwch	*cow*	
hwrdd	*ram*	dafad	*sheep*	
cadno	*fox*	cadnöes	*vixen*	
mochyn	*pig*	hwch	*sow*	

Some nouns can be masculine or feminine. Here are some:

afal	*apple*
cinio	*dinner*
cwpan	*cup*
cyngerdd	*concert*
munud	*minute*

Feminine nouns undergo soft mutation after the article ('y', 'yr', ''r'), except those starting with 'll' and 'rh'.

yr **a**st, y **f**uwch, y **ll**ong, y **rh**aff

Singular feminine nouns undergo soft mutation after 'un' *one* (except those starting with 'll' a 'rh').

un **dd**afad	*one sheep*
un **g**aseg	*one mare*
un **ll**ong	*one ship*
un **rh**aw	*one spade*

All nouns undergo soft mutation after the predicative 'yn' (except for 'll' and 'rh').

Mae Siân yn **f**eddyg.	*Siân is a doctor.*
Mae Huw yn **b**eiriannydd.	*Huw is an engineer.*
Mae Ali'n **ll**awfeddyg.	*Ali is a surgeon.*

We use the numerals 'dau' *two*, 'tri' *three*, 'pedwar' *four* in front of singular masculine nouns.

dau + soft mutation   tarw > dau **d**arw   *two bulls*
tri + spirant mutation   ceffyl > tri **ch**effyl   *three horses*

We use the numerals 'dwy' *two*, 'tair' *three*, 'pedair' *four* in front of singular feminine nouns.

dwy + soft mutation   mam > dwy **f**am   *two mothers*

7.1

mam yng nghyfraith	gast	mam-gu	cefnder
cwrcyn	cyfnither	tarw	cath
gardd	hwch	dafad	buwch
mochyn	chwaer	brawd	modryb

Say how many of these you have:

chwaer brawd mab merch tad-cu mam-gu

Mae … 'da fi. *I have…*

Correct these sentences.

1. Mae **dau** chwaer 'da fi.
2. Mae tri **ci** yn y tŷ.
3. Mae **pedwar** merch wrth y drws.
4. Mae un mab ac un **merch** 'da fi.
5. Ble mae'r **menyw**?
6. Mae'r **mam** yn gweithio.

> Mae deg o blant 'da fi, felly rydw i'n gorfod mynd â chart i siopa.
> *I have ten children, so I have to take a cart to do the shopping.*

Connecting words

a	*and*	'a' is followed by a spirant mutation	
		tref gwlad a **th**ref	*country and town*
ac	*and*	'ac' is used in front of a vowel	
		oren afal ac oren	*apple and orange*
neu	*or*	'neu' is followed by a soft mutation	
		tref gwlad neu **d**ref	*country or town*
		brown coch neu **f**rown	*red or brown*

STEP 2 – changing masculine nouns into feminine; 'pobl' *people*; 'math' *kind*;
'nifer' *number* – Applying for a job
CAM 2 – *troi enwau gwrywaidd yn rhai benywaidd*; 'pobl'; 'math'; 'nifer' – *Ceisio am swydd*

Changing masculine nouns into feminine

With some nouns, although they are masculine, the meaning can be masculine or feminine.

llyfrgellydd – *librarian*

Mae Miriam yn llyfrgellydd da.   *Miriam is a good librarian.*

Turning '-wr' into '-wraig'

The soft mutated form of 'gŵr' *(man)* and 'gwraig' *(woman)* is sometimes used as an ending. Sometimes the endings '-wr'/'-iwr' change to '-wraig' to form a feminine noun.

gŵr	*man/husband*	gwraig
adroddwr	*reciter*	adroddwraig
cyfarwyddwr	*director*	cyfarwyddwraig
cyfreithiwr	*solicitor*	cyfreithwraig
darlledwr	*broadcaster*	darlledwraig
glanhäwr	*cleaner*	glanhawraig
myfyriwr	*student*	myfyrwraig

- Sometimes we use '-ydd' instead of '-wr' as an ending to make the idea 'neuter'.

cynorthwywr	*assistant*	cynorthwyydd/cynorthwywraig

But grammatically 'cynorthwyydd' is also a masculine noun.

Adding '-es' -ess

It is possible to add the ending '-es' to make a noun feminine. It is possible to add '-es' to these masculine endings.

-mon	**-mones**	
plismon	*policeman*	plismones
-adur	**-adures**	
pechadur	*sinner*	pechadures
-or	**-ores**	
actor	*actor*	actores
telynor	*harpist*	telynores
-ydd	**-yddes**	
cadeirydd	*chairman*	cadeiryddes
organydd	*organist*	organyddes
seiciatrydd	*psychiatrist*	seiciatryddes
ysgrifennydd	*secretary*	ysgrifenyddes

Other nouns to which '-es' is added

awdur	*author*	awdures
dyn	*man*	dynes
Gwyddel	*Irishman*	Gwyddeles
llanc	*youth*	llances
llew	*lion*	llewes
meistr	*master*	meistres

Changing a vowel and adding '-es'

athro	*teacher*	athrawes
Cymro	*Welshman*	Cymraes
Sais	*Englishman*	Saesnes

7.2

Masculine nouns which also refer to women

Many nouns can refer to women or men. These nouns are masculine. We do not add '-es' to these nouns.

aelod seneddol	*member of parliament*
argraffydd	*printer*
biolegydd	*biologist*
cemegydd	*chemist*
cynhyrchydd	*producer*
darlithydd	*lecturer*
gohebydd	*reporter*
gweinidog	*minister*
llawfeddyg	*surgeon*
meddyg	*doctor*
peiriannydd	*engineer*
prif weinidog	*prime minister*
swyddog	*officer*
trefnydd	*organiser*

Gohebydd	yw	e
Peiriannydd		hi
Glanhäwr		
Glanhawraig		
Athro		
Athrawes		
Ysgrifennydd		

pobl *(people)*

* 'pobl' is a feminine noun with a plural meaning.
* y **b**obl   *the people*
* 'y **b**obloedd' *(the peoples)* is soft mutated after 'y' in its plural form – unlike any other noun.
* Although 'pobl' is a singular feminine noun, we say 'y **b**obl hyn' – *these people*.
* It is possible to put a plural adjective after 'pobl', and it is mutated.
* pobl ifanc / pobl ifainc *young people*
* pobl **dd**u / pobl **dd**uon *black people*

Change the nouns in these sentences to the feminine.

1. Roedd hi'n **ysgrifennydd**.
2. **Glanhäwr** yn yr ysgol yw Siân.
3. Mae Mair yn **gyfarwyddwr** cwmni teledu *(television company)*.
4. Mae Ann yn **fyfyriwr** yn y coleg.
5. Mae hi'n **gyfreithiwr** yn Aberystwyth.

Masculine and feminine nouns

The ending '-yn' usually occurs in masculine nouns.

hogyn *boy*	dieithryn *stranger*
cerdyn *card*	nodyn *note*

The ending '-en' usually occurs in feminine nouns.

hogen *girl*	derwen *oak*
carden *card*	cacen *cake*

The ending '-adur' usually occurs in masculine nouns.

cyfrifiadur *computer*   holiadur *questionnaire*
rheiddiadur *radiator*

The ending '-aeth' usually occurs in feminine nouns.

amaethyddiaeth *agriculture*
tystiolaeth *evidence*
rheolaeth *control*
gwybodaeth *information*

Exceptions:

hiraeth *longing*   gwahaniaeth *difference*
pennaeth *head, chief* gwasanaeth *service*

These nouns can be masculine or feminine.

lluniaeth *refreshment* amrywiaeth *variety*

Rydw i'n chwilio am ysgrifenyddes sy'n gallu teipio'n gyflym, a gwneud coffi.
I'm looking for a secretary who can type quickly, and make coffee.

Masculine nouns

Generally, these endings occur in masculine nouns:
-adur, -deb, -der, -dod, -dra, -der, -edd, -er, -had, -i, -iad, -iant, -id, -in, -ineb, -ni, -og, -rwydd, -waith, -wm, -ws, -wch, -wr, -yd, -ydd, -yn

cyfrifiadur *computer*
undeb *union*
poethder *heat*
undod *union*
tewdra *fatness*
uchder *height*
arwynebedd *area*
pleser *pleasure*
boddhad *satisfaction*
tlodi *poverty*

dymuniad *wish*
haeddiant *merit*
rhyddid *freedom*
brenin *king*
doethineb *wisdom*
glesni *blueness*
gweinidog *minister*
ansicrwydd *uncertainty*
peirianwaith *machinery*
ffwlcrwm *fulcrum*

firws *virus*
cyfeillgarwch *friendship*
ffermwr *farmer*
anesmwythyd *uneasiness*
teipydd *typist*
gwelltyn *straw*

Fi gafodd y swydd!
Dydw i ddim yn gallu teipio, ond rydw i'n gallu gwneud coffi.
I had the job! I can't type, but I can make coffee.

7.2

Feminine nouns

Generally, these endings occur in feminine nouns;
-ach, -aeth, -as, -eb, -eg, -ell, -en, -es, -fa, -igaeth, -wraig, -yddes

cyfrinach *secret*
tystiolaeth *evidence*
perthynas *relation*
derbynneb *receipt*
technoleg *technology*
llinell *line*

taflen *leaflet*
llawes *sleeve*
meddygfa *surgery*
gweledigaeth *vision*
myfyrwraig *student*
cogyddes *cook*

math (kind)

As a masculine noun:
   yr un math
   y math hwn o beth
   rhywbeth o'r math yma
As a feminine noun:
   yr un fath â hwn
   dim byd o'r fath
   mae e'r un fath

type, kind
the same type
this kind of thing
something of this kind
(the) same
the same as this
nothing of the sort
it's the same, it's similar

nifer (number)

A feminine noun with common adjectives:
nifer dda *a good number,* nifer fawr *a large number*
A masculine noun with other adjectives:
nifer cynyddol *an increasing number,* nifer rhyfeddol
a wonderful/surprising number

 Translate these sentences.

1. The people are working hard.
2. The librarian has read a few books.
3. She's the chairman of the committee.
4. Have you had a receipt?
5. Do you understand the new technology?
6. I can use a computer, but I can't type.
7. Has the service started?
8. What is the difference between the two jobs?

Plural of nouns: adding an ending

These are the endings:

-au	**-iau**	**-on**	**-ion**	**-i**	**-ydd**
afal	bloc	awel	ateb	tref	afon
apple	*block*	*breeze*	*answer*	*town*	*river*
arholiad	cloc	gofal	ysgol	llwyn	fferm
examination	*clock*	*care/worry*	*school*	*bush*	*farm*
cae	esgid	cyfrifiadur	swyddog	cerdd	cawod
field	*shoe*	*computer*	*officer*	*poem*	*shower*
enw	clust	awdur	tywysog	plwyf	
name	*ear*	*author*	*prince*	*parish*	
llong	llun	ystyr	breuddwyd	cofrestr	
ship	*picture*	*meaning*	*dream*	*register*	
ffrwyth	llanc	dyddiadur	golygydd	siaced	
fruit	*youth*	*diary*	*editor*	*jacket*	
coleg	wal	holiadur	arwydd	ffenestr	
college	*wall*	*questionnaire*	*sign*	*window*	
camp			dyn	perth	
feat			*man*	*hedge*	
boch			disgybl	eglwys	
cheek			*pupil*	*church*	
undeb			gweinidog	cornel	
union			*minister*	*corner*	
berf			dyled		
verb			*debt*		
cofrestr					
register			[cymydog > cymdogion]		
adroddiad			*neighbour*		
report			[perchennog > perchenogion]		
croes			*owner*		
cross					
llyfr					
book					
papur					
paper					

-oedd	-edd	-ed	-aint	-od	-iaid
lle	ewythr	merch	gof	cath	estron
place	*uncle*	*girl*	*smith*	*cat*	*stranger*
gwisg	ewin	pryf		baban	amatur
dress	*nail*	*insect*		*baby*	*amateur*
mynydd	rhian			menyw	creadur
mountain	*maiden*			*woman*	*creature*
teyrnas				bwgan	ffoadur
kingdom				*bogey*	*refugee*
ystafell				geneth	tenant
room				*girl*	*tenant*
milltir				mynach	
mile				*monk*	
mil				camel	
thousand				*camel*	
gyrfa				llew	
career				*lion*	
gwersyll					
camp					
ardal					
area					
cynulleidfa					
audience					
cymanfa					
gathering, singing festival					

7.3

-iadau	-ogion
addurn	Cristion
ornament	*Christian*
argraff	[Cristion > Cristnogion/Cristionogion]
impression	
diolch	
thanks	

Profion, traethodau, cwestiynau – o diar, mae arholiaditis arna i.
Tests, essays, questions – oh dear, I have examitis.

211

We do not mutate a plural feminine noun after the article.

y fenyw	y menywod	*women*
Exceptions	pobl	y bobloedd	*peoples*
	gefell	yr efeilliaid	*twins*

We use a singular verb in front of a plural noun.

Mae'r disgyblion yn gweithio.	*The pupils are working.*
Roedd y ffrwythau'n flasus.	*The fruit were tasty.*
Daw'r plant heno.	*The children will come tonight.*

 Describe the experience of sitting an examination. Use ten of these nouns.

papurau	desgiau	arholiadau	disgyblion	rhesi
				rows
athrawon	tudalennau	llyfrau	paratoadau	atebion
	pages		*preparations*	*answers*
cadeiriau	byrddau	ymarferion	symiau	cwestiynau
		exercises	*sums*	*questions*

Changing vowels and adding an ending

a > e	nant *stream*	nentydd	gardd *garden*	gerddi
a > ei	mab *son*	meibion		
ae > ei	maen *stone*	meini	saer *carpenter*	seiri
ae > ey	maes *field*	meysydd		
ai > a	gwraig *wife*	gwragedd		
*ai > ae	Sais *Englishman*	Saeson		
ai > ei	ffair *fair*	ffeiriau		
*au > aw	cenau *cub*	cenawon		
au > eu	haul *sun*	heuliau		
aw > ew	cawr *giant*	cewri		
aw > o	traethawd *essay*	traethodau	prawf *test*	profion
*e > ei	gefell *twin*	gefeilliaid		
uw > u	buwch *cow*	buchod		
w > y	cwm *valley*	cymoedd	bws *bus*	bysiau

* There aren't many of these.

The sound 'y' can also change: 'clear y' is the name of the sound of 'y' in 'bryn' *hill* ('y' as 'i' in *pin*). 'Dark y' is the name of the sound of 'y' in 'bryniau' ('y' as 'u' in *Rhumney*).

'Clear y' changing to 'dark y':

bryn *hill*	bryniau	llyn *lake*	llynnoedd

Doubling a letter

Many nouns double 'n' or 'r' when adding an ending.

Words ending in '-nt'

dant *tooth*	dannedd
punt *pound*	punnoedd
tant *string (of harp)*	tannau

Nouns with 'short' vowel in the stem

with short vowel		with long vowel	
llan *church*	llannau	tân *fire*	tanau
llen *curtain*	llenni	gwên *smile*	gwenau
pìn *pin*	pinnau	gwin *wine*	gwinoedd
ton *wave*	tonnau	tôn *tone*	tonau
gwn *gun*	gynnau	gŵn *gown*	gynau
llyn *lake*	llynnoedd	emyn *hymn*	emynau
tocyn *ticket*	tocynnau	amser *time*	amserau
twr *heap*	tyrrau	twr *tower*	tyrau
gyr *herd*	gyrroedd	llythyr *letter*	llythyrau

We do not double 'r' and 'n' after diphthongs.

caer *fort*	caerau	maer *mayor*	meiri

We do not double 'r' and 'n' in front of '-wyr' (the 'w' in '-wyr' is a consonantal 'w').

annibynnwr	*independent*	annibynwyr
gyrrwr	*driver*	gyrwyr

We do not double 'r' and 'n' in front of '-iaid', '-iau' and '-ion' (the 'i' in '-iaid', '-iau' and '-ion' is a consonantal 'i').

estron *stranger*	estroniaid

Ar ôl arholiadau'n 11 oed, 14 oed, arholiadau TGAU, ac arholiadau lefel uwch, byddwn ni'n barod i fynd i'r coleg!
After the exams at 11 years old, 14 years old, GCSE and advanced level, we'll be ready to go to college!

 Change the following into the plural.

1. Mae arwydd newydd ar y wal yn yr ysgol.
2. Mae'r arholiad yn dechrau am naw o'r gloch.
3. Wel, yn anffodus, doedd y bachgen ddim wedi gweld yr arwydd.
4. Mae e fel arfer yn codi am wyth o'r gloch, yn dal bws, ac yna'n cerdded milltir.
5. Mae e bob amser yn hwyr.
6. Am hanner awr wedi wyth mae'r athro'n agor y gofrestr, ac yn galw enw'r bachgen.
7. Mae merch yn edrych trwy'r ffenestr ar y goeden yn y cae.
8. Mae'r athro'n rhoi'r papur arholiad ar y ddesg.
9. Mae llyfr, bag a phapur wrth y ddesg.
10. Mae'r arholiad yn dechrau am naw.

Translate these sentences.

1. They had pleasant dreams.
2. The wives went on holiday.
3. We saw rivers, lakes and mountains.
4. The computers did not work.
5. The examinations are starting in a month.
6. There were miles of roads.
7. The Englishmen couldn't speak Spanish.
8. The mansion had lovely gardens.

Some nouns form the plural by changing a vowel or vowels, without adding an ending

alarch *swan*	elyrch
arth *bear*	eirth
asgwrn *bone*	esgyrn
bardd *poet*	beirdd
bachgen *boy*	bechgyn
brân *crow*	brain
car *car*	ceir
carreg *stone*	cerrig
carw *deer*	ceirw
castell *castle*	cestyll
cefnder *cousin*	cefndryd/cefnderoedd
corff *body*	cyrff
corn *horn*	cyrn
cragen *shell*	cregyn
cyllell *knife*	cyllyll
Cymro *Welshman*	Cymry
dafad *sheep*	defaid
ffon *stick*	ffyn
fforc *fork*	ffyrc
ffordd *way*	ffyrdd
gafr *goat*	geifr
gwasg *press*	gweisg
gwesty *hotel*	gwestai
iâr *hen*	ieir
llo *calf*	lloi
maneg *glove*	menig
march *stallion*	meirch
oen *lamb*	ŵyn
pabell *tent*	pebyll
porth *gate*	pyrth
sant *saint*	saint
tarw *bull*	teirw
tŷ *house*	tai

Some nouns form the plural by changing the ending '-wr' / '-iwr' to '-wyr'

gyrrwr *driver*	gyrwyr
amaethwr *farmer*	amaethwyr
gweithiwr *worker*	gweithwyr
myfyriwr *student*	myfyrwyr
teithiwr *traveller*	teithwyr

'-ydd' can change to either '-yddion' or '-wyr'

cynhyrchydd *producer*	cynhyrchwyr
teipydd *typist*	teipyddion
ymgeisydd *candidate*	ymgeiswyr

'-mon' changes to '-myn'

plismon *policeman*	plismyn
postmon *postman*	postmyn

'-fa' changes to either '-feydd' or '-faoedd'

arddangosfa *exhibition*	arddangosfeydd
cynulleidfa *audience*	cynulleidfaoedd
golygfa *view*	golygfeydd
swyddfa *office*	swyddfeydd
mynedfa *entrance*	mynedfeydd
amgueddfa *museum*	amgueddfeydd
sefyllfa *situation*	sefyllfaoedd

Other plural forms

amheuaeth *doubt*	amheuon
blodyn *flower*	blodau
cardotyn *tramp*	cardotwyr
crwydryn *wanderer*	crwydriaid
cwningen *rabbit*	cwningod
dafad *sheep*	defaid
dieithryn *stranger*	dieithriaid
diferyn *drop*	diferion
gwifren *wire*	gwifrau
hoelen *nail*	hoelion
malwen *snail*	malwod
piben *pipe*	pibau
planhigyn *plant*	planhigion
rhosyn *rose*	rhosod
unigolyn *individual*	unigolion

Some nouns drop an ending to form the plural

blewyn *hair*	blew
derwen *oak*	derw
gellygen *pear*	gellyg
gwenynen *bee*	gwenyn
mesen *acorn*	mes
mochyn *pig*	moch
mwyaren *blackberry*	mwyar
pluen *feather*	plu
pysgodyn *fish*	pysgod
seren *star*	sêr

Some nouns drop an ending and change a vowel to form the plural

aderyn *bird*	adar
cneuen *nut*	cnau
collen *hazel*	cyll
deilen *leaf*	dail
dilledyn *garment*	dillad
plentyn *child*	plant
postyn *post*	pyst

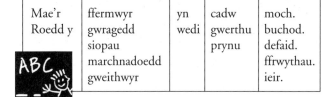

Mae'r Roedd y	ffermwyr gwragedd siopau marchnadoedd gweithwyr	yn wedi	cadw gwerthu prynu	moch. buchod. defaid. ffrwythau. ieir.

 Change the nouns in these sentences into the plural.

1. Roedd arddangosfa ardderchog yn yr amgueddfa ym Mharis.
2. Aeth yr ymgeisydd o gwmpas yr ysbyty.
3. Mae gwesty, llyfrgell a phwll nofio yng Nghaernarfon.
4. Eisteddai'r cardotyn ym mynedfa'r adeilad.
5. Enillodd cefnder y bardd y brif wobr.
6. Fe brynon ni fuwch a tharw – yn y gobaith o gael llo.
7. Roedd llythyr ym mhoced y postmon.
8. Mae angen hoelen i roi'r pren ar y postyn.

7.4

Beth yw lluosog 'saws mintys'?
What is the plural of 'mint sauce'?

215

cadeirydd (m)/-ion – *chairman/chairmen*
cofnodion – *minutes*
cynnal – *to hold*
trefnu – *to arrange*
ysgrifennydd (m)/ysgrifenyddion – *secretary/secretaries*

Nouns with more than one plural
There is no difference in meaning with the following plurals:

amser	*time*	amserau	amseroedd
caer	*fort*	caerau	ceyrydd
cofrestr	*register*	cofrestri	cofrestrau
darlith	*lecture*	darlithiau	darlithoedd
glan	*bank*	glannau	glennydd
Groegwr	*Grecian*	Groegwyr	Groegiaid
gwesty	*hotel*	gwestai	gwestyau
gyrfa	*career*	gyrfaoedd	gyrfâu
lle	*place*	lleoedd	llefydd
llythyr	*letter*	llythyrau	llythyron
mynydd	*mountain*	mynyddoedd	mynyddau
neges	*message*	negesau	negeseuon
oes	*age*	oesoedd	oesau
padell	*pan*	padelli	padellau
pentref	*village*	pentrefi	pentrefydd
pibell	*pipe*	pibellau	pibelli
porfa	*grass*	porfaoedd	porfeydd
Rhufeiniwr	*Roman*	Rhufeiniaid	Rhufeinwyr
stori	*story*	storïau	straeon
tref	*town*	trefi	trefydd
wal	*wall*	waliau	welydd

The following have a different meaning in the plural:

bron	bronnau	*breasts*
	bronnydd	*hills*
cais	ceisiadau	*attempts*
	ceisiau	*tries*
cyngor	cynghorau	*councils*
	cynghorion	*advice*
dosbarth	dosbarthau	*categories*
	dosbarthiadau	*classes*
gwaith	gweithfeydd	*factories*
	gweithiau	*factories, writings, times*
	(weithiau	*sometimes)*
gwasg	gweisg	*printing presses*
	gwasgau	*waists*
llif	llifiau	*saws*
	llifogydd	*floods*
llwyth	llwythau	*tribes*
	llwythi	*loads*
nodyn	nodau	*musical notes, aims*
	nodiadau	*written notes*
person	personau	*people*
	personiaid	*clergy*
pryd	prydau	*meals*
	prydiau	*times*
	(ar brydiau	*at times)*
pwys	pwysau	*weights*
	pwysi	*pounds*

 Translate these sentences.

1. I have written many letters to the councils.
2. They have started Welsh classes in the factories.
3. The hotels serve good meals.
4. The languages of the Greeks and Romans are still living.
5. There were loads of waste paper in the printing presses.
6. Floods occur many times during the year.
7. At times the notes were sung too loudly.
8. After many attempts, they scored tries.

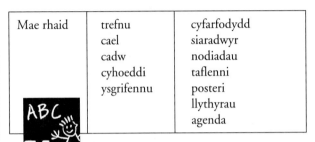 **Write sentences to show the difference in meaning between these words.**

1. cynghorau – cynghorion
2. llwythi – llwythau
3. pwysi – pwysau
4. ceisiadau – ceisiau
5. nodau – nodiadau
6. personau – personiaid

Mae rhaid	trefnu	cyfarfodydd
	cael	siaradwyr
	cadw	nodiadau
	cyhoeddi	taflenni
	ysgrifennu	posteri
		llythyrau
		agenda

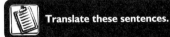

Pwy yw'r person?
Who is the person?

Nid person yw e, ond gweinidog.
He's not a parson, but a minister.

Nouns with no plural form

Some nouns have no plural form. Often, these are foods.

bara,	blawd,	caws,	coffi,	llaeth,	mêl,	menyn,	siwgr,	te
bread,	*flour,*	*cheese,*	*coffee,*	*milk,*	*honey,*	*butter,*	*sugar,*	*tea*

Many abstract nouns have no plural forms.

gwres,	hiraeth,	llawenydd,	newyn,	oerfel,	syched,	tywydd,	tristwch
heat,	*longing,*	*joy,*	*hunger,*	*cold,*	*thirst,*	*weather,*	*sadness*

Proper nouns have no plural.

Awst,	Cymru,	Huw,	Sudan
August,	*Wales,*		

• Sometimes we use the plural of food instead of the singular noun.

bresych,	eirin,	blodfresych,	moron,	tatws,	pannas,	erfin,	pys,	ffa
cabbages,	*plums,*	*cauliflowers,*	*carrots,*	*potatoes,*	*parsnips,*	*turnips,*	*peas,*	*beans*

Mae	gwres newyn sychder bwyd tywydd tlodi	yn broblem	i i'r	Sudan. Trydydd Byd. Affrica.

The amount of food, in loaves, pounds etc., can be used to express a plural idea:

torthau o fara	*loaves of bread*
poteli o win	*bottles of wine*
pecynnau o siwgr	*packets of sugar*
darnau o gig	*pieces of meat*
sacheidiau o flawd	*sacks of flour*
tuniau o fwyd	*tins of food*
pwysi o fenyn	*pounds of butter*

Mae	Oxfam pobl	yn casglu yn anfon yn trefnu	tuniau o fwyd pecynnau o ddillad sacheidiau o flawd bwndeli o flancedi	i'r Trydydd Byd. i wledydd tlawd.

218

Adjectives as nouns

We can use adjectives as nouns. In the singular, the meaning is general.

y tlawd	*the poor*
y da	*the good (people or things)*

Often we use adjectives after the article.

y deillion	*the blind*

Here are common ones:

singular (general)	**plural**	*the...*
y cryf	cryfion	*strong people*
y cyfoethog	cyfoethogion	*rich*
y dall	deillion	*blind*
y du	duon	*black people*
y gorau	goreuon	*best*
y gwan	gweiniaid	*weak people*
y marw	meirwon	*dead people*
y tlawd	tlodion	*poor*
yr enwog	enwogion	*famous people*
y byw	(no plural)	*living*
y da	(no plural)	*good*
y drwg	(no plural)	*bad*
yr hen	(no plural)	*old*
yr ifanc	(no plural)	*young*

Expression

Yr hen a ŵyr, yr ifanc a dybia.

The old know, the young assume.

 Make sentences about society, using these phrases.

y tlawd, yr hen, yr ifanc, y duon, y deillion, y goreuon, y gweiniaid

 Fill in the gaps with an appropriate noun.

cyfoethogion deillion tlodion goreuon duon

1. Does dim arian gan y _____.
2. Roedd Martin Luther King yn arweinydd y _____.
3. Mae 80% o'r tir yn nwylo'r _____.
4. Mae'r _____ yn mynd ymlaen i'r rownd nesaf.
5. Mae angen llyfrau sain ar y _____.

7.7

Verb-noun as noun

We can use verb-nouns as nouns.

> Mae penodi staff newydd yn bwysig.   *Appointing new staff is important.*
> Dydyn ni ddim wedi gorffen y teipio.   *We have not finished the typing.*

The verb-noun can do the work of an abstract noun in English.

> penodi staff – *the appointment of staff*

as a subject	gweithio	Gweithio yw'r ateb.	*Working is the answer.*
with the article, subject	y gyrru	Y gyrru sy'n blino dyn.	*It's the driving that makes one tired.*
as object	gweithio	Mae hi'n hoffi gweithio.	*She likes working.*
with the article, object	y teipio	Roedd hi wedi gorffen y teipio.	*She had finished the typing.*
with an adjective	teipio da	Mae'n bwysig cael teipio da.	*It's important to have good typing.*
with a pronoun	ei yrru	Roedd ei yrru e wedi ei helpu hi.	*His driving had helped her.*
		Roedd e'n hoffi ei choginio hi.	*He liked her cooking.*
after a preposition	ar gyrraedd	Roedd y bòs ar gyrraedd.	*The boss was on the point of arriving.*
in the genitive	y dathlu	Dyma gopi o raglen y dathlu.	*This is a copy of the programme of the celebration.*
as a modifier (describing)	ysgrifennu	papur ysgrifennu	*writing paper*

 Pick out the verb-nouns. Say what their function is.

1. Roedd gwenu ffug y bòs yn mynd o dan fy nghroen i *(under my skin)*.
2. "Teipio da," meddai fe, "ond cywiro'r gwaith yw'r peth mwyaf pwysig."
3. Ydy'r papur teipio gyda chi? Rydw i'n mynd i drefnu'r cyfarfod y prynhawn 'ma.
4. Rhegi *(swearing)* o dan fy anadl *(under my breath)* oedd fy ymateb i *(response)*.
5. "Y bwyta wedi dod i ben?" dywedais i'n sarcastig.
6. Roeddwn i'n gwybod ei fod e wedi cael dwy awr i ginio.
7. "Llai o'r poeni yna, os gwelwch yn dda," atebodd e.
8. "Rydw i wedi cael hen ddigon ar eich gwenu ffals chi," dywedais i.
9. "Wel, rydw i wedi cael digon ar eich mân siarad chi hefyd!"
10. Dydy rhywun ddim yn cael y sac bob dydd – dyna ddiwedd ar fy nheipio i.

 Use these phrases in sentences.

mân siarad *small talk*
siarad call *wise talk*
teipio da
ar orffen
cwpan yfed
penodi ysgrifenyddes
Diogi yw … *Laziness is …*
gweithredu cyflym
gallu trin cyfrifiadur *ability to use a computer*
papur ysgrifennu

 Describe your morning's work in an office, as a secretary. Use these verb-nouns.

teipio casglu ffeilio cywiro *to correct* trefnu *to arrange*
gweithredu ffonio anfon ateb gadael

The genitive

cardod (m) – *charity*
cydwybod (f) – *conscience*
cyffur (m)/-iau – *drug/-s*
dirmyg (m) – *scorn*
ewyllys da (m) – *good will*

We can put two nouns together. The second noun notes the genitive.

    cartref Mrs Jones   *the home of Mrs Jones / Mrs Jones's home*
    ysbyty Treforys   *Morriston hospital / the hospital of Morriston*

We can put the article (y/yr/'r) between the two words; we do not put the article in front of the two words.

7.9

    cartref y bobl ifanc   *the young people's home*
    drws y siop   *the shop door*

We do not use 'o' to translate '*of*'.

    tlodi'r bobl   *the poverty of the people*

We do not mutate the second noun (but see Step 10).

    gardd plant   *children's garden*

We can put more than two nouns together.

    drysau siopau'r dref   *the doors of the town's shops*

If the second noun is a proper noun, we do not use the article.

    Canolfan Dewi Sant   *St. David's Centre*
    Prifysgol Cymru   *the University of Wales*
    poblogaeth Caerdydd   *the population of Cardiff*

 Put these expressions in sentences.

1. chwalu'r teulu *the destruction of the family*
2. cartref pobl ifanc
3. drysau'r siopau
4. oerfel y stryd
5. papur y di-waith
6. cau'r ffatri *the closure of the factory*
7. perygl marw *danger of death*
8. niwed cyffuriau *the damage of drugs*
9. dirmyg pobl *people's scorn*
10. ewyllys da'r bobl *the people's good will*

 Connect words in the left column with words in the right column, and use them in sentences.

poblogaeth	de Cymru
tai	Cymru
strydoedd	pobl ddigartref
cartrefi	Morgannwg
gwerthu	pobl ifanc
tlodi	papurau newydd
cynghorau *councils*	y gymdeithas
cydwybod *conscience*	trefi

221

Adjectives with an expression that includes two nouns

If an adjective describes the first noun, put the adjective after the first noun.

    tai tlawd Cymru   *the poor houses of Wales*

If the adjective describes the second noun, put the adjective after the second noun.

    strydoedd trefi tlawd   *the streets of poor towns*
    strydoedd y trefi tlawd   *the streets of the poor towns*

 Say what the difference is between these pairs of expressions.

siop ddillad fawr	siop dillad mawr
siop lyfrau newydd	siop llyfrau newydd
siop hen lyfrau	hen siop lyfrau

 These phrases can have two meanings. What are they?

siop recordiau newydd
darlithydd coleg mawr
athrawes ysgol fawr
casét cerddoriaeth newydd
bws ysgol newydd

Mae ffatri'r dre wedi cau, ond dydw i ddim yn mynd i weithio yn un o drefi diflas Lloegr.
The town's factory has closed, but I'm not going to work in one of England's miserable towns.

STEP 10 – nouns as adjectives – Types of shops
CAM 10 – enwau fel ansoddeiriau – Mathau o siopau

Nouns as adjectives

We can put two nouns together, with the second noun describing the first noun.

    gwaith tŷ   *housework*

The verb-noun can take the place of a noun when we put nouns together.

    canolfan siopa   *shopping centre*
    maes parcio   *car park*

If the first noun is singular feminine, the second noun undergoes soft mutation.

    siop gig   *meat shop*

If the second noun refers to several elements, we use the plural.

    siop lyfrau   *book shop*

If we describe the second element, we do not mutate that element.

    siop llyfrau plant   *children's book shop*

1. marchnad ffrwythau
2. canolfan siopa
3. catalog dillad — *clothes catalogue*
4. canolfan gwaith — *job centre*
5. siop amladran — *department store*
6. manteision canolfan siopa
7. anfanteision siopau bach
8. siopau cadwyn — *chain stores*
9. siopau cornel — *corner shops*
10. siopa ar y we — *shopping on the web*

1. After the closure of the factory, the town council tried to do something.
2. The band's new record was played on the T.V. programme.
3. Do you want to spend the rest of your life in an old people's home?
4. Are the countries of Europe trying to help the countries of the Third World?
5. The team's hope was to win the World Cup.
6. The teaching of Welsh should be compulsory in the west of England.
7. The disabled and the aged should have more shopping facilities (cyfleusterau siopa).

7.11

STEP 11 – names of places, countries, peoples and languages; with the article – Surfing the net
CAM 11 – enwau llefydd, gwledydd, pobloedd ac ieithoedd; gyda'r fannod – Crwydro'r we

gwe (f) – *web*
gwefan (f)/-nau – *website/-s*
rhyngrwyd (m) – *internet*

Names of places and countries
Names of places and countries are usually feminine.

Cymru fach	*little Wales*
Abertawe lawiog	*rainy Swansea*

We usually mutate names of places in Wales, and Welsh names of towns and foreign countries.

yng Nghaerdydd	*in Cardiff*
ym Mharis	*in Paris*
a Chernyw	*and Cornwall*

We put the article in front of some place names (see the Article, Step 3).

Y Barri	*Barry*
Y Bala	*Bala*
Y Fenni	*Abergavenny*
Y Rhyl	*Rhyl*

We put the article in front of the names of some countries (see the Article, Step 3).

Yr Almaen	*Germany*
Yr Eidal	*Italy*
Yr Aifft	*Egypt*
Y Swistir	*Switzerland*
Yr Alban	*Scotland*
Y Ffindir	*Finland*

Rydw i'n	chwilio am	wefan	yn yng	*Paris. *Caerdydd.
Rydw i wedi	dod o hyd i		ym	Tokyo. *Berlin. *Prâg.

*adjust the mutation

223

Names of rivers

We do not usually put the article in front of the name of a river.

> afon Ystwyth, afon Taf

Names of peoples

We can put the article in front of the names of peoples.

> y Cymry *the Welsh*, y Saeson *the English*, yr Almaenwyr *the Germans*

Names of languages

We can put the article in front of the names of languages, to express 'the ... language' (see also the Article, Step 3):
y Gymraeg *the Welsh language*, y Saesneg *the English language*, yr Eidaleg *the Italian language*, y Roeg *the Greek language*

'Yn Gymraeg' comes from 'yn y Gymraeg'. We say 'yn Gymraeg' for *'in Welsh'*.

Beth yw *'continent'* yn Gymraeg? *What is 'continent' in Welsh?*

If we mention the Welsh of a specific area, we say 'yng Nghymraeg + *place*'.

Beth yw 'llaeth' yng Nghymraeg Patagonia? *What is 'llaeth' in the Welsh of Patagonia?*

Beth yw 'nain' yng Nghymraeg y de? *What is 'nain' in the Welsh of the south?*

- If we put an adjective after 'Cymraeg', we use 'mewn' instead of 'yn', and the adjective does not mutate.

> mewn Cymraeg da   *in good Welsh*

> **Mae'r bòs yn credu fy mod i'n teipio, ond rydw i'n crwydro'r we!**
> *The boss thinks I'm typing, but I'm surfing the web!*

STEP 12 – people's titles – Starting a campaign
CAM 12 – teitlau pobl – Dechrau ymgyrch

A.C. – *A.M.*
A.S. – *M.P.*
Aelod (m)/-au Cynulliad – *Assembly Member/-s*
Aelod(m)/-au Seneddol – *Member/-s of Parliament*
cefnogaeth (f) – *support*
cysylltu â – *to contact*
dylanwadol – *influential*
ymgyrch (f)/-oedd – *campaign/-s*

People's titles

We use the article often in front of people's titles.

y Barnwr	*Judge*
y Bonwr	*Mr*
y Brawd	*Brother*
y Brenin	*King*
y Cwnstabl	*Constable*
y Cynghorydd	*Councillor*
y Doethur	*Doctor*
y Dywysoges	*Princess*
y Fones	*Mrs*
y Fonesig	*Lady*
y Pab	*Pope*

y Parchedig	*Reverend*
y Tywysog	*Prince*
yr Anrhydeddus	*the Honourable*
yr Archesgob	*Archbishop*
yr Arglwydd	*Lord*
yr Athro	*Professor*
yr Esgob	*Bishop*

We use the article with these titles when we put a person's name after the title.

> yr Esgob Mulcahy, yr Athro Werner Daniel, y Tywysog Llywelyn

We put the article in front of 'Br' ('Bonwr' *Mr*) and Bns ('Bones' *Ms*).

> y Br Dafydd Cadwaladr, y Fns Meri Morris

We do not put the article in front of the title if we put the name of a place or country after the title (see Step 10).

Tywysog Cymru	*the Prince of Wales*
Esgob Bangor	*the Bishop of Bangor*
Brenin Sbaen	*the king of Spain*

We do not put the article after 'annwyl' *'dear'* at the start of a letter.

| Annwyl Athro Hughes | *Dear Professor Hughes* |

Mae 'y Fns. Nansi Ifans' yn swnio'n fwy pwysig na 'Ms. Nansi Ifans'. 'Y Fns Nansi Ifans' sounds more important than 'Ms Nansi Ifans'.

Correct these sentences.

1. Dywedodd **yr** Arlywydd America ei fod yn mynd i ymddeol.
2. Beth yw 'parliament' **yng Ngh**ymraeg?
3. Beth yw 'llefrith' **mewn** Saesneg y de?
4. Ydych chi wedi clywed **am dywysog** Llywelyn yr ail?
5. Beth yw eich barn chi am **yr** ysgrifennydd y Cynulliad?
6. Annwyl **yr** Arglwydd Elvis-Thomas …
7. Dw i'n astudio yn **y** Brifysgol Cymru.
8. Mae**'r** senedd yr Alban yng Nghaeredin.
9. Mae'r afon Tawe **a'r** afon Taf yn llifo **i'r** Môr Hafren.

 Translate.

1. Mr and Mrs Edwards want to start a campaign.
2. They write to Constable H. Low.
3. They want to contact Professor Acker Demick.
4. They get the support of Doctor Ann Esthetic.
5. They send to Councillor F. Hoolkin.
6. Rev. Dewi Aull gives his support.

Rydw i	'n	anfon llythyr at	y Cwnstabl	H. Low.
Rydyn ni	wedi	cysylltu â	yr Athro	Acker Demick.
		ffonio	y Cynghorydd	F. Hoolkin.
			y Doctor	Ann Esthetic.

8: Pronouns - *Rhagenwau*

Auxiliary pronouns

These can be added to the verb.

(f)i	*I*	rydw i	Rydw i'n yfed. *I'm drinking.*	(f)i
ti	*you*	rwyt ti	Rwyt ti'n talu. *You're paying.*	ti
e(f)/o	*he*	mae e(f)	Mae e'n bwyta. *He's eating.*	ef
hi	*she*	mae hi	Mae hi'n dod. *She's coming.*	hi
ni	*we*	rydyn ni	Rydyn ni'n prynu. *We are buying.*	ni
chi	*you*	rydych chi	Rydych chi'n archebu. *You're ordering.*	chi / chwi
nhw	*they*	maen nhw	Maen nhw'n gofyn. *They're asking.*	hwy

In north Wales we can use 'o' instead of 'e'.

Mae o'n mynd.   *He's going.*

When writing very formal Welsh, there is no need to use the auxiliary pronoun with the verb (except for ef/hi to note the difference between masculine and feminine).

	Maent yn yfed.	*They're drinking.*
Dododd yr het ar ei ben.	Dododd ef yr het ar ei ben.	*He put the hat on this head.*
or	Dododd hi yr het ar ei ben.	*She put the hat on his head.*

We can use 'ti' *you* ('chdi' in north Wales) when talking to friends, children, the family and animals.

We can use 'chi' in the singular when talking to everyone else.

We use the 3rd person singular of the verb in front of singular and plural nouns.

mae'r bachgen *the boy is;* mae'r bechgyn *the boys are*

But with pronouns we use a singular verb in front of 'e' and 'hi' and a plural verb in front of 'nhw'.

mae e *he is;* maen nhw *they are*

Mae Siân a Simon yn mynd i'r caffe. Mae Simon a Siân yn cwrdd â ffrindiau yno. Mae'r disgyblion yn eistedd wrth y ffenest, yn yfed coffi. Mae Simon yn gofyn am sudd oren, ac mae Siân yn gofyn am Coca Cola. Dydy Siân ddim eisiau bwyta, ond mae Simon eisiau bwyta sglodion a physgod. Yn anffodus, dydy Simon ddim yn gallu talu, felly mae Siân yn talu.

Mae Simon a Siân yn mynd allan. Mae Simon eisiau mynd i weld ffilm, ond dydy Siân ddim eisiau gweld ffilm. Mae Siân eisiau mynd i fowlio yn y ganolfan hamdden.

Using auxiliary pronouns

After declined prepositions
(see Prepositions, Steps 2-7):

arna i	*on me*	amdana i	*for me*
arnat ti	*on you*	amdanat ti	*for you*

With a prefixed pronoun
(see Prepositions, Steps 2-3):
dy fam di   *your mother*

* When talking about the weather, time, distance, opinion and emotion, and for something general *(it)* we use 'hi'.

Mae hi'n braf.	*It's fine.*
Mae hi'n bosibl.	*It's possible.*
Mae hi'n eitha gwir.	*It's quite true.*
Mae hi'n naw o'r gloch.	*It's nine o'clock.*

Mae hi'n gan milltir o Aberystwyth i Gaerdydd.
It's a hundred miles from Aberystwyth to Cardiff.

Independent pronouns

These can be a subject or an object.

fi	fi
ti (di)	ti
fe/fo	ef
hi	hi
ni	ni
chi	chwi
nhw	hwy

Using independent pronouns

Without a verb, when answering questions:

Pwy sy'n dod?	Fe.	*Who's coming?*	*He (is).*
Pwy sy eisiau coffi?	Ni.	*Who wants coffee?*	*We (do).*

Object of a short form of the verb:
Caraf di.   *I love you.*

After an undeclined preposition:
â *with*, gyda *with*, i *to*:

Rydw i'n mynd gyda fe.	*I'm going with him.*
Mae hi'n rhoi'r coffi i fi.	*She's giving me the coffee.*
Rydyn ni'n siarad â fe.	*We are talking with him.*

After a connecting word:

Mae e a fi'n mynd i'r dref. *He and I are going to town.*

In front of 'bod' to say who someone is:

Fi yw'r athrawes. *I am the teacher.*

In an emphasising sentence:

Nhw sy'n iawn. *It's they who are right.*
Ti sy'n gyrru heno. *It's you who's driving tonight.*

* In the north, we can say 'fo' instead of 'fe', and 'chdi' instead of 'ti'.

Fo ydy'r athro. *He is the teacher.*
Chdi sy'n iawn. *It's you who is right.*

Rydw	i	'n	mynd	gyda	chi.
Mae	e		yfed		nhw.
Rwyt	ti		bwyta		ni.
Pwy		sy'n			
Siân					
Huw					
Ni					
Fe					

Fi sy'n sychu'r llestri bob dydd – ond bydda i'n prynu llestri papur heddiw.
I wipe the dishes every day – but I'm buying paper dishes today.

cefnder (m)/-oedd –*cousin/-s (male)*
cyfnither (f)/-oedd – *cousin/-s (female)*
nai (m)/neiaint – *nephew/nephews*

nabod – *to know*
nith (f)/-oedd – *niece/-s*

Prefixed pronouns

We use the prefixed pronoun in front of a noun and verb-noun to show possession.
These are the forms:

prefixed pronouns	auxiliary pronouns	
fy …	(i)	*my*
dy …	(di)	*your*
ei …	(e/o)	*his*
ei …	(hi)	*her*
ein …	(ni)	*our*
eich …	(chi)	*your*
eu …	(nhw)	*their*

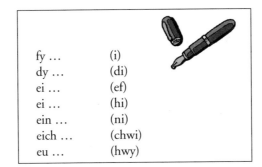

fy …	(i)
dy …	(di)
ei …	(ef)
ei …	(hi)
ein …	(ni)
eich …	(chwi)
eu …	(hwy)

8.2

In spoken Welsh we can often change these:

fy	'y	or drops off	'y nhad, 'nhad	*my father*
ei	'i		'i weld e	*see him*
eu	'u		'u gweld nhw	*see them*

When speaking we can change the sound of these:

| ein | yn *uhn* |
| eich | ych *uch* |

We mutate after these pronouns (see Step 3):

tref *town*

fy	+	nasal mutation	tref	fy **nh**ref i, '**nh**ref i
dy	+	soft mutation	tref	dy **d**ref di
ei	+	soft mutation	tref	ei **d**ref e
ei	+	spirant mutation	tref	ei **th**ref hi
	+	'h' in front of a vowel	ysgol	ei **h**ysgol hi
ein	+	'h' in front of a vowel	ysgol	ein **h**ysgol ni
eich	+	no mutation	ysgol	eich ysgol chi
eu	+	'h' in front of a vowel	ysgol	eu **h**ysgol nhw

ysgol *school*

In a row of nouns, the pronoun must be put in front of every noun.

> ei fam, ei chwaer, ei frawd a'i gi
> *his mother, sister, brother and dog*

Iesu oedd enw fy mab i. Pwy ydw i?
Jesus was the name of my son. Who am I?

 Mutate the words between brackets in these sentences.

1. Mae fy [tad-cu] i'n dod o'r Rhondda.
2. Mae fy [brawd] i'n gweithio mewn swyddfa.
3. Ydych chi'n nabod fy [tad] i?
4. Rydw i'n nabod dy [mam-gu] di.
5. Rydw i'n gweld ei [tad] hi bob dydd.
6. Mae dy [brawd] di'n gweithio gyda fi.
7. Ble mae dy [cefnder] di'n byw?
8. Rydw i'n gweld ei [mab] e yn yr ysgol.
9. Ydy dy [cyfnither] di'n dod i de?
10. Ydych chi'n nabod ei [ewythr] hi?

Prefixed pronouns in some dialects

We often use ''yn' instead of 'fy'. We soft mutate after ''yn':

> mam   'yn fam (i)   *my mother*

'Ei' can change to ''i' after a vowel.

> Mae ei gi e…   Mae'i gi e…   *His dog is…*

'Eu' can change to ''u' after a vowel.

> Mae eu ci nhw… Mae'u ci nhw… *Their dog is…*

'Ei' is pronounced as 'i', and 'eu' as 'u'.

'Ein' can change to ''n' and 'eich' changes to ''ch' after a vowel.

> Rydyn ni wedi gwerthu'n car ni.   *We have sold our car.*
> Mae'ch tad chi yn y dref.   *Your father is in town.*

 Translate these sentences.

1. Do you know her father?
2. Have you met his cousin?
3. This is my wife.
4. Where is your brother tonight?
5. I saw his mother last night.
6. Her family comes from Cornwall.
7. I met their uncle in town.
8. I hope my husband is listening.

Oes rhaid i ni gael blaidd? Pam dydyn ni ddim yn gallu cadw ci fel pawb arall?
Must we have a wolf? Why can't we keep a dog like everyone else?

elw (m) – *profit*
colled (f)/-ion – *loss/-es*
talu – *to pay*

Prefixed pronouns as the object of a verb-noun

We can use these as the object of a verb-noun.

fy … i + talu	Mae e'n fy nhalu i.
	He is paying me.
eich … chi + gweld	Mae e wedi dod i'ch gweld chi.
	He has come to see you.

In writing very formal Welsh, we do not usually need to use the auxiliary pronoun.

fy … i + talu   Mae e'n fy nhalu.   *He is paying me.*

This is the pattern:

Mae e	'n	fy	nhalu	i.
Mae hi		dy	dalu	di.
Roedd e	wedi	ei	dalu	e.
Bydd hi		ei	thalu	hi.
Rydyn ni		ein	talu	ni.
Fe fydda i		eich	talu	chi.
Maen nhw		eu	talu	nhw.

*There are mutations after the prefixed pronoun (see Step 2).

 Put a pronoun instead of nouns in these sentences.

e.g.   Mae Mr Bakir yn gwerthu'r ddesg.
Mae e'n ei gwerthu hi.

1. Mae Mrs Jones yn gwerthu'r llyfrau.
2. Mae Mrs Evans wedi talu'r dyn.
3. Roedd hi'n darllen y papur.
4. Maen nhw'n gweld y ferch bob dydd.
5. Fe fyddan nhw'n prynu papur newydd bob bore Sadwrn.
6. Mae e'n moyn prynu'r bwrdd.
7. Roedden ni wedi gwerthu lamp, desg a ffilmiau.
8. Dydyn ni ddim yn gwerthu'r car.
9. Mae Mr Thomas yn talu'r plant.
10. Dydy e ddim wedi gwerthu'r lamp.

Rydw i Mae hi	wedi	ei gael e.
		ei werthu e.
		ei phrynu hi.
		ei chael hi.
		ei brynu e.
		ei gwerthu hi.
		eu cael nhw.
		eu prynu nhw.

8.3

231

Prefixed pronouns and the noun clause

'Bod' can introduce a noun clause after these verbs and others:

dweud *to say*, meddwl *to think*, honni *to claim*, cytuno *to agree*, gwybod *to know*, gobeithio *to hope*, credu *to think*

We can put the prefixed pronoun in front of 'bod' in a noun clause (see Clauses, Step 3).

'Bod' is mutated.

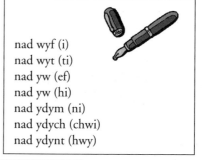

		Negative *that I am not …*	
fy mod i	*that I am*	'mod i ddim	nad wyf (i)
dy fod ti	*that you are*	dy fod ti ddim	nad wyt (ti)
ei fod e	*that he is*	ei fod e ddim	nad yw (ef)
ei bod hi	*that she is*	ei bod hi ddim	nad yw (hi)
ein bod ni	*that we are*	ein bod ni ddim	nad ydym (ni)
eich bod chi	*that you are*	eich bod chi ddim	nad ydych (chwi)
eu bod nhw	*that they are*	eu bod nhw ddim	nad ydynt (hwy)

Examples

Rydw i'n gwybod eu bod nhw yn y gogledd.
Mae hi'n credu eu bod nhw'n ddrud.
Roedden nhw'n credu fy mod i'n byw mewn tŷ haf.
Roedd e'n gwybod ei bod hi'n aros mewn tŷ haf.
Mae e'n gobeithio ein bod ni'n prynu tŷ haf.

I know that they are in the north.
She thinks they are expensive.
They thought that I lived in a holiday home.
He knew that she was staying in a holiday home.
He hopes that we are buying a holiday home.

Rydw i'n	credu	fy mod i'n	aros mewn tŷ haf.	
Mae e'n	gwybod	ei fod e'n	mynd ar wyliau.	
Mae hi'n	gobeithio	ei bod hi'n	mynd i brynu ail dŷ.	
Roeddwn i'n	dweud	ein bod ni'n	prynu'r tŷ.	
Roedd Siân yn		eu bod nhw'n	gwerthu'r tŷ i Saeson.	

1. Do you think that they like coming to Wales?
2. Does he hope that we are going to sell our home?
3. Do they know that it is a second home?
4. The farmers think that they are going to make money.
5. They claim that they cannot live in the house.
6. Were they saying that she cannot go on holiday?
7. Do you think it's right (iawn) to buy a second home?
8. The young people say that they cannot afford (fforddio) a house.

 Put these phrases into sentences.

1. fy mod i'n mynd i werthu
2. dy fod ti'n gwerthu i Sais
3. ein bod ni'n dlawd
4. dy fod ti'n iawn
5. ein bod ni'n mynd i gael arian
6. eu bod nhw'n newid iaith y wlad

Does neb ar y strydoedd yn y gaeaf, felly rydw i'n credu eu bod nhw i gyd yn dai haf.
There's no-one on the streets in winter, so I think that they are all holiday homes.

8.5

STEP 5 – infixed pronouns – Losing something
CAM 5 – rhagenwau mewnol – Colli rhywbeth

Infixed pronouns

We use infixed pronouns after these words:

a *(and)*, â *(with)*, efo *(with)*, gyda *(with)*, i *(to)*, tua *(towards)*, mo *(not)*, na *(not)*, o *(of, from)*

These are the forms	and here are the mutations		
'm	+ 'h' in front of a vowel	i'm hysgol i	*to my school*
'th	+ soft mutation	o'th gartref di	*from your home*
'i	+ soft mutation	o'i fag e	*from his bag*
'i }	+ spirant mutation	a'i thad-cu hi	*and her grandfather*
}	+ 'h' in front of a vowel	a'i hysgol hi	*and her school*
'n	+ 'h' in front of a vowel	a'n harian ni	*and our money*
'ch	+ no mutation	o'ch tŷ chi	*from your house*
'u	+ 'h' in front of a vowel	gyda'u hamser nhw	*with their time*

After 'i' we use the form ''w'' with the third person.

i + ei dad-cu + soft mutation	i'w dad-cu e	*to his grandfather*
i + ei thad-cu + spirant mutation	i'w thad-cu hi	*to her grandfather*
+ 'h' in front of a vowel	i'w hysgol hi	*to her school*
i + eu tad-cu + no mutation	i'w tad-cu nhw	*to their grandfather*
+ 'h' in front of a vowel	i'w hysgol nhw	*to their school*

Note: we can say 'i'w wneud' instead of 'i gael ei wneud'

       Beth sydd i'w fwyta?

       Oes rhywbeth yma i'w yfed?

       Beth sydd ar ôl i'w wneud?

to be done
What is there to eat? (to be eaten)
Is there something here to drink? (to be drunk)
What is left to do? (to be done)

 Put an infixed pronoun in the gaps, and mutate if necessary.

1. Rydw i wedi dod â _____camera.
2. Rydw i a ___ brawd wedi colli'r tocyn.
3. Rwyt ti a ____ mam wedi chwilio.
4. Mae e wedi rhoi'r llyfr i ___ tad.
5. Mae hi eisiau diolch i ___ rhieni.
6. Rydyn ni'n mynd i ___ ysgol.
7. Rydych chi wedi dod o ___ ysgol.
8. Maen nhw wedi mynd i ___ gwely.
9. Mae Siân yn mynd i'r dref efo ___ tad.
10. Mae Huw'n cerdded adre gyda ___ tad-cu.

Aeth y bêl ddim i'w ddwylo e.
The ball didn't go into his hands.

 Put these phrases into sentences.

dod â'm crys i	i'th wely di
dod â'th drowsus di	o'n harian ni
dod â'm cap i	o'm pwrs i
dod â'n harian tramor ni	o'th fag di
i'n gwesty ni	gyda'm tocyn i
i'm hystafell i	gyda'th daclau ymolchi di
dod â'ch camera chi	mynd â'm camera i
mynd o'm cartref i	gofyn i'th chwaer di

Translate these sentences.

1. Talk to your father about it.
2. Bring my coat and my bag.
3. I don't believe her.
4. Do you answer them every time?
5. I've seen them do that before.
6. I hope that you've seen it in my garden.
7. We saw her in her house.
8. I don't think I've read it.

Infixed pronouns after 'fe' and 'a', as object

We use these forms after 'fe' (which introduces a verb), and 'a' *(who, which)* to note the object of the verb. Note the mutations.

fe + 'i: no mutation, but we add 'h' in front of a vowel.

Fe + prynes i hi	Fe'i prynes hi. *I bought her. (it)*	Fe + anfonais hi	Fe'i hanfonais hi. *I sent her.*
Fe + prynes i fe	Fe'i prynes e. *I bought him. (it)*	Fe + anfonais e	Fe'i hanfonais e. *I sent him.*
Y ferch a'i prynodd e.	*The girl who bought him. (it)*	Y dyn a'i collodd hi.	*The man who lost her.*
Y bobl a'm hanfonodd i.	*The people who sent me.*	Y ferch a'i hanfonodd e.	*The girl who sent him.*

8.6

STEP 6 – interrogative (question) pronouns – Ordering food
CAM 6 – rhagenwau gofynnol – Archebu bwyd

Interrogative pronouns and mutations

The mutations after interrogative pronouns can vary.

How	**Sut + verb: no mutation**	Sut **c**awsoch chi le? *How did you have a place?*
	Sut + noun: soft mutation	Sut **g**ig? *What kind of meat?*
When	**Pryd + verb: no mutation**	Pryd **b**yddwch chi'n cyrraedd? *When will you arrive?*
Where	**Ble + verb: no mutation**	Ble **b**yddwch chi'n bwyta? *Where will you eat?*
What	**Beth + verb: soft mutation**	Beth **f**ydd yno? *What will be there?*
How much	**Faint + verb: soft mutation**	Faint **f**ydd yno? *How many will be there?*
Who	**Pwy + verb: soft mutation**	Pwy **f**wytodd y cig? *Who ate the meat?*
Which	**Pa + noun: soft mutation**	Pa **f**wyd? *Which food?*
	Pa + noun + verb: soft mutation	Pa **g**aws fwytoch chi? *Which cheese did you eat?*
	Beth/Faint/Pwy +	Beth **b**ydd e'n ei fwyta? *What will he eat?*
	'bydd' + prefixed pronoun +	Faint **b**yddwch chi'n ei yfed? *How much will you drink?*
	verb-noun: no mutation	Pwy **b**yddwch chi'n ei weld? *Whom will you see?*
	Pa + noun + verb: no mutation	Pa **f**wyd **b**ydd hi'n ei fwyta? *Which food will she eat?*

---

* We can put a preposition in front of a number of interrogatives.

  Ble? O ble? *From where?*; I ble? *To where?*

  Beth? At beth? *For what?*; Wrth beth? *By what?*; Ger beth? *Near what?*; O beth? *Of what?*; I beth? *For what?*

* The 'r' at the start of the verb 'bod' can disappear.

Beth rydych chi'n ei wneud?	Beth ydych chi'n ei wneud?	*What are you doing?*
Am beth rydw i'n poeni?	Am beth ydw i'n poeni?	*About what am I worried?*
Ble rydyn ni'n mynd?	Ble ydyn ni'n mynd?	*Where are we going?*

Interrogative pronouns and the negative

We can put 'na' after the interrogative pronoun (+ spirant mutation where possible, otherwise soft mutation; 'nad' in front of a vowel).

Pam na **ch**est ti ginio?	*Why didn't you have dinner?*
Pam na **dd**est ti ynghynt?	*Why didn't you come earlier?*
Pam nad oeddet ti yma?	*Why weren't you here?*
Sut nad yw e'n gwybod?	*How doesn't he know?*

We can put 'ddim' after the negative verb.

Pam dydy e ddim am gael bwyd?	*Why doesn't he want to have food?*
Sut doedden ni ddim yn gwybod?	*How didn't we know?*

In spoken Welsh in south Wales we can use 'nag' instead of 'nad'.

Pam nag yw e'n dod?	*Why isn't he coming?*

Using the interrogative pronouns

With long forms of the verb we put a prefixed pronoun in front of the verb-noun to suggest the object in the answer. This pronoun corresponds to the singular or plural answer expected.

Beth mae e'n **ei** fwyta?	*What is he eating?*

When using verb-noun + verb-noun (e.g. hoffi + bwyta) we also use a prefixed pronoun to suggest the answer.

Beth rydych chi'n hoffi **ei** fwyta?	*What do you like eating?*
Sawl cwrs mae e'n gallu **eu** bwyta?	*How many courses can he eat?*

A, maen nhw'n gwneud y caws gawson ni ddoe!
Ah, they're making the cheese we had yesterday.

Beth?

+ verb

Beth rydych chi'n ei wneud?	*What are you doing?*
Beth welwch chi yma?	*What do you see here?*
Beth ydy e?	*What is it?*
Beth rydych chi'n ei yfed?	*What are you drinking?*

+ verb on the pattern of an adjectival clause

Beth sydd yn y cwpan?	*What is in the cup?*
Beth oedd yn y botel?	*What was in the bottle?*

verb + preposition

the preposition changes to agree in form with the object, e.g. am > amdano *about it*

Beth roedd hi'n siarad amdano?	*About what was she talking?*

Am beth?

Am beth rydych chi'n poeni?	*About what are you worrying?*
Am beth clywsoch chi?	*About what did you hear?*

Â beth?

Â beth rydych chi'n bwyta?	*With what do you eat?*
Â beth lladdoch chi fe?	*With what did you kill him?*

I beth?

I beth mae hyn yn arwain?

To what does this lead?

Ble?

+ verb

Ble byddwch chi'n mynd heno?

Where will you go tonight?

O ble?

+ verb

O ble daethoch chi heddiw?

From where did you come today?

I ble?

+ verb

I ble rydych chi'n gyrru?

To where are you driving?

Ymhle?

+ verb

Ymhle mae'r fwydlen?

Where is the menu?

Faint?

+ 'o' + plural noun or indefinite noun

Faint o blant sydd yma?
Faint o fara sydd ar ôl?

How many children are here?
How much bread is left?

+ comparative adjective

Faint gwell fyddwch chi?
Faint glanach yw e?

How much better will you be?
How much cleaner is it?

+ verb

Faint fwytoch chi?
Faint mae e'n ei fwyta?
Faint bydd hi'n ei fwyta?

How much did you eat?
How much does he eat?
How much will she eat?

+ verb on the pattern of an adjectival clause

Faint sydd ar ôl?
Faint oedd wedi cael bwyd?

How much is left?
How many had had food?

Pa?

+ soft mutation

We can put 'pa' in front of many words to ask a question.

Pa beth? (Beth?) Pa le? (Ble?)
Pa ffordd? Pa goffi? Pa faint?

What? Where?
Which way? Which coffee? Which size?

+ noun + verb

Pa liw ydy e?
Pa liw sydd ar y lliain bwrdd?
Pa liw bydd e'n ei wisgo?

What colour is it?
What colour is on the tablecloth?
What colour will he wear?

Pa fath?

+ soft mutation (or + 'o' + noun)

Pa fath gar sydd gyda chi?
Pa fath o gar ydy e?
Pa fath o gaws bydd e'n ei fwyta?

What kind of car do you have?
What kind of car is it?
What kind of cheese will he eat?

8.6

Pa mor?

    + adjective (soft mutation)

    Pa mor fawr yw hi? — *How big is she (it)?*

P'un?

    + verb

    P'un rydych chi'n ei hoffi? — *Which one do you like?*

    P'un brynodd e? — *Which one did he buy?*

    P'un bydd hi'n ei brynu? — *Which one will she buy?*

Pam? Paham?

    + verb

    Pam mae e'n cysgu? — *Why is he sleeping?*

    Pam roedd hi'n bwyta mor gyflym? — *Why was she eating so quickly?*

Pryd?

    + verb

    Pryd bydd hi yma? — *When will she be here?*

    Pryd daeth hi? — *When did she come?*

Pwy?

    + verb on the pattern of an adjectival clause

    Pwy sy'n dod? — *Who is coming?*

    Pwy welodd e? — *Whom did he see?* or *Who saw him?*

    Pwy fydd yma? — *Who will be here?*

    + verb

    Pwy yw hi? — *Who is she?*

    Pwy yw'r weinyddes? — *Who is the waitress?*

    Pwy mae e'n ei hoffi? — *Whom does he like?*

    Pwy bydd hi'n ei briodi? — *Whom will she marry?*

    noun + pwy

    Diod pwy yw hwn? — *Whose drink is this?*

    Bwyd pwy gwnaeth e ei fwyta? — *Whose food did he eat?*

At bwy?

    + verb

    At bwy ysgrifennoch chi'r llythyr? — *To whom did you write the letter?*

Gyda phwy?

    + verb

    Gyda phwy gweloch chi'r ffilm? — *With whom did you see the film?*

    Gyda phwy rydych chi'n bwyta heno? — *With whom are you eating tonight?*

I bwy?

    + verb

    I bwy rydych chi'n chwarae? — *For whom are you playing?*

Sawl?

+ singular noun

Sawl myfyriwr sydd yn y dosbarth?

Sawl ffrwyth byddwch chi am ei fwyta i frecwast?

Sut?

+ interrogative forms of 'bod', except for 'mae'/'maen'

Sut oedd hi'n rhedeg?

Sut maen nhw'n gwybod?

Sut wyt ti'n gwybod?

Sut byddan nhw'n chwarae?

+ verb

Sut cest ti'r bwyd mor gyflym?

+ noun + soft mutation

Sut gar sydd gennych chi?

8.6

How many students are in the class?
How many fruit will you want to eat for breakfast?

How did she run?
How do they know?
How do you know?
How will they play?

How did you have the food so quickly?

What kind of car do you have?

 Ask questions using these interrogative pronouns. You will need to put in verbs, as appropriate.

ble?   pryd?   pwy?   sawl?

faint?   pa fath?   p'un?   pa?   beth?

1. y fwydlen
2. amser swper
3. y weinyddes
4. nifer o gyrsiau i swper
5. nifer o bobl sy'n aros yn y gwesty
6. y ffordd i'r pwll nofio
7. y math o gawl ar y fwydlen
8. y gwin gorau
9. bwyd i'r plant
10. maint pwll nofio'r gwesty

 Ask questions to get these answers.

1. Mae e'n yfed coffi.
2. Maen nhw'n bwyta tri chwrs.
3. Roedd dwy weinyddes *(waitress)* yma.
4. Daw'r bil ar unwaith, syr.
5. Roedden nhw'n bwyta dair gwaith y dydd.
6. Roedd hi'n bwyta selsig *(sausages)*.
7. Rydw i wedi bod yma unwaith o'r blaen.
8. Hen gawl di-flas *(tasteless soup)* yw e.

 Correct these sentences.

1. Sawl cwpan **ydy** ar y silff?
2. Faint o fara mae e'n **b**wyta?
3. Sut **b**recwast gawsoch chi heddiw?
4. Beth **ydy** hi'n ei yfed i frecwast?
5. Sawl **platiau** sydd ar y bwrdd?
6. Beth roedd e'n siarad **am**?
7. Pa liw **maen** nhw?
8. Sut **ydyn** nhw'n gwybod?

Rydw i wedi gwneud cawl unwaith eto!
I've made soup (made a mess) once again!

239

Demonstrative pronouns

masculine	feminine	neuter	plural
hwn	hon	hyn *this*	y rhain / y rhai hyn *these*
hwnnw	honno	hynny *that*	y rheiny / y rheini / y rhai hynny *those*

We use:

'hwn'/'hwnnw' when mentioning something masculine

Beth yw hwn? *What is this?*

Ydy hwnnw'n goch? *Is that one red?*

'hon'/'honno' when mentioning something feminine

Hon oedd y ferch orau. *This one was the best girl.*

Mae honno'n gwybod. *That one knows.*

'hyn'/'hynny' when mentioning something abstract, like an idea or sentence

Mae e wedi dweud hyn ddoe.

He has said this yesterday.

Rwy'n gwybod bod hynny'n wir.

I know that that is true.

'y rhain'/'y rheiny' when mentioning something plural.

Mae e wedi dysgu'r rhain. *He has learnt these.*

When talking we can say 'hwnna' instead of 'hwnnw', and 'honna' instead of 'honno'.

Ble rwyt ti wedi rhoi hwnna? *Where have you put that?*

Mae honna'n dweud y gwir. *That one is telling the truth.*

Beth yw	hwn	yn	Gymraeg?	*What is this in Welsh?*
	hon		Ffrangeg?	
	hynny		Almaeneg?	
	'r rhain		Sbaeneg?	
	'r rheini		Eidaleg?	

Common expressions with demonstrative pronouns

am hynny	*because of that*
ar hyn o bryd	*at the moment*
ar hynny	*at that instant*
cymaint â hyn	*as much as this*
cymaint â hynny	*as much as that*
er hyn	*in spite of this*
er hynny	*in spite of that*
erbyn hyn	*by now*
erbyn hynny	*by then*
gan hynny	*because of that*
hwn a hwn	*such and such a person (m)*
hon a hon	*such and such a person (f)*
hyd hynny	*until then*
hyn o fyd	*the world as it is*
o hyn ymlaen	*from now on*
oherwydd hyn	*because of this*
o ran hynny	*for that matter*
wedi hyn	*after this*
wedi hynny	*after that*

Use the following expressions to fill the gaps.

erbyn hynny   oherwydd hynny   o hyn ymlaen
erbyn hyn   hyn o fyd   er hynny
wedi hynny

1. Methodd Siân yr arholiad Ffrangeg, ond aeth hi i
   Ffrainc _____.
2. _____ mae ei Ffrangeg hi wedi gwella, ac
   _____ mae hi am sefyll yr arholiad unwaith eto.
3. _____ mae hi am wneud Ffrangeg yn y coleg.
4. _____ bydd hi'n rhugl yn yr iaith.
5. _____ mae hi wedi penderfynu gweithio'n galed.
6. Mae pethau'n gallu bod yn ddigon anodd yn
   _____.

A! Ffilm Swedeg! Cyfle
da i ddysgu'r iaith honno!
*Ah! A Swedish film! A good
opportunity to learn that
language!*

Beth yw 'hynny'
yn Saesneg?
What is 'hynny' in English?

Saesneg yw 'honey'.
'Honey' is English.

8.7

Demonstrative pronouns as adjectives

Formal and very formal Welsh

masculine	**feminine**	**neuter + plural**		
y ... hwn	y ... hon	y ... hyn	*this*	*these*
y ... hwnnw	y ... honno	y ... hynny	*that*	*those*

Formal Welsh (and spoken Welsh)
y ... yma   *this, these*
y ... yna   *that, those*

Beth yw ystyr	y gair	*word*	hwn?/hwnnw?
	yr ymadrodd	*phrase*	hon?/honno?
	yr ansoddair	*adjective*	yma?
	y ddihareb	*proverb*	yna?
	yr idiom	*idiom*	

What is the meaning of this/that word?

- 'Yma' often changes to "ma".
  y bore 'ma   *this morning*
- 'Yna' often changes to "na".
  y car 'na   *that car*

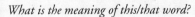

Common expressions with demonstrative pronouns as adjectives

y bore 'ma	*this morning*
y diwrnod hwnnw	*that day*
y ffordd yma	*this way*
y mis hwn	*this month*
y tro hwn	*this time*
yr wythnos hon	*this week*
BUT eleni	*this year*

In spoken Welsh in north Wales we can use 'acw' instead of 'yna'.

y ffordd acw	*that way*

y bore 'ma   y tro hwn   yr wythnos hon
yr ymadroddion hyn *these expressions*
y geiriau hyn *these words*
y diarhebion hyn *these proverbs*

*   When translating *those who* … it's better to say 'y rhai sy' (not 'y rheini sy').

1. I understand these, but those verbs (berfau) are impossible.
2. Did you learn this this week?
3. What's that in Welsh?
4. What's the meaning of that proverb (dihareb)?
5. From now on, I'm going to start taking these.
6. At the moment, I'm having difficulty with these pronouns (rhagenwau).
7. This one was easy but that one is more difficult.
8. Have you seen those mutations (treigladau) before?

STEP 8 – reduplicated and conjunctive pronouns – Accusing
CAM 8 – rhagenwau dwbl a chysylltiol – Cyhuddo

Reduplicated pronouns

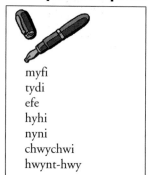

myfi	y fi
tydi	y ti
efe	y fe, y fo
hyhi	y hi
nyni	y ni
chwychwi	y chi
hwynt-hwy	y nhw

Y hi	sydd ar fai.
Efe	wnaeth y cawl.
Y nhw	yw'r lladron.
Nyni	yw'r pencampwyr.

It is she who's to blame.
It's he who made the soup.
It's they who are the thieves.
It's we who are the champions..

Using reduplicated pronouns

We do not use these often.
We use them to emphasise.
We sometimes use them in poems and hymns.

"Tydi a roddaist liw i'r wawr"
It's You who gave colour to the dawn

Negative

We put 'nid' in front of the pronoun.
Nid y fi wnaeth y coffi.
It wasn't I who made the coffee.

Accuse people of doing these things, using reduplicated pronouns.

nhw	–	dwyn car
ti	–	heb brynu tocyn raffl
fe	–	heb wneud gwaith cartref
chi	–	cymryd cyffuriau *take drugs*
hi	–	dod adre'n hwyr

Conjunctive pronouns

minnau
tithau
yntau
hithau
ninnau
chwithau (chithau)
hwythau

Using conjunctive pronouns
to contrast
> Es i i'r carchar yn Abertawe ac yntau i Gaerdydd.
> *I went to prison in Swansea and he to Cardiff.*

to connect the rest of the sentence or the paragraph
> A hithau'n credu ei bod hi'n ddiogel, cafodd hi ei dal.
> *Thinking that she was safe, she was caught.*

to express *also*
> Mae yntau (hefyd) wedi bod yn y carchar.
> *He (also) has been in prison.*

8.8

Es i	i Abertawe	a	tithau	i Gaerdydd.
Aeth e	i'r carchar		hithau	i'r coleg.
Gwelodd hi	'r ffilm	ac	yntau	'r ddrama.
Aethon nhw	i'r dref		ninnau	i'r wlad.

Reflexive pronouns

fy hun	fy hunan	*myself*
dy hun	dy hunan	*yourself*
ei hun	ei hunan	*himself/herself*
ein hun	ein hunain	*ourselves*
eich hun	eich hunan; eich hunain	*yourself; yourselves*
eu hun	eu hunain	*themselves*

Using the reflexive pronouns

To emphasize:
Roedd y plant eu hunain yn y môr.
The children themselves were in the sea.
Roeddwn i yna fy hunan.
I was there myself.
Mae hi ei hun wedi ysgrifennu ata i.
She herself has written to me.

As an object of the verb:
Mwynha dy hun! *Enjoy yourself!*
Mae e'n mwynhau ei hun. *He's enjoying himself.*
Roedden nhw wedi gweld eu hunain ar y teledu.
They had seen themselves on television.

* 'eich hunan' is the singular form; 'eich hunain' is the plural form.
* In spoken Welsh we are more likely to use ''yn hunan' or 'fy hunan' than 'fy hun'.
* We use these forms after a vowel:
  'i hunan; 'n hunain; 'ch hunan; 'ch hunain; 'u hunain

Reflexive pronouns with common verbs

adnabod eich hunan	*to know yourself*
brifo'ch hunan	*to hurt yourself*
cloi eich hunan (e.g. yn y tŷ)	*to lock yourself (e.g. in the house)*
difyrru'ch hunan	*to entertain yourself*
gweld eich hunan	*to see yourself*
gwella'ch hunan	*to better yourself*
gwerthu'ch hunan	*to sell yourself*
gwisgo'ch hunan	*to dress yourself*
helpu'ch hunan	*to help yourself*
mwynhau eich hunan	*to enjoy yourself*
niweidio'ch hunan	*to hurt yourself*
paratoi eich hunan	*to prepare yourself*
perswadio'ch hunan	*to persuade yourself*
trefnu'ch hunan	*to arrange yourself*

 Change these to commands and put them in sentences.

gwisgo'ch hunain	paratoi eich hunain
brifo'ch hunain	trefnu'ch hunain
bwydo'ch hunain	mwynhau eich hunain

'gilydd'   *each other, one another, together*
These are the forms of 'gilydd':
ei gilydd   Maen nhw'n gweld ei gilydd yn y dref.
                   (NOT 'eu gilydd')
                   They see each other in town.
ein gilydd   Rydyn ni'n mynd gyda'n gilydd.
                   We are going together.
eich gilydd   Dewch at eich gilydd.
                   Come together.

'gilydd' in common expressions

am ei gilydd	*around/for each other*
ar ei gilydd	*at each other*
at ei gilydd	*to each other*
cusanu ei gilydd	*kiss each other*
cwrdd â'i gilydd	*meet each other*
chwarae gyda'i gilydd	*play together*
gweiddi ar ei gilydd	*shout at each other*
gweld ei gilydd	*see each other*
gyda'i gilydd	*with each other, together*
i'w gilydd	*to each other*
siarad â'i gilydd	*talk to each other*
troi at ei gilydd	*turn to each other*
wynebu ei gilydd	*face each other*
yn erbyn ei gilydd	*against each other*

Peidiwch â chadw gyda'ch gilydd! Mae'r bêl yr ochr arall i'r cae.
Don't stick together! The ball is the other side of the field.

8.10

 Translate these sentences.

1. They played against each other before the game.
2. We were shouting at each other after the goal was scored.
3. Are you talking to each other now?
4. I couldn't believe myself.
5. They persuaded themselves that they could play rugby.
6. We helped ourselves to the food.
7. She had locked herself in the kitchen.
8. After they had scored they kissed each other.

STEP 10 – pronominalia – Urdd camp
CAM 10 – rhagenwolion – Gwersyll yr Urdd

pronominalia

'dyn', 'chi', 'ti', 'nhw', 'rhywun', 'pwy bynnag' *one, you, they, someone, whoever*

When we talk generally, we can say *one* or *whoever* or *you* in English. In Welsh we say:

dyn	*one*	Roedd dyn yn credu …	*One used to believe …*
chi	*you*	Fel y gwelwch chi …	*As you see …*
nhw	*they*	Maen nhw'n dweud …	*They say …*
rhywun	*one, someone*	Gallai rhywun feddwl …	*One could think …*
pwy bynnag	*whoever*	Mae pwy bynnag sy'n …	*Whoever is …*

245

a	*whoever*	A heuo a fed.	*Whoever sows, reaps.*
y neb	*whoever*	A wnaiff y neb sy'n darllen hwn …?	*Will whoever reads this …?*
y sawl	*whoever*	Bydd y sawl sy'n credu …	*Whoever believes will …*

'un', 'rhai'

When we mention *one* or *some* we use:

| un | *one* | Cymerwch un. | *Take one.* |
| rhai | *some* | Ewch â rhai. | *Take some.* |

'un' in common expressions

ambell un	*a few, the odd one*
dim un	*none*
llawer un	*several*
pa un	*which one*
pob un	*every one*
sawl un	*many*
un dydd	*one day*
unfryd	*unanimous*
unman	*anywhere*
unrhyw	*any*
unrhyw un	*any one*
unwaith	*once*
yr un	*each*
yr un fath	*the same*
yr un lle	*the same place*
yr un ohonyn nhw	*none of them*
yr un peth	*the same thing*
yr un un	*the same one*
yr un yma	*this one*
yr un yna	*that one*

'rhai' in common expressions

pa rai?	*which ones?*
rhai dynion	*some men*
rhai ohonyn nhw	*some of them*
rhyw rai	*some*
y rhai hyn	*these*
y rhain	*these*
y rhai hynny	*those*
y rheini, y rheiny	*those*
ychydig rai	*a few*

Mae	sawl un	yn	nofio.	
	rhai ohonyn nhw	'n	gwersylla.	*camping*
	ambell un		dawnsio.	
	rhai		cerdded.	
	pob un		mwynhau.	

rhyw   *some*

We mutate 'rhyw' at the beginning of an adverbial expression (of time, place etc.):

rhyw ddiwrnod	*some day*	Bydda i'n gwella ryw ddiwrnod.
		I'll get better some day.
rhyw lawer	*a lot*	Dydw i ddim yn hoffi hwn ryw lawer.
		I don't like this very much.

At the beginning of a noun expression, 'rhyw' follows the same mutation rules as nouns.

Mae e wedi rhoi'r clefyd i **ryw ugain o bobl**.

He's given the illness to some twenty people.

Rhoddodd e **ryw foddion cas** i fi.

He gave me some nasty medicine.

After 'rhyw' there is a soft mutation.

rhyw bapur	*some paper*	Roedd yr ateb mewn rhyw bapur.
		The answer was in some paper.
rhyw gymaint	*some, so much*	Mae hwn wedi gwneud rhyw gymaint o les.
		This has done some good.

We use 'rhyw' in composite words:

rhywbeth	*something*	Mae rhywbeth mawr o'i le.
		There is something very amiss.
rhywfaint	*some (amount)*	Rydw i wedi cymryd rhywfaint.
		I've taken some.
rhywun	*someone*	Dywedodd rhywun fod pils yn help.
		Someone said that pills are a help.
rhywrai	*some people*	Mae rhywrai wedi gwella eisoes.
		Some people have already got better.

sawl   *several*

We use a singular noun after 'sawl'.

| sawl peth | *several things* | Mae sawl peth o'i le. |
| | | *Several things are wrong.* |

unrhyw   *any*

There is a soft mutation after 'unrhyw'.

unrhyw foddion	*any medicine*	Gwnaiff unrhyw foddion y tro.
		Any medicine will do.
unrhyw newyddion	*any news*	Oes unrhyw newyddion?
		Is there any news?
unrhyw un	*any one*	Oes unrhyw un yn gallu helpu?
		Can anyone help?

8.11

amryw	*several*	

We put a plural noun after 'amryw', and it undergoes soft mutation.

amryw bethau	*several things*	Mae amryw bethau o le.
		Several things are wrong.

cyfryw	*such, aforementioned*	
fel y cyfryw	*as such*	Chlywais i ddim amdano, fel y cyfryw.
		I heard nothing about him, as such.
y gyfryw reol	*such a rule*	Yn wyneb y gyfryw reol …
		In the face of such a rule …

 Put these expressions into sentences.

rhywbeth o'i le
unrhyw foddion
rhywun yn gofalu

rhyw welliant wedi bod
rhyw gymaint yn well
unrhyw beth
rhyw lawer
rhywbeth tebyg i beswch
rhyw ychydig

STEP 12 – measurement pronominalia – The language in your area
CAM 12 – rhagenwolion mesur – Yr iaith yn eich ardal

Measurement pronominalia

We can use the following words to denote size or measurement.

Rydw i'n yfed peth llaeth bob dydd.	*I drink some milk every day.*
Mae hi wedi yfed gormod.	*She has drunk too much.*

'peth' *some,* **'ambell'** *a few,* **'sawl'** *several*

We put 'peth', 'ambell' and 'sawl' straight in front of a noun.

peth gobaith	*some hope*
ambell goleg	*a few colleges*
sawl Cymro	*several Welshmen*

'Peth' is followed by a singular noun of general meaning. 'Ambell' and 'sawl' are followed by a singular noun. 'Ambell' is followed by a soft mutation.

We can connect these to words in this pattern:

so much	cymaint			
enough	digon			
quite enough	eitha digon		siaradwyr Cymraeg	*Welsh speakers*
how much	faint		gynnydd	*increase*
too much	gormod		obaith	*hope*
quite enough	llawn digon		ddigwyddiadau	*events*
a lot	llawer		Saeson	*Englishmen*
far too much	llawer gormod	o	bobl ddi-Gymraeg	*non-Welsh speakers*
very much/many	llawer iawn		ddysgwyr	*learners*
more	mwy		gyfle	*opportunity*
a number	nifer		bethau	*things*
more	rhagor		ysgolion Cymraeg	*Welsh medium schools*
a bit	tipyn		ddosbarthiadau Cymraeg	*Welsh classes*
a little bit	tipyn bach		weithgareddau Cymraeg	*Welsh activities*
more	ychwaneg			
a little	ychydig			
very few	ychydig iawn			

We use the same pattern with:

pwys o	*a pound of*
peint o	*a pint of*
cwpanaid o	*a cup of*
llwyaid o	*a spoonful of*
potelaid o	*a bottle of*

Expressions with measurement pronominalia

ychydig bach	*a little*
rhagor o bobl	*more people*
rhagor na	*more than*
hen ddigon	*enough by far*

 Answer these questions about Welsh in your area.

1. Faint o bobl ifanc sy'n siarad Cymraeg?
2. Oes digon o gyfle i ddefnyddio'r iaith?
3. Oes ambell ysgol Gymraeg yno?
4. Oes tipyn o weithgareddau Cymraeg yn digwydd?
5. Faint o fewnfudwyr *(incomers)* sy'n byw yno?
6. Oes gormod o Saesneg yn yr ysgolion yn y siopau?
7. Oes llawer yn cael ei wneud dros y Gymraeg?
8. Faint o obaith sydd i'r Gymraeg yn eich ardal?

Other words of measurement

lliaws	*a host*	
	lliaws o bobl	*a host of people*
llu	*a crowd*	
	llu o blant	*a crowd of children*
cyfan	*whole*	
	y cyfan	*the whole lot*
	y cyfan o'r gwaith	*all the work*
	yn gyfan gwbl	*completely*
cwbl	*all, quite*	
	y cwbl	*the whole lot*
	y cwbl o'r gwaith	*all the work*
	yn gwbl gysurus	*completely comfortable*
	o gwbl	*at all*
	dim o gwbl	*not at all*
gweddill	*remainder*	
	gweddill y dysgwyr	*the remainder of the learners*

 Translate these sentences.

1. There are far too many people in the class.
2. How many non-Welsh speakers send their children to the school?
3. Are there many Welsh schools in the area?
4. A pound of potatoes and some peas please.
5. Some of the class knew the work, but the remainder of the pupils didn't.
6. I have quite enough homework tonight.
7. Very few people learn French well in school.
8. There are a number of things one must know about mutations.

STEP 13 – 'oll', 'holl' *all,* **'hollol'** *quite,* **'i gyd', 'pob'** *all,* **'pawb'** *everyone,* **'popeth'** *everything,* **'dim'** *none,* **'neb'** *no-one;* **'eiddo'** *own* **– Banking**

CAM 13 – 'oll', 'holl', 'hollol', 'i gyd', 'pob', 'pawb', 'popeth', 'dim', 'neb'; 'eiddo' – Bancio

cyfrif (m)/-on – *account/-s*
cynilo – *to save*
datganiad (m)/-au – *statement/-s*

llog (m) – *interest*
mantolen(f)/-ni – *balance sheet/-s*

'oll', 'holl', 'hollol', 'i gyd', 'pob', 'pawb', 'popeth', 'dim', 'neb'

We use:

'holl' in front of a noun, after the article or pronoun

yr holl bobl	*all the people*
ei holl bapurau	*all his papers*
fy holl gyfoeth	*all my wealth*

'oll' after a noun

y papurau oll	*all the papers*
fy arian oll	*all my money*

'holl' in front of a definite noun expression

holl bobl Cymru	*all the people of Wales*
holl Iwerddon	*all Ireland*

'hollol' in front of an adjective and the adjective undergoes soft mutation

hollol berffaith	*completely perfect*

'i gyd' after a definite noun

y bara i gyd	*all the bread*
y llyfrau i gyd	*all the books*

'dim' and 'neb' after a negative verb

Does neb yn gwybod.	*No-one knows.*
Doedd dim byd yn digwydd.	*Nothing was happening.*

oll	***all***
dim oll	*none at all*
mwyaf oll	*greatest of all*
uchaf oll	*highest of all*
y llog uchaf oll	*the highest interest of all*

holl	***all***
hollwybodus	*all-knowing, know-all*
yr holl wlad	*all the country*
eu holl arian	*all their money*

hollol	***completely, quite***
hollol anghywir	*completely wrong*
hollol ddall	*completely blind*

i gyd	***all***
y llyfrau i gyd	*all the books*
yr arian i gyd	*all the money*
y bara i gyd	*all the bread*

pob	***every***
bob blwyddyn	*every year*
bob dydd	*every day*
bob nos	*every night*
bob yn ail	*every other*
bob yn dipyn	*gradually*
pob dim	*everything*
pob un	*each one*
dillad pob dydd	*everyday clothes*

pawb	***everyone***
pawb arall	*everyone else*

popeth	***everything***
popeth arall	*everything else*
popeth Cymraeg	*everything Welsh*

dim	***nothing***
pob dim	*everything*
dim byd	*nothing*
dim byd o bwys	*nothing important*
dim o gwbl	*not at all*
dim syniad	*no idea*
heb ddim	*without anything*
i'r dim	*perfectly*
ond y dim	*almost*
Ches i ddim.	*I didn't have any.*

neb	***no-one, anyone***
neb o bwys	*no-one of importance*
ddywedodd e ddim wrth neb	*he did not tell anyone*
neb ohonon ni	*none of us*
does neb yn …	*no-one is…*

8.13

251

Mae fy holl arian
i gyda Mr Lloyd.
*All my money is
with Mr Lloyd.*

 Translate these sentences.

1. I look at all the books every day.
2. I had no idea that they were completely wrong.
3. Everyone else had finished all the work perfectly.
4. There's nothing important in the paper – it's all gossip.
5. They spent all their money on food – there's none left for saving.
6. This bank offers the highest interest of all.
7. We gradually became poorer each year.
8. None of us had heard that we were all out of a job.

 Correct these sentences.

1. **Mae** neb yn gwybod beth sy'n digwydd.
2. Roedd yr **oll** arian wedi diflannu.
3. Ble mae **i gyd o'r llyfrau** wedi mynd?
4. **Roedd** dim byd ar y ddesg.
5. Collodd Huw ei **oll** arian yn y fenter.
6. Mae'r **wlad holl** mewn trafferthion economaidd.
7. Bydd **oll** weithwyr y banc yn mynd ar streic.
8. Roedd yr holl wlad **i gyd** yn poeni am y sefyllfa.

eiddo *own, property*
A way of saying what you own.

Eiddo Jane yw'r siaced yma.   *This jacket is Jane's.*
Ein heiddo ni yw'r cesys yma.   *These cases are ours.*
Yr eiddoch yn gywir   *Yours sincerely*

STEP 14 – 'y naill' *the one*, 'y llall' *the other*, 'y lleill' *the others*, 'ill' *both*, 'arall' *other*, 'eraill' *others* – Comparing colleges

CAM 14 – 'y naill', 'y llall', 'y lleill', 'ill', 'arall', 'eraill' – *Cymharu colegau*

coleg (m)/-au – *college/-s*

darlith (f)/-iau – *lecture/-s*

darlithydd (m)/darlithwyr – *lecturer/-s*

prifysgol (f)/-ion – *university/universities*

'y naill', 'y llall', 'y lleill', 'ill', 'arall', 'eraill'

naill … llall

ar y naill law… ar y llaw arall	*on the one hand … on the other hand*
ar y naill law… ar y llall	*on the one hand … on the other*
rhwng un peth a'r llall	*between one thing and another*
y naill a'r llall	*the one and the other*
y naill beth a'r llall	*one thing and the other*
y naill ferch a'r llall	*the one girl and the other*
y naill ferch na'r llall	*neither girl*
y naill na'r llall	*neither one nor the other*

ill

ill dau	*both*
nhw ill dau	*both of them*
y ddau ohonyn nhw	*both of them*
y ddau bwnc	*both subjects*

arall

un arall	*another one*
bachgen arall	*another boy*
un tro arall	*one other turn*
bryd arall	*at another time*

y llall

the other

y lleill

the others

eraill

eraill	*others*
bechgyn eraill	*other boys*

Bues i naill ai yn Rhydychen neu yng Nghaergrawnt – ar gefn beic, wrth gwrs.
I was either in Oxford or in Cambridge – on the back of a bike, of course.

8.14

1. On the one hand it is convenient, but on the other hand it is unnecessary.
2. Neither one nor the other taught Spanish.
3. Between one thing and another they failed their exams.
4. The others listened while some of them worked.
5. Both lecturers (y ddau ddarlithydd) taught both subjects.
6. Neither of the colleges taught German.
7. One teaches physics but the other teaches mathematics as well.
8. The other colleges specialise in economics.

holl, oll, pob dim, pawb, pob un, neb, cyfan, yn gyfan gwbl, hollol, wedi'r cwbl

1. Does ____ yn fy nghredu.
2. Bydda i yma yn y coleg am yr _____ fisoedd nesaf.
3. Bydda i __ ____ ____ ar fy mhen fy hun.
4. Mae'r sefyllfa'n _____ annheg.
5. Rwy'n teimlo bod _____ yn fy erbyn i.
6. _____, roedd ____ ____ oedd wedi fy ngweld y diwrnod hwnnw wedi dweud imi dreulio'r dydd _____ yn y caffe.
7. Erbyn hyn mae'r _____ drosodd.
8. Rydw i wedi gwneud _____ _____ i adael y coleg.

9: Adverbs - *Adferfau*

STEP I – forming adverbs – In hospital
CAM I – *ffurfio adferfau – Yn yr ysbyty*

anesmwyth – *uneasy*
awchus – *eager*
blinedig – *tired*
bwyta – *to eat*
caled – *hard*
campus – *excellent*
claf (m)/cleifion – *patient/-s*
dyn (m)/-ion – *man/men*
edrych – *to look*

gwael – *bad, poor*
gwaethygu – *to get worse*
gwan – *weak*
gweithio – *to work*
gwella – *to get better*
gwenu – *to smile*
hen – *old*
meddyg (m)/-on – *doctor/-s*
nyrs (f)/-ys – *nurse/-s*

ofnadwy – *awful*
porthor (m)/-ion – *porter/-s*
rhyfeddol – *remarkable*
teimlo – *to feel*
trwyadl – *thorough*
truenus – *pitiful*
yfed – *to drink*
ymateb – *to respond*

An adverb can describe a verb, an adjective or another adverb.

Forming adverbs

We can usually put an adjective after 'yn' to describe the verb. The adjective undergoes soft mutation (see Section 2).

Mae'r nyrs yn gweithio'n galed.   *The nurse is working hard.*
An adjective after 'yn' undergoes soft mutation, except for 'll' a 'rh'.
Mae'r claf yn gwella'n rhyfeddol.   *The patient is getting remarkably better.*

The	patient		is getting better		quickly.

Mae'r	claf	yn	gwella	'n	gyflym.
	nyrs		gwaethygu	yn	wael.
	meddyg		codi		gynnar.
	porthor		cysgu		dawel.
			gweithio		galed.
			ymateb		araf.

Condition

Adverbs can express a condition.

The patient			feels		awful.

Mae'r	claf	yn	teimlo	'n	ofnadwy.
	cleifion		edrych	yn	druenus.
	plant				sâl.
	hen ddyn				wael.
	meddyg				flinedig.
	nyrsys				well.

Means

Adverbs can express means.

The doctor is working thoroughly.

Mae'r	meddyg	yn	gweithio	'n	drwyadl.
	nyrs		gwenu		llon.
	claf		bwyta		awchus.
	cleifion		yfed	yn	gyflym.
	hen ddyn		gwella		gampus.
			gwaethygu		araf.

Put these expressions into sentences.

edrych yn dda

gwenu'n hapus

yfed yn iawn

gwella'n dda

bwyta'n awchus

edrych yn ddrwg

bwyta'n gyflym

yfed yn araf

cysgu'n anesmwyth

anadlu'n wan

> **Maen nhw'n mynd i gysgu'n dawel ar ôl hyn – yn rhy dawel!**
> *They're going to sleep quietly after this – too quietly!*

Verbs with common adverbs

Here are some common expressions.

berwi'n sych	*to boil until dry*
blino'n lân	*to be tired out*
colli'n drwm	*to lose heavily*
cysgu'n dawel	*to sleep peacefully*
cysgu'n drwm	*to sleep soundly*
cytuno'n llwyr	*to agree completely*
ennill yn hawdd	*to win easily*
gweiddi'n groch	*to shout hoarsely*
gweithio'n galed	*to work hard*
gwrando'n astud	*to listen attentively*
llosgi'n ulw	*to burn to a cinder*
paratoi'n drylwyr	*to prepare thoroughly*
sefyll yn stond	*to stand still*
sefyll yn gadarn	*to stand firm*
dweud yn blwmp ac yn blaen	*to talk plainly*
sychu'n grimp	*to dry out*
ystyried yn ofalus	*to consider carefully*

 Use some of the above expressions in these sentences.

Mutate the adjective or conjugate the verb if necessary.

1. Mae'r cleifion i gyd wedi _____ _____ ar ôl cael pilsen gysgu.
2. Roeddwn i'n _____ _____ ar y meddyg.
3. Roedd yr arbenigwr *(specialist)* yn _____ _____ â barn y meddyg.
4. Roedd y nyrs wedi anghofio am y tegell, ac roedd e wedi _____ _____.
5. Mae'r nyrsys yn _____ _____ yn y ward.
6. Rydw i wedi ____ ___ ar ôl y gwaith.

O diar, rydw i'n mynd i ystyried yn ofalus cyn dod i'r ysbyty eto!
Oh dear, I'm going to consider carefully before coming to hospital again!

Adverbs of time

Some adverbs note when something happens.

bellach	*by now, any longer*
beunydd	*daily, constantly*
bore 'ma	*this morning*
bore ddoe	*yesterday morning*
bore yfory	*tomorrow morning*
byth	*ever, never*
ddoe	*yesterday*
droeon	*many times*
echdoe	*the day before yesterday*
echnos	*the night before last*
eisoes	*already*
eleni	*this year*
erioed	*ever, never*
eto	*again*
gynnau	*just now*
gynt	*at one time, long ago*
heddiw	*today*
heno	*tonight*
mwyach	*by now, any longer*
nawr	*now*
neithiwr	*last night*
nos yfory	*tomorrow night*
prynhawn 'ma	*this afternoon*
prynhawn ddoe	*yesterday afternoon*
prynhawn heddiw	*this afternoon*
prynhawn yfory	*tomorrow afternoon*
toc	*shortly*
drannoeth	*the day after*
wastad	*always*
wedyn	*then*
weithiau	*sometimes*
y llynedd	*last year*
yna	*then*

We can mutate expressions noting time.

brynhawn yfory	*tomorrow afternoon*
brynhawn ddoe	*yesterday afternoon*
brynhawn heddiw	*this afternoon*

These are already mutated:

bellach, wastad, ddoe, weithiau, droeon, gynnau, gynt

We can say 'fore Llun' *Monday morning* etc., but we do not mutate these:

bore 'ma, bore ddoe, bore yfory, bore drannoeth, mwyach, toc

Daeth y llythyr **f**ore Llun.
The letter came on Monday morning.
Daeth y llythyr **b**ore drannoeth.
The letter came the following morning.

We usually put the adverb after the verb-noun.

Mae hi'n dod bore yfory.
She's coming tomorrow morning.

We usually put 'wastad' after the subject.

Mae hi wastad yn gweithio'n hwyr.
She always works late.

'Erioed' usually refers to the past, and we use it after a negative verb.

Dydy'r claf erioed wedi bod yma.
The patient has never been here.

We can decide to mutate or not mutate 'byth' when it is an adverb.

9.3

 **Put these adverbs into the gaps.**

byth, weithiau, heddiw, eleni, y llynedd, mwyach, nawr, neithiwr

1. Mae chwe deg wyth o hen bobl yn y cartref
   _____.

2. Mae un deg saith o rai newydd gyda ni _____.

3. Ond mae un deg pump o hen bobl wedi mynd adre
   _____.

4. Dydy Mrs Elaine Smitham ddim gyda ni _____,
   gwaetha'r modd.

5. Mae tair nyrs amser llawn gyda ni _____.

6. Dim ond dwy oedd gyda ni _____.

7. Rydyn ni _____'n cael help y meddyg lleol.

8. Ar ôl y ddamwain, fydd e _____ yn dod yma eto.

 Use these adverbs in sentences.

gynt, gynnau, yna, wedyn, echnos, bore yfory, echdoe, bellach

---

Adverbs of place

Some adverbs note where something is happening.

acw	*there, yonder*	gartref	*at home*	uchod	*above*
adref	*homewards*	gyferbyn	*opposite*	yma	*here*
allan	*out*	i ffwrdd	*away*	ymaith	*away*
draw	*over*	i mewn	*in*	yno	*there*
drosodd	*over*	isod	*below*		
fry	*above*	oddi tano	*beneath*		

'Adref' denotes 'tuag adref *towards home*; 'gartref' denotes 'yn y cartref *at home*.

 Put these adverbs in the gaps.

yno   gartref   adref   yma   draw   acw
allan   drosodd   gyferbyn

1. "Bore da! Ydy Mr Jones _____?"
2. "Pa Mr Jones?"
   "Mr Jones oedd yn cysgu yn y gwely _____."
3. "Na, mae e wedi mynd _____."
4. "Beth? Mae e_____?"

5. "Ydy, es i _____ bore 'ma i wneud yn siŵr bod popeth
   yn iawn."
6. "Rydych chi wedi bod ____?"
7. "Ydw, es i _____ i weld sut mae e – mae e'n iawn."
8. "Ond dydy'r profion ddim _____ eto."
9. "Wel, mae e wedi gallu cerdded _____ ar ei ben ei
   hun."

Adverbs of measurement

Some adverbs note measurement or size.

cyhyd	*so long*
cymaint	*so much*
cynddrwg	*so bad*
cystal	*so good*
ddim	*not*
hytrach	*rather*
lled	*fairly*
mwyfwy	*more and more*
oll	*all*
prin y	*scarcely*
i gyd	*all*
llawer	*many*
fawr/mawr	*a lot*
i raddau	*to an extent*
i ryw raddau	*to some extent*
bob yn ddau	*two at a time*
bob yn dri	*three at a time*

 Put some of the above adverbs into the gaps.

"Sut ydych chi heddiw, Mrs Evans?"
"_____ dda."
"Ond daro, rydw i wedi bod yma _____!"
"Beth sy'n eich poeni chi, Mrs Evans?"
"Wel, dydw i ddim _____ heddiw."
"Ond rydych chi wedi gwella _____ ers dod yma."
"_____, efallai, ond dydw i ddim yn teimlo _____ gwell."
"Wel, _____ gallwch chi ddisgwyl gwella mor gyflym."
"Ond mae'r bobl eraill _____ wedi gadael."

'Prin' can be an adjective.
prin fis *scarcely a month*, prin wythnos *scarcely a week*

Other adverbs

hefyd	*also*
yn hytrach	*rather (than)*
efallai	*perhaps*

9.5

STEP 5 – adverbial expressions referring to a clause – At the doctor's
CAM 5 – ymadroddion adferfol yn cyfeirio at gymal – Gyda'r meddyg

Adverbial expressions

These can refer to a whole clause.

ar y cyfan	*on the whole*	Mae hi'n gwella, ar y cyfan. *She's getting better, on the whole.*
beth bynnag	*in any case*	Dydyn nhw ddim yn gwaethygu, beth bynnag. *They're not getting worse, in any case.*
chwarae teg	*fair play*	Mae'r meddyg wedi gwneud ei orau, chwarae teg. *The doctor has done his best, fair play.*
efallai	*possibly*	Bydd y nyrs yma yfory, efallai. *The nurse will be here tomorrow, perhaps.*
erbyn hyn	*by now*	Mae'r gwaethaf drosodd erbyn hyn. *The worst is over by now.*
fodd bynnag	*however*	Dydw i ddim yn gwybod y cyfan, fodd bynnag. *I don't know everything, however.*
fwy neu lai	*more or less*	Mae'r gwaith ar ben, fwy neu lai. *The work is over, more or less.*

gwaetha'r modd	*unfortunately*	Mae'n rhaid iddi hi fynd i'r ysbyty, gwaetha'r modd. *She has to go to hospital, unfortunately.*
heb os	*without a doubt*	Bydd hi'n well yfory, heb os. *She will be better tomorrow, without a doubt.*
hyd y gwn i	*as far as I know*	Mae'r tabledi yn effeithiol, hyd y gwn i. *The tablets are effective, as far as I know.*
mewn gwirionedd	*as a matter of fact*	Mewn gwirionedd, does dim modd gwneud dim. *In fact, nothing can be done.*
o bosib	*possibly*	Mae homeopathi'n gallu helpu, o bosib. *Homeopathy can help, possibly.*
siŵr o fod	*probably*	Mae'r ffliw arno fe, siŵr o fod. *He has flu, probably.*
tybed	*I wonder*	Pryd bydd y ffliw'n taro, tybed? *When will the flu strike, I wonder?*
wedi dweud hynny	*having said that*	Wedi dweud hynny, dyw'r ffliw ddim yn lladd. *Having said that, flu doesn't kill.*
wedi'r cyfan	*after all*	Y meddyg sy'n gwybod, wedi'r cyfan. *It's the doctor who knows, after all.*
wrth gwrs	*of course*	Mae'r nyrs yn gwybod, wrth gwrs. *The nurse knows, of course.*
wrth reswm	*naturally*	Mae rhaid bod yn ofalus, wrth reswm. *One must be careful, naturally.*
yn bersonol	*personally*	Yn bersonol, dydw i ddim yn credu bod dim byd yn bod ar y claf. *Personally, I don't think that there's anything wrong with the patient.*
yn ôl pob tebyg	*probably*	Y frech goch sydd arnoch chi, yn ôl pob tebyg. *It's measles you've got, probably.*
yn sicr	*definitely*	Yn sicr, does dim amser i'w golli. *Surely, there's no time to lose.*
yn wir	*in fact, really*	Yn wir, mae'r clefyd yn un difrifol. *In fact, the illness is a serious one.*
yn y pen draw	*in the end*	Mae pawb yn marw yn y pen draw. *Everyone dies in the end.*

Sut mae fy mam-gu? *How is my grandmother?*

Wel, hyd y gwn i mae hi'n iawn, ond wedi dweud hynny, mae hi yn yr ysbyty am ei bod hi'n dost, yn ôl pob tebyg. *Well, as far as I know she's fine, but having said that, she is in hospital because she is probably ill.*

"Mae rhywbeth yn eich poeni chi, yn_____."

"Oes. Rydw i'n teimlo'n iawn ar _____, ond
   weithiau does dim hwyl arna i."

"O, rhywbeth yn bod yn y gwaith, s_____."

"Na, wrth _____ dydw i ddim yn hoff iawn o'r gwaith."

"Beth arall sy'n bod 'te? Yn _____ dydw i ddim yn
   gweld dim o'i le arnoch chi."

"Bydd popeth yn iawn yn _____ rwy'n siŵr."

"Gwell i fi deimlo'ch pyls chi, wrth _____."

"Diolch. Ond hyd_____ mae 'mhyls i'n iawn."

"Rhowch y thermomedr yma yn eich ceg. Mae gwres
   arnoch chi e_____."

"Na, dydw i ddim yn credu hynny g_____."

"Pam 'gwaetha'r modd'? Ydych chi'n ofni tipyn bach o'r
ffliw?"

"Na, wrth _____. Rwy'n credu 'mod i dipyn bach yn
   feichiog *(pregnant)*."

Translate these sentences.

1. Unfortunately, they won the game easily.
2. She stayed at home, although it was fine yesterday
   afternoon.
3. We went home early because we were tired out.
4. Listen carefully, and you'll probably be able to finish
   the work.
5. I feel awful although I look better.
6. The doctor had never seen these symptoms before.
7. Having prepared thoroughly, the students passed easily.
8. As far as I know, it's still raining heavily.

9.5

**Fe gaiff e angladd
da, siŵr o fod.**
*He'll have a good
funeral, probably.*

Adverbs referring to one element

These can refer to one element in a sentence.

ac eithrio	*apart from*	hyd yn oed	*even*
at hynny	*in addition to that*	o leiaf	*at least*
dim ond	*only*	yn arbennig	*especially*
fel arfer	*usually*	yn bennaf	*mainly*
fel rheol	*as a rule*	yn benodol	*specifically*
gan amlaf	*usually*	yn enwedig	*especially*
gan mwyaf	*mostly*		

Adverbs referring to a clause or one element in a clause

These can refer to a clause or one element in a clause.

a	*as/while/being*
e.e. A'r glaw yn disgyn, aeth hi adref.	*As the rain was falling, she went home.*
ar y llaw arall	*on the other hand*
ar y naill law	*on the one hand*
at ei gilydd	*on the whole*
at hynny	*in addition to that*
chwaith	*either, neither*
eto i gyd	*nevertheless*
eto	*yet*
fel arall	*otherwise*
felly	*so*
fodd bynnag	*however*
gyda llaw	*by the way*
gyntaf	*firstly*
hefyd	*as well*
hynny yw	*that is*
mwyach	*any longer*
o ganlyniad	*as a result*
os felly	*if so*
sef	*namely*
serch hynny	*in spite of that*
yn hytrach	*rather than that*

yn ogystal	*as well, in addition*
yn olaf	*lastly*
yn y cyfamser	*in the meantime*

 Fill in the gaps in these sentences.

"Beth rydych chi'n hoffi'i wneud yn y gwaith?"
"Rydw i'n hoffi prosesu geiriau yn _____."
"Ydych chi fel _____ yn cyrraedd y gwaith yn gynnar?"
"Rydw i fel _____ yn dal y bws, ond os ydy'r bws yn hwyr, rydw i'n hwyr."
"Ac _____ hynny, pa mor aml ydych chi'n hwyr?"
"Wel, rydw i'n hwyr o _____ unwaith y mis."
"Ydych chi'n hoffi siarad â chwsmeriaid?"
"Ydw, hyd _____ cwsmeriaid anodd."
"Ydych chi'n berson cymdeithasol?"
"Rydw i'n hoffi cwmni bechgyn yn _____."

Put some of the above adverbs into the gaps.

1. Rydw i'n gweithio ers blwyddyn, deuddeg mis, __ __.
2. Rydw i'n gallu teipio, a defnyddio cyfrifiadur __ ___.
3. Ydych chi'n gallu gwneud coffi ___?
4. ___ ___, rydw i'n fodlon cynnig y swydd i chi.
5. ___ __ ___, dysgwch wneud coffi da.
6. ___ ____, ydych chi'n nabod fy mrawd?

See Adjectives, Step 10.

braidd	cyflym braidd	braidd yn gyflym	*rather fast / quick*
cwbl	cwbl warthus	yn gwbl warthus	*completely disgraceful*
cymharol	cymharol gyflym	yn gymharol gyflym	*comparatively quick*
chwarter	chwarter llawn	yn chwarter llawn	*quarter full*
digon	digon cyflym	yn ddigon cyflym	*quickly enough*
eitha	eitha cynnar	yn eitha cynnar	*quite, fairly early*
go	go gyflym	yn o gyflym	*fairly quickly*
gweddol	gweddol gyflym	yn weddol gyflym	*fairly quickly*
gwir	gwir gynnar	yn wir gynnar	*really early*
gwironeddol	gwironeddol dda	yn wironeddol dda	*really good*
hanner	hanner da	yn hanner da	*not well*
hollol	hollol gywir	yn hollol gywir	*completely correct*
hynod	hynod ddiolchgar	yn hynod ddiolchgar	*most thankful*
iawn	araf iawn	yn araf iawn	*very slowly*
llawer rhy	llawer rhy hwyr	yn llawer rhy hwyr	*far too late*
lled	lled gynnar	yn lled gynnar	*fairly early*
rhy	rhy araf	yn rhy araf	*too slowly*
tra	tra chyflym	yn dra chyflym	*very quickly*
ychydig bach		ychydig bach yn hwyr	*a little bit late*
ychydig		ychydig yn gynnar	*a little early*

Adjectives undergo spirant mutation after 'tra'.

        yn dra **ch**yflym   *very quickly*

Adjectives do not mutate after 'digon' *enough*, 'eitha' *quite*, 'hanner' *half*, and 'chwarter' *quarter*.

        yn ddigon da *good enough*

        yn eitha cyflym *quite quickly*

We can mutate 'go' or not after 'yn'.

        Mae e'n o dda.   Mae e'n go dda.   *He's quite good.*

We can use 'hanner' and 'chwarter' with a negative verb.

        Dydy hi ddim hanner da.   *She's not half well.*

        Dyw e ddim chwarter call.   *He's not all there.*

9.7

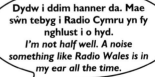

Dydw i ddim hanner da. Mae sŵn tebyg i Radio Cymru yn fy nghlust i o hyd.
I'm not half well. A noise something like Radio Wales is in my ear all the time.

Mae'r	trên bws tacsi awyren llong	yn	araf gyflym gynnar hwyr	iawn
			weddol rhy llawer rhy	araf gyflym gynnar hwyr
			braidd yn ychydig yn	
	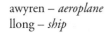	yn	ddigon eitha	araf cyflym cynnar hwyr

awyren – *aeroplane*
llong – *ship*

Translate these sentences.

1. She isn't half well.
2. The train arrived fairly late.
3. They left far too late.
4. Although the plane was comparatively full, we had enough room.
5. It was quite late, but the hall wasn't a quarter full.
6. It's far too late to say if it's safe enough.
7. The food was really good – we're most thankful.
8. Because the train was a little late we missed the connection (cysylltiad).

> Mae'r cerbyd cebl yma'n araf iawn.
> *This cable car is very slow.*

10: Numerals - *Rhifolion*

STEP 1 – decimal numbers – The news
CAM 1 – *rhifau degol – Newyddion*

Decimal numbers

0	dim
1	un
2	dau/*dwy
3	tri/*tair
4	pedwar/*pedair
5	pump, pum
6	chwech, chwe
7	saith
8	wyth
9	naw
10	deg
11	un deg un
12	un deg dau/*un deg dwy
13	un deg tri/*un deg tair
14	un deg pedwar/*un deg pedair
15	un deg pump
16	un deg chwech
17	un deg saith
18	un deg wyth
19	un deg naw
20	dau ddeg
21	dau ddeg un
22	dau ddeg dau/*dau ddeg dwy
30	tri deg
31	tri deg un
40	pedwar deg
41	pedwar deg un
50	pum deg
51	pum deg un
60	chwe deg
61	chwe deg un
70	saith deg
71	saith deg un
80	wyth deg
81	wyth deg un
90	naw deg
91	naw deg un
100	cant
101	cant ac un
102	cant a dau/*dwy
110	cant a deg
111	cant un deg un
120	cant dau ddeg
121	cant dau ddeg un
130	cant tri deg
200	dau gant
201	dau gant ac un
202	dau gant a dau/*dwy
210	dau gant a deg
211	dau gant un deg un
300	tri chant
400	pedwar cant
500	pum cant
600	chwe chant
700	saith cant
800	wyth cant
900	naw cant
1000	mil, un fil
1001	mil ac un
1002	mil a dau/*dwy
1010	mil a deg
1011	mil un deg un
1100	mil un cant
1101	mil un cant ac un
1102	mil un cant a dau/*dwy
1111	mil un cant un deg un
1200	mil dau gant
1201	mil dau gant ac un
2000	dwy fil
3000	tair mil
4000	pedair mil
5000	pum mil
6000	chwe mil
7000	saith mil
8000	wyth mil
9000	naw mil
10000	deg mil/deng mil
1000000	miliwn, un filiwn
2000000	dwy filiwn
1000000000	un biliwn
2000000000	dau filiwn

*With feminine words

$e = mc^2$

265

We put 'dwy', 'tair' and 'pedair' in front of feminine nouns.

> dwy ferch *two girls*, tair cadair *three chairs*, pedair coeden *four trees*

We put 'pum' and 'chwe' in front of nouns.

> pum menyw *five women*, chwe dyn *six men*

We use soft mutation with nouns after 'dau' and 'dwy'.

> dau fachgen *two boys*, dwy ferch *two girls*

We use spirant mutation with nouns after 'tri' and 'chwe'.

> tri chi *three dogs*, chwe chadair *six chairs*, tri thŷ *three houses*, chwe thafarn *six pubs*

We put singular nouns after numbers.

> deg tîm *ten teams*, saith llyfr *seven books*

We use number + 'o' + plural noun after numbers greater than ten.

> un deg un o ddynion *eleven men*
>
> dau ddeg saith o lyfrau *twenty seven books*

Number + 'o' + 'bobl': 'pobl' is a feminine noun, but with a plural meaning.

> tri o bobl *three people*, chwech o bobl *six people*, un deg wyth o bobl *eighteen people*

• Years: Blynyddoedd

1999	mil naw cant naw deg naw; *or* un fil naw cant naw deg naw; *or* un naw naw naw
2004	dwy fil a phedwar
2018	dwy fil un deg wyth

 Put words instead of these rugby results.

Llanelli 36	Pontypridd 16
Caerdydd 98	Wasps 24
Abertawe 53	Northampton 29
Harlequins 72	Sale 35
Castell-nedd 19	Casnewydd 15
Caerloyw (Gloucester) 46	Caerfaddon (Bath) 28

 Put words with nouns in these sentences.

1. Dyma'r newyddion. Mae [2 + merch] wedi cael eu lladd *(have been killed)* heddiw.
2. Roedd damwain *(accident)* rhwng [2 + trên] yng Nghasnewydd.
3. Mae [33 + pobl] wedi cael eu hanafu'n ddifrifol *(seriously injured)*.
4. Mae [22 + dyn] a [6 + menyw] yn yr ysbyty *(hospital)*.
5. Mae nifer y di-waith *(number of unemployed)* yng Nghymru wedi codi i 98,543.
6. Mae hyn 4,206 yn fwy na'r mis diwethaf *(more than last month)*.
7. Mae 2,304 o bobl wedi colli eu gwaith mewn canolfannau galw *(in call centres)*.
8. Mae Llywodraeth Cynulliad Cymru *(Welsh Assembly Government)* yn gobeithio cael 5,500 o swyddi newydd i Gymru yn ystod y flwyddyn *(during the year)*.

camsyniad (m)/-au – *mistake/-s*
ceiniog (f)/-au – *penny/pennies*
cyflog (m)/-au – *wage/-s*
cyfnewid – *to exchange*
derbyniadau (pl) – *receipts (income)*
dyled (f)/-ion – *debt/-s*
ewro (m)/-s – *euro/-s*

gwariant (m)/gwariannau – *expenditure/-s*
morgais (m)/morgeisi – *mortgage/-s*
munud (f)/-au – *minute/-s*
punt (f)/punnoedd – *pound/-s (£)*
taliad (m)/-au – *payment/-s*
yswiriant (m) – *insurance*

Numbers in the '20 system'

1-10	*as in the decimal system*
11	un ar ddeg
12	deuddeg
13	tri ar ddeg/*tair ar ddeg
14	pedwar ar ddeg/*pedair ar ddeg
15	pymtheg
16	un ar bymtheg
17	dau ar bymtheg/*dwy ar bymtheg
18	deunaw
19	pedwar ar bymtheg/*pedair ar bymtheg
20	ugain
21	un ar hugain
22	dau ar hugain/*dwy ar hugain
23	tri ar hugain/*tair ar hugain
24	pedwar ar hugain/*pedair ar hugain
25	pump ar hugain
26	chwech ar hugain
30	deg ar hugain
31	un ar ddeg ar hugain
32	deuddeg ar hugain
40	deugain
41	deugain ac un
42	deugain a dau/*dwy
50	hanner cant
51	hanner cant ac un
60	trigain
61	trigain ac un
70	deg a thrigain
71	un ar ddeg a thrigain
80	pedwar ugain
81	pedwar ugain ac un
90	deg a phedwar ugain

* with feminine words

10.2

Using decimal and '20 system' numbers

When children started studying mathematics through the medium of Welsh in schools (in Patagonia in 1875) they used the decimal system. In the '20 system' we put the noun after the first number.

dwy funud ar bymtheg	*17 minutes*
un bunt ar bymtheg	*16 pounds*
tair punt ar ddeg	*13 pounds*
pedwar ewro ar bymtheg	*19 euros*
un ewro ar hugain	*21 euros*

We use the traditional 20 system with money, age and to tell the time.

£15	pymtheg punt
€12	deuddeg Ewro
20c	ugain ceiniog
14 yrs old	pedair ar ddeg oed
20 yrs old	ugain mlwydd oed
20 past 12	ugain munud wedi deuddeg
25 to 11	pum munud ar hugain i un ar ddeg

267

Say these numbers.

1. 21 pounds
2. 13 euros
3. 14 pence
4. 20 minutes
5. 12 minutes
6. 19 pounds
7. 18 euros
8. 18 minutes

 Give the opening and closing times of a bank in Welsh.

	agor – cau	agor – cau
	open – close	*open – close*
Dydd Llun	9.20 – 12.25	1.35 – 4.30
Dydd Mawrth	9.15 – 12.20	1.25 – 4.40
Dydd Mercher	10.20 – 12.50	1.50 – 4.35
Dydd Iau	10.05 – 12.45	1.40 – 4.50
Dydd Gwener	9.05 – 12.30	1.30 – 5.20
Dydd Sadwrn	10.00 – 12.30	

 This is your monthly income and expenditure. Say them in Welsh.

Derbyniadau:	Cyflog: £1,100
Gwariant:	Morgais: £350
	Yswiriant: £40
	Trethi lleol *(local taxes)*: £35
	Trydan *(electricity)*: £45
	Nwy *(gas)*: £40
	Ffôn: £35
	Taliadau cerdyn banc: £200
	Arian trwy'r cerdyn: £150

Telling the time

Faint o'r gloch yw hi?	*What's the time?*
Beth yw'r amser?	*What's the time?*
i	*to*
wedi	*past*
chwarter awr	*quarter (of an hour)*
hanner awr	*half (an hour)*

Numbers undergo soft mutation after 'i'.

i **d**ri	*to three*

Mae hi'n	un ddwy	funud	i wedi	un. dau/ddau.
	bum ddeng ugain	munud		tri/dri. pedwar/bedwar. pump/bump. naw.
	bum	munud ar hugain		deg/ddeg.
	chwarter hanner awr		wedi	un ar ddeg. deuddeg/ddeuddeg.

Using 'blwyddyn' year

			20 system		decimal	
1	un flwyddyn	*one year*	11	un mlynedd ar ddeg	11	un deg un o flynyddoedd
2	dwy flynedd	*two years*	12	deuddeng mlynedd	12	un deg dwy o flynyddoedd
3	tair blynedd		13	tair blynedd ar ddeg	13	un deg tair o flynyddoedd
4	pedair blynedd		14	pedair blynedd ar ddeg	14	un deg pedair o flynyddoedd
5	pum mlynedd		15	pymtheng mlynedd	15	un deg pump o flynyddoedd
6	chwe blynedd		16	un mlynedd ar bymtheg	16	un deg chwech o flynyddoedd
7	saith mlynedd		17	dwy flynedd ar bymtheg	17	un deg saith o flynyddoedd
8	wyth mlynedd		18	deunaw mlynedd	18	un deg wyth o flynyddoedd
9	naw mlynedd		19	pedair blynedd ar bymtheg	19	un deg naw o flynyddoedd
10	deng mlynedd		20	ugain mlynedd	20	dau ddeg o flynyddoedd

'Blwyddyn' changes to 'blynedd' after numerals.

    pum mlynedd   *five years*

'Blynyddoedd' is the usual plural form of 'blwyddyn'.

    pump o flynyddoedd   *five years*

When expressing age, we use 'blwydd'.

    pum mlwydd oed   *five years old*

'Blynedd' and 'blwydd' undergo nasal mutation after these numerals:

    pum, saith, wyth, naw, deng,
    un … (ar ddeg/ar hugain),
    pymtheng, deunaw, ugain.
    saith **m**lynedd
    un **m**lynedd ar ddeg
    naw **m**lwydd oed

An adjective after a number + noun

The adjective agrees with the noun, i.e. if the noun is singular feminine, the adjective will undergo soft mutation.

    pum potel dda   *five good bottles*

We use 'hyn' *these* after plural numbers.

    y deng mlynedd hyn   *these ten years*

We do not mutate 'tair', 'pedair' and 'pum' after the article.

    y tair potel hyn   *these three bottles*

50 years	pum deg o flynyddoedd; hanner can mlynedd
in the fifties	yn y pumdegau
20 years	ugain mlynedd; dau ddeg o flynyddoedd
in the twenties	yn y dauddegau

10.3

Mae'r	Beaujolais	yn	ddwy	flwydd oed.
	Piesporter		bum	mlwydd oed.
	Pinot		saith	
	Sauterne		ddeng	
	Muscatel		ugain	
			dair	blwydd oed.

chwarter (m)/-i – *quarter/-s*
dau draean – *two thirds*
hanner (m)/haneri – *half/halves*

traean (m) – *one third*
tri chwarter – *three quarters*

Fractions

We do not put 'o' after 'chwarter' and 'hanner'.

chwarter y coffi	*a quarter of the coffee*	Mae chwarter y coffi ar ôl.
tri chwarter y gwin	*three quarters of the wine*	*A quarter of the coffee is left.*
hanner potelaid	*a half bottle*	
hanner y llaeth	*half of the milk*	
hanner peint	*half a pint*	Mae hanner peint ar y bar.
tri chwarter awr	*three quarters of an hour*	*There's a half pint on the bar.*

We put 'o' after 'traean'.

traean o'r deisen	*a third of the cake*	Mae traean o'r deisen yn y cwpwrdd.
dau draean o'r dorth	*two thirds of the loaf*	*A third of the cake is in the cupboard.*

Other fractions use 'rhan' *part*.

pumed ran	*a fifth*	Mae pumed ran y pris yn elw.
		A fifth of the price is profit.
chweched ran	*a sixth*	Roedd chweched ran y gwin wedi mynd.
		A sixth of the wine had gone.
wythfed ran	*an eighth*	Mae wythfed ran y gwaith ar ôl.
		An eighth of the work is left.
degfed ran	*a tenth*	Mae'r cwmni'n mynd â degfed ran yr incwm.
		The company takes a tenth of the income.

It is also possible to say:

un rhan o chwech	*one part of six; a sixth*	Mae un rhan o chwech o'r byrddau'n wag.
		A sixth of the tables are empty.

When talking about more than one part of something, we use this pattern:

dwy ran o saith	*two parts of seven; two sevenths*	Mae'r elw ar ddiodydd yn saith rhan o ddeg.
		The profit on drinks is seven tenths.
saith rhan o ddeg	*seven parts of ten; seven tenths*	

Say how much is gone.

e.g. Mae traean o'r coffi wedi mynd.
Coffi: $\frac{1}{3}$ wedi mynd
Diodydd: $\frac{1}{5}$ wedi mynd
Llaeth: $\frac{7}{8}$ wedi mynd
Creision *(crisps)*: $\frac{2}{7}$ wedi mynd
Bara: $\frac{1}{6}$ wedi mynd

Say how much is left (ar ôl).

Hufen iâ *(ice cream)*: $\frac{7}{8}$ ar ôl
Bisgedi: $\frac{1}{2}$ ar ôl
Selsig *(sausages)*: $\frac{2}{3}$ ar ôl
Teisennau *(cakes)*: $\frac{1}{4}$ ar ôl
Wyau *(eggs)*: $\frac{7}{9}$ ar ôl
Siwgr: $\frac{9}{10}$ ar ôl
Cig moch *(bacon)*: $\frac{2}{3}$ ar ôl

Numerals and fractions

We put 'a' *and* between the number and fraction.

dau a hanner	$2\frac{1}{2}$
pump a dau draean	$5\frac{2}{3}$
chwech ac un wythfed (ran)	$6\frac{1}{8}$
naw a dwy ran o saith	$9\frac{2}{7}$

Say these.

$5\frac{7}{8}$
$6\frac{3}{4}$
$3\frac{4}{9}$
$10\frac{1}{7}$
$3\frac{1}{4}$
$8\frac{5}{6}$
$21\frac{8}{9}$
$7\frac{2}{3}$

Rydw i wedi gwneud hanner y llestri, chwarter y smwddio ac un rhan o ddeg o'r hwfro. Dydy gwaith gŵr tŷ byth yn dod i ben.
I've done one half of the dishes, a quarter of the ironing and one tenth of the hoovering. The work of a house husband never ends.

10.5

STEP 5 – ordinals 1-10; dates – In chapel or church
CAM 5 – trefnolion 1-10; dyddiadau – Yn y capel neu'r eglwys

pennod (f)/penodau – *chapter/chapters*
llythyr (m)/-au – *letter/-s*
adnod (f)/-au – *verse/-s*
emyn (m)/-au – *hymn/-s*
salm (f)/-au – *psalm/-s*
efengyl (f)/-au – *gospel/-s*
tudalen (f/m)/-nau – *page/-s*

Ordinals 1-10

		feminine
1st	cynta(f)	
2nd	ail	
3rd	trydydd	trydedd
4th	pedwerydd	pedwaredd
5th	pumed	
6th	chweched	
7th	seithfed	
8th	wythfed	
9th	nawfed	
10th	degfed	

We put the ordinals (except 'cyntaf') in front of the noun.

    y trydydd emyn   *the third hymn*

We put 'cyntaf' after the noun.

    y bennod gyntaf   *the first chapter*

We do not mutate a masculine noun and adjective after the ordinals (except after 'ail').

    y pedwerydd llythyr   *the fourth letter*

We use soft mutation after 'ail'.

    yr ail **l**ythyr   *the second letter*

    yr ail **o**rau   *the second best*

We mutate a singular feminine noun and adjective after ordinals, and the ordinals also undergo soft mutation after the article.

    y **b**umed **b**ennod   *the fifth chapter*

    y **b**umed orau   *the fifth best*

Fe ddarllenwn Edrychwch ar Meddyliwch am Beth yw neges Beth yw ystyr Darllenwch	y pumed y chweched y seithfed	llythyr llyfr emyn tudalen
	y drydedd y bedwaredd y bumed	adnod bennod
	yr ail	dudalen lyfr

We'll read…
Look at…
Think about…
What is the message of…
What is the meaning of…
Read…

 Fill the gaps in these sentences.

1. Fe ganwn yr [2] emyn yn y llyfr.
2. Fe ddarllenwn o [2 + llythyr] Paul at y Corinthiaid *(Corinthians)*.
3. Dyma'r [7] adnod o'r [4 + pennod].
4. Ydych chi wedi darllen llythyr [1] Paul at y Rhufeiniaid *(Romans)*?
5. Rydw i'n hoffi'r [8] salm.
6. Ydych chi wedi darllen y [9 + pennod] o Genesis?
7. Ydy hanes geni'r Iesu yn yr [8 + pennod] o Efengyl Mathew?
8. Gwrandewch ar eiriau'r proffwyd *(prophet)* yn y [4 + pennod], a'r [5 + adnod].

Dates

We can use ordinals with dates, after the article.

y pedwerydd o Fawrth	*the fourth of March*
y nawfed o Ebrill	*the ninth of April*
y degfed o Fai	*the tenth of May*

We can put the month first, and then put the ordinals after the article.

Awst y cyntaf	*August the first*
Tachwedd y seithfed	*November the seventh*

We can put numerals after the month. This is common with numbers greater than 10.

Rhagfyr dau ddeg pump	*December the twenty fifth*
Mai un deg saith	*May the seventeenth*

Ordinals 11+

11th	unfed ar ddeg
12th	deuddegfed
13th	trydydd ar ddeg
	trydedd ar ddeg*
14th	pedwerydd ar ddeg
	pedwaredd ar ddeg*
15th	pymthegfed
16th	unfed ar bymtheg
17th	ail ar bymtheg
18th	deunawfed
19th	pedwerydd ar bymtheg
	pedwaredd ar bymtheg*

20th	ugeinfed
21st	unfed ar hugain
22nd	ail ar hugain
23rd	trydydd ar hugain
	trydedd ar hugain*
24th	pedwerydd ar hugain
	pedwaredd ar hugain*
30th	degfed ar hugain
31st	unfed ar ddeg ar hugain
50th	hanner canfed
hundredth	canfed
thousandth	milfed
millionth	miliynfed

*with feminine nouns only

We use ordinals up to 31 with dates.

    y trydydd ar hugain o Fawrth   *the thirty-first of March*

We use the last letters of the ordinals after numbers, '-fed', '-eg' or '-ain'.

Mawrth y 30ain	*March the 30th*	y 30ain o Fawrth	*the 30th of March*
Ebrill y 15fed	*April the 15th*	y 15fed o Ebrill	*the 15th of April*
Mai'r 17eg	*May the 17th*	yr 17eg o Fai	*the 17th of May*

We put the noun after the first element of the ordinals.

    ei ail ben blwydd ar hugain   *his 22nd birthday*

Feminine nouns undergo soft mutation after these ordinals, as with ordinals 1-10.

    y bedwaredd **f**lwyddyn ar hugain   *the 24th year*

Masculine nouns do not mutate after these ordinals (except for 'ail').

    y trydydd dydd ar ddeg   *the 13th day*
    yr ail ddydd ar hugain   *the 22nd day*

10.6

e.g. Mae Gwilym yn dathlu ei ddegfed pen blwydd ar hugain ar y pedwerydd ar ddeg o Ionawr.

Gwilym celebrates his 30th birthday on the 14th of January.

14 Ionawr	Gwilym 30
19 Mawrth	Nona 15
31 Mai	Mari 24
18 Mehefin	Meryl 19
23 Gorffennaf	Shaun 27
28 Medi	Gaynor 16
15 Tachwedd	Lee 29
16 Rhagfyr	Gwydion 23

Decimal system

We can also put the number after the noun using the decimal system.

pennod un deg un	*chapter eleven*
Awst un deg chwech	*August the sixteenth*

e.g. Mae Caerffili yn safle un deg un. Roedden nhw yn safle un deg saith y llynedd.

Caerphilly is in 11th position. They were in 17th position last year.

11	Caerffili	(17)
12	Conwy	(24)
13	Llanidloes	(23)
14	Caersws	(20)
15	Aberystwyth	(19)
16	Y Fflint	(13)
17	Y Bala	(12)
18	Y Drenewydd	(21)
19	Machynlleth	(11)
20	Llanelli	(12)

e.g. Mae Fritz yn dri deg pum mlwydd oed.

dathlu – *to celebrate*
pen blwydd (m) – *birthday*

Main clauses and sub-clauses

A sentence usually includes a verb.

    Rydw i'n **dathlu.**   *I'm celebrating.*
    Mae Jane yn **paratoi**'r bwyd.   *Jane is preparing the food.*

If there is more than one verb in a sentence, we can split the sentence into a main clause and a sub-clause.

    Mae Huw yn galw   os ydy e'n mynd.
    Huw is calling   *if he is going.*
    main clause   sub-clause

There is usually a verb in each clause.
The main verb of the sentence is in the main clause.
A sentence can include more than one main clause.

    Rydyn ni'n mynd i'r parti   ac rydyn ni'n cysgu yno.
    We are going to the party   *and we are sleeping there.*
    main clause   main clause

A sentence can include more than one sub-clause.

    Mae Daniel yn gyrru   pan mae e'n dod adre heno   os dydy e ddim yn yfed.
    Daniel will drive   *when he comes home tonight*   *if he isn't drinking.*
    main clause   sub-clause   sub-clause

11.1

Rydw i wedi dod â'r diodydd, ond maen nhw wedi anghofio'r bwyd.
I've brought the drinks, but they've forgotten the food.

Main clauses
Words which connect main clauses

a	*and*	+ spirant mutation

Ewch allan a chaewch y drws.
Go out and close the door.

ac + vowel	*and*	

Rydw i'n dal awyren ac yna rydw i'n mynd ar y trên.
I'm catching an aeroplane and then I'm going on the train.

neu	*or*	no mutation with verbs

Ysgrifennwch ati hi neu darllenwch y llythyr.
Write to her or read the letter.

ond	*but*

Mae hi'n hoffi selsig, ond dydy hi ddim yn hoffi wyau.
She likes sausages, but she doesn't like eggs.

Sub-clauses

There are three kinds of sub-clauses.

Adverbial clause

An adverbial clause can note reason, cause, time, place, means, manner, consequence, purpose or condition. They usually 'describe' the verb in the main clause.

Rydw i'n mynd	os ydy Siân yn dod.
I'm going	*if Siân is coming.*
Mae hi'n yfed	pan mae hi mewn parti.
She drinks	*when she is in a party.*

Adjectival/relative clause

Adjectival clauses describe a noun or pronoun in the main clause.

Rydw i'n nabod y ferch	sy'n trefnu'r parti.
I know the girl	*who's arranging the party.*
Maen nhw'n yfed y cwrw	a oedd yn y gasgen.
They're drinking the beer	*which was in the cask.*

Noun clause

Noun clauses are the object of a verb in the main clause. They can also expand a noun in the main clause.

Rydych chi'n gwybod		bod parti heno.
You know		*that there is a party tonight.*
Mae'r ffaith	ei fod e'n dod	yn ardderchog.
The fact	*that he's coming*	*is excellent.*

Note the kind of sub-clause in each of these sentences.

1. Os ydy hi'n bwrw eira
   If it snows
   dydw i ddim yn mynd.
   I'm not going.
2. Rydw hi'n credu
   I think
   bod y parti'n gorffen am ddeg.
   that the party finishes at ten.
3. Mae Kay'n yfed yn y parti
   Kay's drinking in the party
   achos dydy hi ddim yn gyrru.
   because she isn't driving.
4. Rydyn ni'n credu bod Janine yn dod
   We think that Janine is coming
   os ydy hi gartref.
   if she is at home.
5. Maen nhw'n prynu bwyd i'r parti
   They're buying food for the party
   ond rydyn ni'n mynd â photeli.
   but we're taking bottles.
6. Ydych chi'n gwybod
   Do you know
   bod Huw'n dathlu ei ben blwydd heno?
   that Huw is celebrating his birthday tonight?
7. Dydyn ni ddim yn siŵr
   We're not sure
   ydy Siân yn gallu dod.
   if Siân can come.
8. Rydw i'n nabod y ferch
   I know the girl
   sy'n trefnu'r parti.
   who's arranging the party.

STEP 2 – noun clause with 'bod' that – Talking about compact discs
CAM 2 – is-gymal enwol gyda 'bod' – Siarad am gryno-ddisgiau

addas – *suitable*
cefndir (m)/-oedd – *background/-s*
clawr (m)/cloriau – *cover/covers*
cofiadwy – *memorable*

cryno-ddisg (m)/-iau – *compact disc/-s*
honni – *to claim*
sain (m) – *sound*
tôn (f)/tonau – *tune/-s*

11.2

Noun clause with 'bod' *that*

We use 'bod/fod' *that* to introduce a noun clause:

where the verb is in the long form

Rydw i'n gwybod bod y band yn canu ar y cryno-ddisg.
I know that the band is singing on the compact disc.
Rydw i'n gwybod bod y band wedi perfformio ym Mhort Talbot.
I know that the band has performed in Port Talbot.

with a preposition

Mae hi'n credu bod y ferch ar y clawr.
She thinks that the girl is on the cover.

with an adjective

Mae Janet yn dweud bod y grŵp yn dda.
Janet says that the group is good.

to connect two nouns

Mae John yn dweud bod y ferch yn athrawes.
John says that the woman is a teacher.

It's wrong to put 'mae'/ 'rydw'/ 'rydych' etc. after 'bod'.

> Rydw i'n credu ei bod hi mewn poen.
> *I think that she is in pain.*

277

credu – *to think*	gwybod – *to know*	dweud – *to say*	honni – *to claim*	

Rydw i'n Mae e'n	credu gwybod dweud honni	bod	y band y canwr y merched	yn canu. yn gwerthu'n dda. yn chwarae. yn perfformio.
Rydyn ni'n Roeddwn i'n			y casét y sain y cefndir y tâp	yn cŵl. yn dda. yn wael. yn hen ffasiwn *old-fashioned*.
Roedd hi'n Roeddech chi'n				ar y teledu. ar y radio. yn y disgo.
				yn llwyddiant *a success*. yn fethiant *a failure*.

'bod … wedi'

If the action in the sub-clause happens before the action in the main clause, we can use 'bod … wedi' in front of the verb of the sub-clause.

Rydw i'n gwybod bod y merched wedi canu'n dda.

I know that the girls have sung well.

Roeddwn i'n credu bod y dynion wedi canu'n wael.

I thought that the men had sung badly.

We don't use 'bod …wedi' with prepositions, adjectives and nouns. With these, we use the same pattern as with 'bod'.

Rydw i'n Roeddwn i'n Oeddet ti'n Wyt ti'n	credu gwybod	bod	y dynion y menywod	wedi	canu'n dda. canu'n wael.
					ar y record. ar y tâp. yn dda. yn wael.

278

Negative
'bod ... ddim' *that not*

We put the object of the clause between 'bod' and 'ddim'.
>Roeddwn i'n gwybod bod y grŵp ddim yn gallu canu.
>*I knew that the group couldn't sing.*

Rydw i'n	credu	bod	y grŵp	ddim	yn gallu canu.
Ydych chi'n	gwybod		y ferch		yn canu'n dda.
Roedden ni'n	siŵr		y dynion		yn gallu dawnsio.
Oeddech chi'n			y dyn		ar y casét.
Roeddwn i'n			y canwr		

Very formal Welsh:

nad yw Rydw i'n gwybod nad yw'r grŵp yn gallu canu.
>*I know that the group can't sing.*

nad ydynt Rydw i'n gwybod nad ydynt yn gallu canu.
>*I know that they can't sing.*

 Change the sub-clauses into the negative.

1. Rydw i'n gwybod bod y merched yn gallu canu.
2. Roeddwn i'n credu bod y casét yn dda.
3. Rydyn ni'n credu bod y gân yn ddiflas.
4. Rydw i'n credu bod y grŵp yn dda.

11.2

'bod ... ddim wedi' *that ... has not/had not*

If the action in the sub-clause is in the past, we put 'ddim' in front of 'wedi'.
>Rydw i'n gwybod bod y band ddim wedi canu.
>*I know that the band has not sung.*

Very formal Welsh: nad yw ... wedi/nad ydynt ... wedi.

We can use 'heb' *without* instead.
>Rydw i'n gwybod bod y band heb ganu.
>*I know that the band has not sung.*

- We can use 'bod' or 'fod'. After a short form of the verb, we usually use 'fod'.
>Dywedodd hi fod y band yn wael.
>*She said that the band was poor.*

Change these sub-clauses into the negative.

1. Ydych chi'n credu bod y grŵp wedi canu'n dda?
2. Ydych chi'n gwybod bod y band wedi canu ar y teledu neithiwr?
3. Rydyn ni'n credu bod y ferch wedi perfformio'n dda.
4. Mae Huw'n gobeithio bod y merched yn mynd i'r parti.
5. Ydych chi wedi clywed bod y disgo'n dechrau am ddeg?
6. Maen nhw'n gwybod bod y cryno-ddisg yn boblogaidd iawn *(very popular)*.
7. Rydw i'n credu bod y ferch yn hyfryd.
8. Mae'r gitarydd yn poeni *(is worried)* bod y neuadd yn llawn *(hall is full)*.

 Make one sentence out of two sentences by linking them with 'bod'.

e.g. Rydw i'n gwybod. Mae'r bws yn hwyr.
Rydw i'n gwybod bod y bws yn hwyr.

1. Rydw i'n gwybod. Mae Huw'n dost.
2. Rydw i'n credu. Mae hi'n dost.
3. Mae e'n credu. Mae e wedi cael annwyd.
4. Rydyn ni'n siŵr. Rydyn ni wedi gweld y meddyg.
5. Maen nhw'n gwybod. Mae'r meddyg wedi galw.
6. Mae hi'n credu. Mae hi'n mynd i'r parti heno.
7. Ydych chi'n gwybod? Mae hi'n dod adre yfory.
8. Ydych chi wedi clywed? Mae e wedi bod yn dost.

STEP 3 – noun clause with 'bod' *that* and pronouns – Talking about actors
CAM 3 – is-gymal enwol gyda 'bod' a rhagenwau – Siarad am actorion

Noun clause with 'bod' and a pronoun

If a pronoun is the subject of the 'bod' clause, we can put pronouns around 'bod'.
It is not essential to use the second pronoun.

> Rydw i'n credu ei bod hi'n dda.   *I think that she is good.*
> Rydw i'n credu ei bod yn dda.   *I think that she is good.*

Rydw i'n	credu	fy mod (i)		yn	gyffrous.	*exciting*
Roeddwn i'n		dy fod (ti)		'n	ddiddorol.	*interesting*
Rydyn ni'n		ei fod (e)			ddiflas.	*miserable*
Roedden ni'n		ei bod (hi)			llwyddiant.	*a success*
Ydych chi'n		ein bod (ni)				
Oeddech chi'n	gwybod	eich bod (chi)			llwyddo.	*succeeding*
Wyt ti'n		eu bod (nhw)			actio'n dda.	*act well*
Oeddet ti'n						

Replace a singular masculine noun with 'ei fod e'; a singular feminine noun with 'ei bod hi'; a plural noun with 'eu bod nhw'.

e.g. Rydw i'n credu bod Sharon Rock yn actio'n wael.
Rydw i'n credu ei bod hi'n actio'n wael.
I think that she's acting badly.

1. Roeddwn i'n gwybod bod Hugh Benefit yn actio yn y ffilm.
2. Wyt ti'n gwybod bod y ffilm ar y teledu heno?
3. Rydw i'n siŵr bod Gamma Jones yn actio yn y ddrama.

4. Ydych chi'n credu bod Gamma Jones yn actio'n dda?
5. Roedden ni'n credu bod y ferch yn edrych yn hyfryd.
6. Doedden ni ddim yn credu bod y dyn yn edrych yn realistig.
7. Dydw i ddim yn credu bod yr actorion yn gallu actio.
8. Ydych chi'n gwybod bod yr actorion yn gwneud ffilm arall?
9. Rydw i'n credu bod y ffilmiau newydd yn ddiflas.
10. Ydych chi'n gwybod bod y stori'n gorffen yn drist?

'bod wedi'

If the action in the sub-clause has happened before the action in the main clause, we use 'wedi' in front of the verb-noun.

Rydw i'n credu	fy mod i	wedi	gweld y ffilm.	*seen the film*
Mae e'n siŵr	ei fod e		clywed y stori.	*heard the story*
Mae hi'n credu	ei bod hi		actio'n dda.	*acted well*
Rydyn ni'n gwybod	ein bod ni		gweld yr actor.	*seen the actor*
Maen nhw'n credu	eu bod nhw		llwyddo.	*succeeded*

1. Rydw i'n credu [fy + bod + i] wedi gweld y ffilm.
2. Wyt ti'n siŵr [dy + bod + ti] wedi gweld y ddrama?
3. Mae Sharon Rock yn credu [ei + bod + hi] wedi actio'n dda.
4. Mae Hugh Black yn gwybod [ei + bod + e] wedi actio'n wych.

5. Rydyn ni'n credu [eu + bod + nhw] wedi actio'n wael.
6. Ydych chi'n gwybod [ein + bod + ni] wedi bod ar y teledu?

'bod...ddim'

To make the clauses negative, we can put 'ddim' after the second pronoun.

Rydw i'n siŵr ein bod ni ddim wedi gweld y ffilm.
I'm sure that we have not seen the film.

Rydw i'n credu	fy mod i	ddim wedi	gweld y ddrama.
Mae e'n siŵr	ei fod e		clywed y plot.
Mae hi'n credu	ei bod hi		canu'n dda.
Rydyn ni'n gwybod	ein bod ni		gweld yr actores.
Maen nhw'n credu	eu bod nhw		llwyddo.

11.3

'heb' *without*

We can also use 'heb'.

Rydw i'n siŵr ein bod ni heb weld y ffilm.
I'm sure we haven't seen the film.

'nad' *that ... not*

In very formal Welsh we can use 'nad' to introduce the negative noun clause.

Rwyf yn gwybod nad ydym wedi gweld y ffilm.
I know that we have not seen the film.

Translate these sentences.

1. I'm sure that there are five actors in the play.
2. Have you heard that she's not acting in the film?
3. We hope that she's acting tonight.
4. She knows that she can act well.
5. I knew that the film was exciting.
6. Have you heard that it's in the cinema this week?
7. We believe that they're filming in Snowdonia (Eryri).
8. They thought that they had seen it before.

Noun clauses following a noun

The same tense as the main verb: 'bod ...'

Rydw i wedi clywed y farn fod y ffilm yn dda.
I've heard the opinion that the film was good.

Ydych chi'n cytuno â'r syniad bod gormod o ffilmiau ar y teledu?
Do you agree with the idea that there are too many films on television?

Future tense: 'y bydd...' (see Step 7)

Rydyn ni o'r farn y bydd yr actorion yn ennill llawer o wobrau.
We are of the opinion that the actors will win many prizes.

Conditional meaning: 'y byddai...' / 'y basai...'
(see Step 7)

Mae hi wedi cael gwybodaeth y basen nhw'n gallu dod.
She has had information that they would be able to come.

Past tense: 'i...' (see Step 8)

A oeddech chi wedi cael yr wybodaeth i amser y ffilm newid?
Did you have the information that the time of the film changed?

Emphasising: 'mai' / 'taw'

Rydw i wedi cael gwybodaeth mai'r band oedd yn canu.
I've had information that it was the band that was singing.

Mae hi wedi cael nodyn mai Saeson yw'r band.
She's had a note that the band are Englishmen.

Direct speech

We can quote the exact words which are said by a person.

Dywedodd e, "rydyn ni wedi ennill."
He said, "we have won."

Indirect speech

We report what has been said, but we do not quote the exact words. We change 'fi' *I* to 'fe' *he* or to 'hi' *she*, and we change 'ni' *we* to 'nhw' *they*.

Dywedodd e, "Rydyn ni wedi ennill."
Dywedodd e eu bod nhw wedi ennill.
He said that they had won.

The tense of the verb can change.

Dywedodd e, "Byddwn ni'n mynd."
Dywedodd e y bydden nhw'n mynd.
He said that they would go.

Adverbs can change.

Dywedodd e, "Rydyn ni'n mynd nawr."
He said, "we're going now."
Dywedodd e eu bod nhw'n mynd yn syth.
He said that they were going immediately.

'efallai' *perhaps*:

We put a noun clause after 'efallai' *perhaps*.

Efallai fod rhywun yno.	*Someone could be there.*
	Perhaps there's someone there.
Efallai ei bod hi'n gwybod.	*Perhaps she knows.*
Efallai iddo fe weld y ffilm.	*Perhaps he saw the film.*
Efallai y bydd hi'n actio heno.	*Perhaps she will act tonight.*

STEP 4 – adjectival clause with 'sy' *who is*, 'oedd' *who was*, 'fydd' *who will be*, 'fuodd' *who was* – **Newspaper stories**

CAM 4 – *is-gymal ansoddeiriol gyda 'sy', 'oedd', 'fydd', 'fuodd' – Storïau papur newydd*

Adjectival clause with 'sy' / 'sydd' *who is, who are, which is, which are*

We use 'sy'n' with long forms of the verb, in the Present tense.

Rydw i'n darllen yr adroddiad sy'n sôn am y rhyfel.

I'm reading the report which mentions the war.

'Sy' always refers to the subject of the sub-clause.

We use 'sy' in front of prepositions and adverbs.

Mae e wedi darllen y papur sy ar y bwrdd.

He's read the paper which is on the table.

Rydyn ni'n hoffi'r cartŵn sy yn y papur.

We like the cartoon which is in the paper.

Ydych chi wedi darllen y papurau sydd yma?

Have you read the papers which are here?

We use 'sy wedi' to say that some things have happened.

Rydw i'n darllen am y dyn sy wedi dwyn y car.

I'm reading about the man who has stolen the car.

> Ydych chi'n gwybod rhywbeth am y fenyw sy wedi dwyn yr offer o'r stiwdio?
> *Do you know something about the woman who has stolen equipment from the studio?*

Rydw i Ydych chi	'n wedi	darllen clywed	am y dyn am y fenyw am y bobl	sy'n sy wedi	dwyn yr arian. llosgi'r tŷ. gwerthu cyffuriau.
Roeddwn i Oeddech chi	wedi		am y plant am y ferch		ennill y loteri. colli popeth.

11.4

dwyn yr arian – *to steal the money*
llosgi'r tŷ – *to burn the house*
gwerthu cyffuriau – *to sell drugs*
ennill y loteri – *to win the lottery*
colli popeth – *to lose everything*

 Put 'sy', 'sy'n' or 'sy wedi' in the gaps.

1. Mae'r tri lleidr *(thief)*..... dwyn arian o Fanc Barmails wedi cael deng mlynedd o garchar *(10 years' prison)*.
2. Roedd Damion Smith, ... 21 oed, wedi mynd i mewn i'r banc .... yn Stryd Fawr, Aberalun.
3. Roedd Frank Evans, ... gyfaill i Smith *(a friend of Smith)*, wedi aros y tu allan i'r banc.
4. Roedd Meirion Hughes, ... bod yn y carchar o'r blaen *(before)*, yn aros mewn car wrth y banc.
5. Roedd ysgrifenyddes y banc, ... nawr yn yr ysbyty, wedi cael sioc fawr.
6. Roedd rheolwr y banc, ... ymddeol erbyn hyn *(retired by now)*, wedi agor sêff y banc i'r lladron *(thieves)*.
7. Meddai'r Barnwr *(Judge)* Rhodri Evans, "Dyma dri dyn ...... ddim yn poeni dim am bobl eraill."
8. "Dydyn nhw ddim yn gwybod beth .... iawn a beth .... anghywir. Maen nhw'n haeddu *(deserve)* mynd i'r carchar am amser hir."

Negative

To make the sub-clause negative, we put 'ddim' after 'sy' / 'sydd'.

> Rydw i'n nabod y fenyw sy ddim yn y carchar.
> *I know the woman who is not in prison.*
> Rydw i'n nabod y dynion sy ddim wedi cael carchar.
> *I know the men who have not had a prison sentence.*

Very formal Welsh

nad yw/nad ydynt *who is/are not*
Rwy'n nabod y fenyw nad yw yn y carchar.
I know the woman who is not in prison.
Rwy'n nabod y dynion nad ydynt wedi cael carchar.
I know the men who have not had a prison sentence.

Rydw i'n nabod Ydych chi'n nabod	y gyrrwr y plant y merched y bobl	sy ddim yn sy ddim wedi	cael damwain. mynd i'r ysbyty. mynd adre.

nabod – *to know*
cael damwain – *to have an accident*
mynd i'r ysbyty – *to go to hospital*
mynd adre – *to go home*

Adjectival clause with 'oedd', 'fydd', 'fuodd'

'oedd' *who/which was/were;* 'fydd' *who/which will;* 'fuodd' *who/which was/were*
We can use:
'oedd' instead of 'sy' in clauses, with the Imperfect and Pluperfect tense.

> Rydw i'n nabod y ferch oedd yn yr ysbyty.
> *I know the girl who was in hospital.*
> Mae e'n nabod y bachgen oedd wedi cael damwain.
> *He knows the boy who had had an accident.*

'fydd' instead of 'sy' in clauses, with the Future tense.

> Rydw i'n byw gyda'r dyn fydd yn mynd i'r carchar.
> *I'm living with the man who will go to prison.*

'fuodd' instead of 'sy' in clauses, with the Past tense.

> Roeddech chi'n nabod y ferch fuodd yn y ddamwain.
> *You knew the girl who was in the accident.*

In very formal Welsh we can use the relative pronoun 'a' *who/which* in front of 'oedd'/'fydd'/'fuodd'.

> Mae Siân yn nabod y dyn a oedd wedi cael yr arian.
> *Siân knows the man who had had the money.*
> Mae hi'n gweithio gyda'r fenyw a fydd yn colli ei swydd.
> *She's working with the woman who will lose her job.*

'fasai' *who would*

We can use 'fasai' for the conditional meaning, or habitual past.

> Rydw i'n nabod y bobl fasai'n mynd i'r dafarn bob nos.
> *I know the people who would go to the pub every night.*

					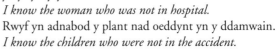	
Rydw i'n	nabod	y dyn	oedd	yn yr ysbyty.		
Mae Judy'n	gwybod am	y ferch	fydd	yn y parti.		
Roeddwn i'n		y bachgen	fuodd			
Roedden ni'n		y dynion	fasai	yn	cerdded adref.	
Dydyn ni ddim yn		y plant		'n	mynd i'r gêm.	
Oeddech chi'n				wedi	cael mis o garchar.	
Dydw i ddim wedi	clywed am				cael damwain.	

Negative

We put 'ddim' after 'oedd', 'fydd', 'fuodd', 'fasai'.

Rydw i'n nabod y dyn oedd ddim yn yr ysbyty.

I know the man who was not in hospital.

Ydych chi wedi clywed am y car fydd ddim yn y ras?

Have you heard about the car which will not be in the race?

Very formal Welsh:

nad oedd / nad oeddynt

Rwyf yn adnabod y fenyw nad oedd yn yr ysbyty.

I know the woman who was not in hospital.

Rwyf yn adnabod y plant nad oeddynt yn y ddamwain.

I know the children who were not in the accident.

na fydd / na fyddant

Mae hi'n gwybod am y dyn na fydd yn y swyddfa.

She knows about the man who will not be in the office.

Ydych chi wedi clywed am y bobl na fyddant yn aros yma?

Have you heard about the people who will not be staying here?

 Form sentences or questions using sub-clauses. Use these words.

11.4

e.g. Ydych chi wedi darllen am y dyn fydd yn gyrru'r car yn y ras?

Have you read about the man who will drive the car in the race?

darllen	dyn	gyrru'r car yn y ras?
clywed	fenyw	gweithio yn yr ysbyty.
clywed	plant	yn y tŷ.
dewis	chwaraewyr	yn y tîm?
nabod	y bobl	gwella.
nabod	menywod	yn y carchar.
darllen	lleidr	colli ei fag.
clywed	ffermwr	gwerthu ei fferm?

achos bod – *because*
am fod – *since, as*
annisgwyl – *unexpected*
cefndir (m)/-oedd – *background/-s*
credadwy – *believable*
cyffrous – *exciting*
cymeriad (m)/-au – *character/-s*
cyn bod – *before*
digwyddiad (m)/-au – *event/-s*

di-liw – *colourless*
er bod – *although*
erbyn bod – *by the time*
gan fod – *since, as*
nes bod – *until*
oherwydd bod – *because*
rhag ofn bod – *in case*
tan fod – *until*
wrth fod – *while, as*

Adverbial clause with 'bod'

We put 'bod' with the words 'achos' *because;* 'am' *for, because;* 'oherwydd' *because;* 'gan' *for, by;* 'er' *although;* 'cyn' *before;* 'nes' *until;* 'rhag ofn' *in case.*

Rydw i'n hoffi'r	stori	achos bod	y cymeriadau'n gredadwy.
Mae hi'n hoffi'r	nofel	am fod	y cefndir yn fyw.
Ydych chi'n hoffi'r		oherwydd bod	y digwyddiadau'n gyffrous.
		gan fod	y disgrifio'n dda.
Dydw i ddim yn hoffi'r		er bod	y cymeriadau'n ddi-liw.
			y diwedd yn wael.

y cymeriadau'n gredadwy – *the characters are credible*
y cefndir yn fyw – *the background is real*
y digwyddiadau'n gyffrous – *the events are exciting*
y disgrifio'n dda – *the description is good*
y cymeriadau'n ddi-liw – *the characters are colourless*
y diwedd yn wael – *the ending is bad*

Roedden ni	wedi	cysgu	erbyn bod	y ffilm yn gorffen.
Roedd hi	yn	aros	cyn bod	y ddrama'n dechrau.
	'n		nes bod	pawb wedi mynd.
			rhag ofn bod	yr actio'n dda/wael.

Rwyt yn darllen gormod o lyfrau ditectif. *You read too many detective books.*

Rydw i'n edrych rhag ofn bod gwenwyn yn y bwyd. *I'm looking in case there's poison in the food.*

Pronouns with 'bod'

We can put pronouns around 'bod'.

> Rydw i'n hoffi'r stori am ei bod hi'n fyr.
> *I like the story because it's short.*

 Put these phrases into sentences with sub-clauses.

e.g. Rydw i'n hoffi'r prif gymeriad er ei fod e'n gas.
I like the main character although he's nasty.

y prif gymeriad	er ei fod e'n/er ei bod hi'n
y cymeriadau	achos eu bod nhw'n
y diwedd	er ei fod e'n
y cefndir	oherwydd ei fod e'n
y stori	am ei bod hi'n
y dechrau	ei fod e'n
y ddeialog	gan ei bod hi'n

Negative

In the negative we can use 'ddim' (see Step 3).

> Rydw i'n hoffi'r stori am fod y cefndir ddim yn gyfarwydd.
> *I like the story because the background is not well-known.*
> Rydw i'n hoffi'r cymeriadau am eu bod nhw ddim yn gas.
> *I like the characters because they are not nasty.*
> Rydw i'n hoffi'r nofel am fod yr awdur ddim wedi ysgrifennu'n aneglur.
> *I like the novel because the author has not written unclearly.*
> Rydw i'n hoffi'r cefndir am ei fod e ddim yn rhy gyffredin.
> *I like the background because it is not too commonplace.*

Very formal Welsh

We use 'na', or 'nad' in front of a vowel. We then use a plural verb in the adverbial clause with a plural pronoun.

> Rydw i'n hoffi'r cymeriadau am nad ydynt yn gredadwy.
> *I like the characters because they are not credible.*

Rydw i'n hoffi'r stori	am fod oherwydd bod	y cymeriadau ddim yn anghredadwy. y cefndir ddim yn rhy anghyfarwydd. yr iaith ddim yn rhy anodd. y dechrau ddim yn anniddorol. y diwedd ddim yn amhosibl.

anghredadwy – *incredible*
anghyfarwydd – *unfamiliar*
anodd – *difficult*

anniddorol – *uninteresting*
amhosibl – *impossible*

Rydw i'n hoffi'r	stori	er ei bod hi ddim yn gyffrous.
	cymeriadau	er eu bod nhw ddim yn gredadwy.
	cefndir	am ei fod e ddim yn anghyfarwydd.
	diwedd	oherwydd ei fod e ddim yn amhosibl.
	sgwrsio	am ei fod e ddim yn annaturiol.

annaturiol – *unnatural*

'pa mor... bynnag' *however*

+ adjective

There is a soft mutation after 'mor' (except for 'll' and 'rh').

Pa mor gredadwy bynnag yw'r cymeriadau, dydw i ddim yn hoffi'r stori.

However credible the characters may be, I don't like the story.

Pa mor araf bynnag y darllenwch chi e, fyddwch chi ddim yn ei ddeall e.

However slowly you read it, you won't understand it.

'sut bynnag' *in whatever manner*

+ verb

Rydw i'n hoffi'r ffilm, sut bynnag maen nhw'n actio.

I like the film, in whatever manner they act.

'(pa) faint bynnag' *however much*

+ verb

Dydw i ddim yn hoffi'r ffilm, faint bynnag o arian warion nhw.

I don't like the film, however much money they spent.

• We can put a sub-clause in front of the main clause or after the main clause.

Mae'r stori'n dda, er ei bod hi ddim yn gyffrous.

The story's good, although it isn't exciting.

Er ei bod hi ddim yn gyffrous, mae'r stori'n dda.

Although it isn't exciting, the story's good.

Pa mor hir bynnag yw'r nofel rydw i'n benderfynol o'i gorffen.
However long the novel is, I'm determined to finish it.

Er bod fy ail nofel yn hir iawn, bydd fy nhrydedd nofel yn fyr!
Although my second novel is very long, my third novel will be short!

Adverbial clause with 'i'

This is the order: element + i. + subject + verb-noun.

Wrth	i	Huw	fynd…
As		*Huw*	*went…*

The subject undergoes soft mutation.

Nes i gar ddod…

Until a car came…

'I' is declined with pronouns.

Cyn iddi hi yfed…

Before she drank…

The verb-noun is soft mutated after 'i', even if it does not follow 'i' immediately.

Er iddo fe fynd i'r ysbyty…

Although he went to hospital…

The tense of the clause depends on the tense of the main clause, and the meaning conveyed.

achos i	*because*
am i	*because, as*
ar ôl i	*after*
cyn i	*before*
efallai i	*perhaps*
er i	*although, since*
er mwyn i	*so that*
erbyn i	*by the time*
ers i	*since*
gan i	*because, as*
heb i	*without*
nes i	*until*
ond i	*if only*
rhag ofn i	*in case*
tan i	*until*
wedi i	*after*
wrth i	*as, while*

er mwyn	i	mi	gyrraedd
wedi		ti	fynd
ar ôl		ni	edrych
erbyn		chi	ddod
wrth			yrru
er			waedu
cyn	iddo	fe	syrthio
rhag ofn	iddi	hi	redeg
nes	iddyn	nhw	ffonio
heb			ofyn

Fill in the gaps with suitable words or phrases.

1. Roeddwn i'n gyrru'r car cyn …
2. Fe ffonion ni'r ambiwlans rhag ofn …
3. Erbyn … roedd hi'n rhy hwyr.
4. Daeth y meddyg cyn …
5. Aethon ni â Siôn at y meddyg er mwyn …
6. Wrth … , fe ddaeth lorri aton ni.
7. Fe yrrodd y lorri aton ni, heb …
8. Ar ôl … cafodd Siân driniaeth frys.
9. Wedi … , roedd rhaid i ni aros am hanner awr.
10. Roedd hi'n dechrau tywyllu *(get dark)* cyn …

Adverbial clause with 'bod'

We can put 'bod' after 'er', 'cyn' a 'rhag ofn' (see Step 5).

Er bod Siân yn dost …

Although Siân is ill …

… cyn bod y bws yn dod

… before the bus comes

… rhag ofn bod angen gofal meddygol

… in case there is a need of medical care

11.6

Roedd hi'n	bwrw glaw	wrth i fi	ddod allan o'r siop.
Roeddech chi'n	dod allan o siop	erbyn i'r ferch	redeg i'r stryd.
Roedd hi'n	hwyr	ar ôl i'r car	ei tharo hi.
Roedd hi'n	tywyllu	heb iddo fe	weld y ferch.
Roedd rhywun yn	croesi'r heol		
Roedd y ferch	wedi rhedeg		

 Translate these sentences.

1. It was too late after the lorry had hit us.
2. What were you doing before the car left the road?
3. Why didn't you turn as it was coming towards us?
4. She crossed the road without having seen the car.
5. They took her to the doctor so that she could have treatment.
6. We went to the hospital in case something was broken.
7. Huw phoned home as he was going to be late.
8. Perhaps you've heard about the accident.

Negative: 'peidio â'

We can put 'peidio â' after 'i'.

rhag ofn i ti beidio â mynd

in case you don't go

er mwyn i chi beidio â dioddef

so that you don't suffer

Verb-nouns undergo spirant mutation after 'â'.

wedi iddo fe beidio â chodi

after he didn't get up

STEP 7 – noun clause with 'y' – Talking about the economy
CAM 7 – is-gymal enwol gydag 'y' – Siarad am yr economi

denu – *to attract*
buddsoddi – *to invest*
buddsoddiad (m)/-au – *investment/-s*
cynyddu – *to increase*
diweithdra (m) – *unemployment*
ffynnu – *to flourish*

Fe yrrodd y car heibio i ni heb i'r gyrrwr ein gweld ni.
The car drove past us without the driver having seen us.

Noun clauses with 'y'

We use 'y' to introduce a noun clause when the verb in the noun clause is in the future when compared with the verb in the main clause, e.g. in front of 'bydd' and 'basai'.

> Rydw i'n gwybod y bydd y ffatri'n dod i'r cwm.
> *I know that the factory will come to the valley.*

We use 'yr' in front of a vowel.

> Rydw i'n credu yr aiff popeth yn iawn.
> *I think everything will go alright.*

We use 'y' in front of the short form of the verb.

> Rydw i'n clywed y caiff Caerdydd y gwaith.
> *I hear that Cardiff will have the work.*
> Roedden ni'n gwybod y basai hi'n cau.
> *We knew that it would close.*

Rydw i'n Mae hi'n	credu clywed	y	bydd y ffatri'n dod. daw'r ffatri.
Roedden ni wedi Roeddwn i'n	gobeithio credu		deuai'r ffatri. byddai'r ffatri'n dod.

 Fill the gaps in these sentences.

1. Rydyn ni wedi clywed ___ bydd y gwaith yn agor y flwyddyn nesaf.
2. Mae'r cwmni wedi dweud ___ byddan nhw'n cau'r gwaith.
3. Ydych chi wedi clywed y ___ y ffatri'n cau?
4. Rydyn ni'n ofni y ___ llawer o bobl heb waith.
5. Rydyn ni'n gobeithio y ___ ni'n denu'r ffatri i Gymru.
6. Mae perygl y ___ diweithdra'n cynyddu.
7. Mae e'n siŵr y ___ y cwmni'n buddsoddi arian mawr yn y gwaith.
8. Mae'r llywodraeth (*government*) wedi addo ___ daw'r gwaith i Gymru.

 Write sentences which contain these phrases.

1.	yn gobeithio	y bydd
2.	yn ofni	y daw
3.	yn hyderus	y byddan
4.	yn siŵr	y bydd
5.	yn credu	y byddai
6.	wedi clywed	y bydd
7.	wedi gobeithio	y deuai
8.	wedi addo	y deuai

Negative

We can use 'na' to introduce a negative clause.

> Rydw i'n gwybod na fydd y ffatri'n dod yma.
> *I know that the factory will not come here.*
> Mae e'n credu na fydd diweithdra'n cynyddu.
> *He thinks that unemployment will not increase.*
> Maen nhw wedi clywed na ddaw'r ffatri yma.
> *They've heard that the factory will not come here.*

'c', 'p' and 't' undergo spirant mutation after 'na'.

> Rydw i'n credu na chaiff Merthyr y ffatri.
> *I think that Merthyr will not have the factory.*

Other consonants undergo soft mutation after 'na'.

> Ydych chi wedi clywed na **f**ydd y gwaith yn dod i Gaernarfon?
> *Have you heard that the work won't come to Caernarfon?*

> **Rydw i'n siŵr y bydd y cwrw'n dda.**
> *I'm sure the beer will be good.*

Rydw i'n	credu	na	ddaw'r ffatri i Lanidloes.	
Rydyn ni'n	gobeithio		fydd diweithdra'n codi.	
Roedden ni'n			fyddai llawer o bobl yn ddi-waith.	
Ydych chi wedi	clywed		chaiff Amlwch y gwaith?	
Rydyn ni'n	ofni		fyddwn ni'n cael gwaith.	
Roedden ni			fydden ni'n dod yn ôl i Gymru.	

 Make sentences using these phrases.

credu	y bydd mwy o waith yn dod
ofni	na fydd grantiau i ffermwyr *(grants for farmers)*
gobeithio	na fydd diweithdra'n codi
gwybod	y daw cwmnïau i Gymru o America
clywed	y bydd cwmnïau eisiau buddsoddi *(invest)*
addo	y gwnaiff bopeth posibl *(everything possible)*
siŵr	y bydd y wlad yn ffynnu *(flourish)*
hyderus *(confident)*	na fydd trethi'n *(taxes)* codi

 Translate these sentences.

1. We've heard that the company won't come to Wales.
2. He promised (addawodd e) that he would do everything to attract (denu) the factory.
3. Are you sure that you will get the grants (grantiau)?
4. I knew that they wouldn't put up the price of petrol (pris petrol).
5. The company (cwmni) hoped that taxes (trethi) would not go up again.
6. They were hoping that they would not have to move from the area (ardal).
7. There is always a danger (perygl) that unemployment (diweithdra) will rise.
8. She hoped that the town would not suffer (dioddef).

Ydych chi wedi clywed y bydd y Cynulliad yn cael adeilad newydd? *Have you heard that the Assembly will have a new building?*

Maen nhw'n credu bod y babell yn rhy fach. *They think that the tent is to small.*

etholiad cyffredinol (m) – *general election*
mwyafrif (m) – *majority*
plaid (f)/pleidiau – *(political) party/parties*
pleidlais (f)/pleidleisiau – *vote/votes*

pleidleisio – *to vote*
sedd (f)/-au – *seat/-s*
ymgeisydd (m)/ymgeiswyr – *candidate/candidates*

Noun clause with 'i'

We use 'i' + noun/pronoun + verb-noun to express the Past.

Ydych chi wedi clywed i Blaid Cymru ennill?
Have you heard that Plaid Cymru won?
Ydych chi wedi clywed iddi hi ennill?
Have you heard that it won?

The verb-noun undergoes soft mutation.

Rydw i wedi clywed i Ron **g**olli.
I have heard that Ron lost.

Rydyn ni wedi	clywed	i	'r Blaid	ennill.
Ydych chi'n	gwybod		'r ymgeisydd	golli.
Roedden ni'n	credu		William	
Roedden ni'n	siŵr	iddo fe		
Rydw i'n	gobeithio	i ni		
		iddyn nhw		
Gwn		iddi hi		
I know				

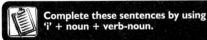

> **Complete these sentences by using 'i' + noun + verb-noun.**

1. Rydw i'n credu [Plaid Binc, ennill].
2. Ydych chi wedi clywed [fe, colli] 'r etholiad?
3. Maen nhw'n dweud [hi, ennill] yn hawdd.
4. Roeddwn i'n siŵr [Plaid Wen, colli].
5. Rydyn ni wedi clywed [nhw, ennill] yr etholiad.
6. Rydw i'n gobeithio [chi, llwyddo] yn yr etholiad.
7. Mae'r papur yn dweud [fe, dod yn ail].
8. Rydyn ni'n credu [Prif Weinidog, colli] ei sedd.

Negative

'na' + verb

'c', 'p' and 't' undergo spirant mutation after 'na'.

Rydw i'n credu na chollodd e.
I believe that he didn't lose.

Other consonants undergo soft mutation after 'na'.

Maen nhw'n gwybod na ddaethon nhw'n olaf.
They know that they didn't come last.

'Na' changes to 'nad' in front of a vowel.

Rydyn ni'n siŵr nad enillodd y Blaid Werdd.
We're sure that the Green Party didn't win.

'i' + noun/pronoun + 'beidio â' + verb-noun

'Peidio â' can mean *refuse to*, so we usually use 'na' + verb to express the negative (see above).

Rydyn ni'n siŵr i'r Blaid Werdd beidio â gwneud ymdrech.
Rydyn ni'n siŵr na wnaeth y Blaid Werdd ymdrech.
We're sure the Green Party didn't make an effort.

There is spirant mutation after 'â'.

Rydw i'n credu iddo fe beidio â phleidleisio.
I think that he didn't vote.

'Â' changes to 'ag' in front of a vowel.

Maen nhw'n gwybod iddi hi beidio ag ymladd.
They know that she didn't fight.

'i' + noun/pronoun + 'fethu â' + verb-noun

Rydw i'n credu iddi hi fethu â dod yn ail.
I believe that she failed to come second.
Rydw i'n gwybod i'r Blaid Lafur fethu ag ennill.
I know that the Labour Party failed to win.

11.8

293

 **Change these sentences to indirect speech by using noun clauses introduced by 'i' or 'na'.**

e.g.   Mae e'n dweud, "Rydyn ni wedi ennill."   Mae e'n dweud iddyn nhw ennill.

1. Roedd e wedi dweud, "Mae'r Blaid Wen wedi ennill deg sedd."
2. Dywedodd y Prif Weinidog, "Rydyn ni wedi ennill yr etholiad yn hawdd."
3. Dywedodd hi, "Dydyn ni ddim wedi colli un sedd."
4. Roedd hi'n honni *(claim)*, "Mae'r pleidiau eraill wedi colli mwy na ni."
5. Roedd arweinydd *(leader)* y Blaid Werdd yn dweud, "Dydw i ddim wedi colli fy sedd."
6. Dywedodd Mr Alun Morris, "Rydw i wedi cadw fy sedd yn hawdd."

STEP 9 – noun clause with 'mai'/'taw' *that*; indirect question – In court
CAM 9 – is-gymal enwol gyda 'mai'/'taw'; cwestiwn anuniongyrchol – Yn y llys

ar fai – *at fault, to blame*
bargyfreithiwr (m)/bargyfreithwyr – *barrister/barristers*
barnwr (m)/barnwyr – *judge/judges*
croesholi – *to interrogate*
cyfreithiwr (m)/cyfreithwyr – *solicitor/solicitors*

dieuog – *not guilty, innocent*
pledio'n euog – *to plead guilty*
rheithgor (m)/-au – *jury/juries*
tyst (m)/-ion – *witness/-es*

Noun clauses with 'mai'/'taw' *that it is/was*

If you want to emphasize a noun, or the first word of the sub-clause, you can introduce the sub-clause with 'mai' or 'taw'(in south Wales).

    Rydw i'n siŵr mai hi oedd yn y car.
    I'm sure that it was she who was in the car.
We can put 'sy' or 'oedd' or 'fydd' after 'mai' + noun/pronoun.

    Rydw i'n credu mai Huw oedd wrth y tŷ.
    I believe that it was Huw who was by the house.
    Rydw i'n siŵr mai Lisa sy'n sefyll wrth yr heol.
    I'm sure that it is Lisa who is standing by the road.
We can put 'yw'/'oedd'/'fydd' or 'fasai' after 'mai' + noun to introduce a noun or pronoun (as in the copula construction, see Verbs, Step 3).

    Rydw i'n credu mai Siân yw'r fenyw.
    I think that the woman is Siân.
    Ydych chi'n siŵr mai Huw oedd y dyn?
    Are you sure that the man was Huw?
    Mae e wedi clywed mai Sioned fydd yr arweinydd.
    He's heard that Sioned will be the leader.
We use 'a' + soft mutation with the short form of the verb; it is possible to drop 'a', but the soft mutation remains (as in the construction of the emphasizing sentence, see Verbs, Step 4).

    Mae e'n dweud mai Mair a ddaeth i'r tŷ.
    He says that it was Mair who came to the house.
    Mae e'n dweud mai Mair ddaeth i'r tŷ.
    He says that it was Mair who came to the house.

Rydw i'n	siŵr	mai	bachgen	oedd	wrth y tŷ.
Mae hi'n	credu	taw	Mair	sy	yn y stafell.
Roedd hi'n	gwybod	nad	merch	(a) welais i	ar y stryd.
Roeddwn i'n	gweld		dyn		
			menyw		'n/yn rhedeg. 'n/yn gyrru.
				(a) ddaeth adre. (a) welais i. fuodd yno.	

Fill the gaps in these sentences.

1. Ydych chi'n siŵr …… Huw weloch chi?
2. Rydw i'n credu mai Huw [gweld] i neithiwr.
3. Ydych chi'n credu mai Siân ….. yn sefyll wrth y tŷ?
4. Rydw i'n gwybod …. hi oedd yno.
5. Ydych chi'n dweud …… ……. oedd yn gyrru'r car?
6. Wel, rydw i'n credu ….. hi welais i.

Negative

We use 'nad' instead of 'mai' or 'taw'.

Rydw i'n siŵr **nad** Huw oedd yn y car.
I'm sure it wasn't Huw who was in the car.

 Turn to the negative.

1. Rydw i'n credu mai Huw welais i.
2. Mae hi'n siŵr mai Siân oedd yno.
3. Ydych chi'n gwybod taw John fuodd yno?
4. Rydw i bron yn siŵr mai Jeremy ddaeth adre gyntaf.
5. Ydych chi'n credu mai hi oedd y ferch?
6. Rydw i'n gwybod mai hi yw'r un.

Mae hi'n bosibl mai carchar am oes gawn ni.
It's possible that we'll get life in prison.

11.9

Bargyfreithiwr: Ydych chi'n siŵr taw yn y dafarn roeddech chi'r noson honno?

Chi:

Bargyfreithiwr: Ydych chi'n gwybod faint yfoch chi?

Chi:

Bargyfreithiwr: Ydych chi'n siŵr nad deg peint yfoch chi?

Chi:

Bargyfreithiwr: Ydych chi'n siŵr nad chi groesodd gyntaf?

Chi:

Bargyfreithiwr: Sut rydych chi'n gwybod taw Mr Campbell oedd yn gyrru'r car?

Chi:

Bargyfreithiwr: Ydych chi'n credu nad oedd e'n gyrru'n ofalus?

Chi:

Bargyfreithiwr: Ydych chi'n credu taw eich ffrind oedd ar fai am y ddamwain?

Chi:

Bargyfreithiwr: Pwy oedd ar fai, yn eich barn chi?

Chi: Rydw i'n siŵr taw...

Bargyfreithiwr: Sut rydych chi'n gwybod nad eich ffrind oedd ar fai?

Chi:

Indirect question

We start the sub-clause with 'a' (for *whether* or *if*)in front of the verb.

> Mae e'n gofyn a ydy e'n gallu gyrru.
> *He's asking if he can drive.*

Sometimes we don't use 'a', but we keep the soft mutation after 'a'.

> Mae e'n gofyn ddaethoch chi adre'n ddiogel.
> *He's asking whether you came home safely.*

We start the sub-clause with 'ai' if we emphasize the next word, and if the next word is not a personal verb.

> Dydw i ddim yn siŵr **ai** Judy oedd yn gyrru.
> *I'm not sure if it was Judy who was driving.*

We use 'ai peidio' to say *or not*.

> Doedd e ddim yn gwybod ai hi oedd yno **ai peidio**.
> *He didn't know if it was she who was there or not.*

Mae e wedi gofyn Doedd hi ddim yn siŵr Dydyn ni ddim yn gwybod	a	fydd e yn y llys yfory. oedd hi'n gyrru'n beryglus. gawson ni bum peint.
	ai	Mr Campbell oedd yn gyrru. pum peint gawson ni. cerdded oedden ni.

Use 'a' in front of personal verbs, otherwise use 'ai' for *whether/if.*

1. "Chi groesodd y stryd gyntaf?"
2. "Oedd eich ffrind wedi yfed lager?"
3. "Oedd y gyrrwr yn gyrru'n ofalus?"
4. "Mrs Campbell oedd yn gyrru?"
5. "Weloch chi'r car yn dod?"
6. "Welodd eich ffrind y car yn dod?"
7. "Rhedeg ar draws yr heol wnaethoch chi?"
8. "Gawsoch chi wisgi hefyd?"
9. "Oeddech chi wedi meddwi?"
10. "Eich ffrind oedd ar fai?"

1. Have you heard if it was Siân who was in court?
2. We didn't know whether she was guilty or not.
3. I'm sure that it was a girl who was standing by the house.
4. How can you be certain that it was a car that you saw?
5. I don't believe that Sean was the leader (arweinydd).
6. I'm sure that he isn't the man I saw yesterday.
7. We don't know how they came to court.
8. Can you remember whether you had something to drink?
9. I can't remember whether it was raining or not.
10. Do you know how many years he got?

Sub-clauses starting with an interrogative word

sut + verb	Dydw i ddim yn gwybod sut mae hi'n gwybod.
how	*I don't know how she knows.*
sut + noun	Ydych chi'n gwybod sut gosb gafodd hi?
what kind of	*Do you know what kind of punishment she had?*
pa + noun	Ydych chi'n gwybod pa farnwr sydd yn y llys?
which	*Do you know which judge is in court?*
pa mor + adjective	Mae hi'n gwybod pa mor dda yw hi.
how	*She knows how good she is.*
faint o + noun	Rydw i wedi clywed faint o dystion sydd yn yr achos.
how many	*I've heard how many witnesses are in the case.*
ble + verb	Ydych chi wedi clywed ble maen nhw wedi bod yn cyfarfod?
where	*Have you heard where they have been meeting?*
o ble + verb	Rydyn ni'n gwybod o ble mae e'n dod.
from where	*We know from where he's coming.*
pryd + verb	Roedden ni'n gwybod pryd byddai'r llys yn dechrau.
when	*We knew when the court would start.*

11.9

adeiladu – *to build*
ailadeiladu – *to rebuild*
ailgodi – *to rebuild*
amgueddfa (f)/amgueddfeydd – *museum/museums*
ardal (f)/-oedd – *area/-s*
bomio – *to bomb*
cyngor (m)/cynghorau – *council/councils*
cynllunio – *to plan*
chwalu – *to fall to pieces*
dinistrio – *to destroy*
diwydiannol – *industrial*

fandal (m)/-iaid – *vandal/-s*
gwesty (m)/gwestai – *hotel/hotels*
gwledig – *rural*
llosgi – *to burn*
llyfrgell (f)/-oedd – *library/libraries*
maer (m)/meiri – *mayor/mayors*
newid (m)/-iadau – *change/-s*
pensaer (m)/penseiri – *architect/architects*
rhyfel (m)/-oedd – *war/-s*
stadiwm (f)/stadiymau – *stadium/stadiums*

Adjectival clause with 'a'

We can use 'a' to introduce adjectival clauses which include:
'oedd' (see Step 4)
> Rydw i'n byw mewn pentref a oedd yn ddiwydiannol gan mlynedd yn ôl.
> *I live in a village that was industrial a hundred years ago.*

'fydd', 'fyddai', 'fuodd' (see Step 4)
> Mae hi'n byw wrth yr heol a fydd yn rhan o'r M4.
> *She lives by the road which will be a part of the M4.*

short form of personal verbs
> Mae hi'n gweithio yn y ffatri a ddaeth i'r pentref.
> *She's working in the factory which came to the village.*

With short forms of the verb, 'a' can take the place of a subject or object of the sub-clause.
Subject:
> Maen nhw'n byw yn y dref a ddaeth yn enwog am gaws.
> *They live in the town which became famous for cheese.*

We use a singular verb, even if 'a' represents a plural subject.

> Rydw i'n gweithio i'r dynion a adeiladodd y tai.
> *I work for the men who built the houses.*

Object:
> Maen nhw'n byw yn y tŷ a adeiladodd Cwmni Langley.
> *They live in the house which Langley Company built.*

Dyma'r dafarn a gafodd ei henwi ar ôl yr awdur.
This is the pub which was named after the author.

- There is no need to use 'a' in formal Welsh, or spoken Welsh, but the soft mutation after 'a' remains.

'a' as a subject

Mae hi'n gweithio Rydw i'n byw Rydyn ni'n byw Roeddwn i'n byw Ydyn nhw'n byw	yn	y pentref y dref y sir yr ardal	(a)	gafodd ffatri newydd. ddaeth yn enwog. welodd newid mawr. adeiladodd stadiwm. gafodd amgueddfa.

'a' as an object

Rydw i'n hoffi'r Maen nhw'n dod i'r Ydych chi wedi gweld y Roeddwn i'n gweithio yn y	tŷ gwesty neuadd llyfrgell	(a)	adeiladodd David Davies. brynodd Mrs Jones. gododd y bobl eu hunain. welsoch chi ddoe.

- Some sentences can be ambiguous.
  Maen nhw wedi claddu'r ci a laddodd Mr Jones.
  They have buried the dog which killed Mr Jones.
or *They have buried the dog which Mr Jones killed.*
How do we know the meaning? It should be clear in the context.

'a' with pronouns
We use infixed pronouns after 'a' (see Pronouns, Step 5) to note the object of the verb.
  Hi yw'r fenyw a'm gwelodd i.
  She is the woman who saw me.
  Nhw yw'r bobl a'u prynodd nhw.
  They are the people who bought them.
  Siân yw'r ferch a'i talodd e.
  Siân is the girl who paid him.

Put these phrases into sentences.

1. a welais i ddoe
2. a adeiladodd Mr Hughes
3. a brynodd hi'r llynedd
4. a gawson ni'n anrheg
5. a roddodd fy nhad i mi
6. a ddioddefodd yn y rhyfel
7. a gafodd lyfrgell newydd
8. a aeth yn amhoblogaidd
9. a drefnodd yr eisteddfod
10. a ddaeth yn ganolfan wyliau

11.10

'a' as object of the short form of 'cael' *to be* ('cael ei' … etc,. Passive meaning)

Dyma'r Ble mae'r	tŷ plas	(a)	gafodd ei adeiladu gafodd ei ddinistrio	gan	y pensaer. y tân. y cyngor. y maer. fandaliaid. athletwyr.
	tai gwestai		gaiff eu codi gafodd eu llosgi		
	neuadd ganolfan		gafodd ei chynllunio gaiff ei defnyddio		

We put a pronoun ('ei', 'eu') in front of the verb-noun.
The verb-noun undergoes soft mutation (see Verbs, Step 9).

Negative – in very formal Welsh

We form negative clauses by putting 'na' instead of 'a'.
'c', 'p' and 't' undergo spirant mutation after 'na'.

    Rwyf i'n prynu'r tŷ na phrynodd Siân.
    I'm buying the house which Siân didn't buy.

Other consonants undergo soft mutation after 'na'.

    Ydych chi wedi bod yn y gwesty na roddodd ddiod i fi?
    Have you been in the hotel which didn't give me a drink?

'Na' changes to 'nad' in front of a vowel.

    Dyma'r lle nad anghofiaf i byth.
    This is the place I'll never forget.

We use the plural of the verb if 'na'/'nad' refers to a plural noun or pronoun.

    Ydych chi'n nabod y bobl na chawsant waith yn y ffatri?
    Do you know the people who didn't have work in the factory?

In formal Welsh, we drop 'na' and we can form the negative by using 'ddim', e.g.

Rydw i'n prynu'r tŷ phrynodd Siân ddim.
Ydych chi wedi bod yn y gwesty roddodd ddim diod i fi?
Dyma'r lle anghofiaf i byth.
Ydych chi'n nabod y bobl chawson nhw ddim gwaith yn y ffatri?

Rydw i'n nabod y Ydych chi wedi bod yn y Welsoch chi'r	dref ddinas pentref	nad	enillodd y wobr.
Mae hi wedi dod i'r Fuoch chi yn y	tŷ stryd	na	fomion nhw yn ystod y rhyfel. phrynodd hi. fuodd ar werth. chafodd ei chwalu.

300

1. Rydw i'n byw yn y dref [a + dod] yn enwog am ei marchnad.
2. Mae'r strydoedd [a + bomio] nhw yn y rhyfel wedi eu hailgodi.
3. Mae'r eglwys [a + chwalu] nhw yn dal yn adfeilion *(ruins)*.
4. Mae yma lawer o westai [a + rhoi] lety i lawer o bobl bwysig.
5. Ger y dref mae'r arfordir, [na + gweld] chi o'r dref ei hun.
6. Mae'r dociau [a + gweld] chi o'r parc yn rhoi gwaith i gant o bobl.
7. Mae'r pwll nofio [a + adeiladu] nhw wrth yr amgueddfa'n boblogaidd.
8. Mae'r llyfrgell [na + cael] lawer o sylw *(attention)* mewn cyflwr drwg *(poor condition)*.

1. He's working for the company which won the contract.
2. Have you seen the girl who asked for a map?
3. In this street there is a small house which was built by a farmer.
4. Do you know the author who wrote the book?
5. I remember the party which didn't finish until midnight.
6. I stayed at the hotel which wasn't finished.
7. Did you visit the church that they built last year?
8. They worked at the factory which was closed this week.

STEP 11 – responding to statements – Complaining in a hotel
CAM 11 – ymateb i osodiadau – Cwyno mewn gwesty

Responding to statements

'Ie' *yes* or 'nage' *no* is the answer to a statement or question of this type:

Menyw yw'r pennaeth?	Ie.
The boss is a woman?	*Yes.*
Dyn sy'n gweini'r bwyd?	Nage.
It's a man who's serving the food?	*No.*
Fan hyn mae e'n byw?	Ie.
He lives here?	*Yes.*
Cysgu roedd hi?	Nage.
She was sleeping?	*No.*
Heno mae hi'n dod?	Nage.
She's coming tonight?	*No.*

Very formal Welsh

We introduce the question with 'ai'.

> Ai menyw sy'n coginio?
> *Is it a woman who's cooking?*

When emphasizing the first element we can use 'onid'.

> Onid menyw sy'n cogino?
> *Isn't it a woman who's cooking?*

11.11

If we respond to a statement beginning with a verb, we use the same verb when answering.

Mae'r cawl yn oer iawn.

The soup is very cold.

Ydy, mae e.

Yes, it is.

Nag ydy, mae'n eitha twym.

No it isn't, it's quite hot.

Mae llawer o bobl yma.

There are many people here.

Oes, mae.

Yes, there are.

Nag oes, mae'r lle'n hanner gwag.

No, the place is half empty.

Roedd hi'n braf ddoe.

It was fine yesterday.

Oedd, wir.

Yes, indeed.

Nag oedd, roedd hi'n arllwys y glaw.

No, it was pouring.

Bydd hi'n hyfryd mynd yno yfory.

It will be lovely to go there tomorrow.

Bydd, rydw i'n siŵr.

Yes, I'm sure.

Na fydd. Bydd hi'n ddiflas.

No. It will be miserable.

 Respond to these.

Mae'r caffe yma'n oer iawn.

Does dim lliain bwrdd *(tablecloth)* ar y byrddau.

Roedd y lle yma'n iawn yr wythnos diwetha.

Fydd hi ddim yn dod yn ôl yma fyth eto.

If we respond to a statement beginning with a verb in the Past tense, we use 'do' *yes* and 'naddo' *no.*

Enillodd e'r gêm.

He won the game.

Do, yn hawdd.

Yes, easily.

Naddo, fe gollodd e.

No, he lost.

If we respond to a statement beginning with a personal form of the verb in one of the other tenses, we respond to the personal form.

Rydw i wedi codi'n gynnar.

I've got up early.

Ydych, yn gynnar iawn.

Yes, very early.

Nag ydych, yn hwyr iawn.

No, very late.

Rydych chi wedi bwyta.

You've eaten.

Ydw, o'r diwedd.

Yes, at last.

Nag ydw, gwaetha'r modd.

No, worse luck.

We can respond in another way, of course, by adding to the conversation. This occurs very often.

Dyma'r cawl.

Here's the soup.

Dymunol iawn, mae e'n edrych yn flasus.

Very pleasant, it looks very tasty.

Bwydlen ddoe sydd ar y bwrdd.

It's yesterday's menu that's on the table.

Allwn ni ddim defnyddio honna.

We can't use that.

1. Bwyd ddoe wedi ei aildwymo *(reheat)* yw hwn.
2. Dydy'r pwll nofio yma ddim yn fawr iawn.
3. Heno rydyn ni am gael y bwyd – nid yfory!
4. Mae dewis da ar y fwydlen heno, syr.
5. Dyma'r bil – rydyn ni'n derbyn cardiau credyd.
6. Sglodion *(chips)* sy ar y plât – gofynnais i am salad.
7. Mae gwybedyn *(fly)* yn fy nghawl i.
8. Estynnwch *(pass)* yr halen, os gwelwch yn dda.
9. Fe losgon nhw'r cig.
10. Wnaethoch chi ddim rhoi saws ar y bwrdd.

> Y cyri oedd yn gryf!
> *It was the curry that was strong!*

> Nage, y bil oedd yn ddrud!
> *No, it was the bill that was expensive!*

STEP 12 – adjectival clauses with 'y' (object) – Going to college
CAM 12 – is-gymal ansoddeiriol gydag 'y' (gwrthrych) – Mynd i'r coleg

benthyca – *to borrow*
darlith (f)/-iau – *lecture/-s*
lletty (m) – *lodgings*

mynychu – *to attend, to frequent*
neuadd breswyl (f)/neuaddau preswyl – *hall/-s of residence*
traethawd (m)/traethodau – *essay/essays*

Adjectival clause with 'y'

> We use 'y' / 'yr' to introduce clauses with the long form of the verb in very formal Welsh.
> Byddaf i'n colli'r cartref **yr** wyf i'n ei hoffi.
> *I'll miss the home **which** I like.*

We put the pronoun which corresponds to the object in front of the verb-nouns.
    Ydych chi'n nabod **y merched** y mae e'n **eu** hoffi?
    *Do you know **the girls** whom he likes?*
'Yr' is already part of the verb 'bod' in forms such as 'roedd e', 'rydw i'.
    Ydych chi'n hoffi'r cwrw roeddwn i'n ei yfed?
    Do you like the beer which I was drinking?

Rydw i'n mynd i'r	fflat	y	bydda i'n ei rentu.
Ydych chi'n hoffi'r	tŷ		byddwch chi'n ei rentu.
Fuoch chi yn y	coleg	roeddwn i'n ei fynychu.	
Mae hi'n hoffi'r	bar	roedd hi'n ei fwynhau.	

e.g. neuadd breswyl   fi   hoffi

Rydw i'n mynd i'r neuadd breswyl roeddwn i'n ei hoffi.

1.	darlithydd	fi	hoffi
2.	darlithiau	fe	casáu
3.	traethawd	hi	gorffen
4.	llyfr	fi	benthyg
5.	nodiadau	ni	anghofio
6.	llyfrau	chi	cofio
7.	geiriadur	ti	prynu
8.	ystafell wely	hi	glanhau
9.	llawr	fi	tacluso
10.	teledu	nhw	benthyca

Negative

We can use 'na' or 'nad' (in front of a vowel) instead of 'y'/'yr'.

Rydw i wedi gorffen y llyfr **nad** oeddwn i wedi ei brynu.

I've finished the book which I hadn't bought.

In formal and spoken Welsh we put 'ddim' after 'dydw i'/'doedd e' etc.

Ydych chi wedi gweld y geiriadur **dydw** i **ddim** wedi ei ddefnyddio?

Have you seen the dictionary which I haven't used?

Fe yw'r darlithydd **doeddwn** i **ddim** wedi ei weld yn gweithio yn y llyfrgell.

He is the lecturer I had not seen working in the library.

Ydych chi wedi gweld y	llyfr	dydw i		wedi ei orffen.
Rydw i wedi darllen y	papur	dydy hi	ddim	wedi ei ddarllen.
Mae e wedi benthyca'r	geiriadur	doeddech chi		yn ei hoffi.
Roedden nhw wedi gorffen y	traethawd	doedden nhw		wedi ei fenthyca.

neuadd breswyl   rydw i'n ei hoffi

bwyd   nad ydw i'n ei hoffi

ffrindiau   rydw i wedi dechrau eu nabod

traethawd   nad ydw i wedi ei orffen

llyfrgell   nad ydw i'n ei mynychu'n aml

cwrw   rydw i'n ei yfed bob nos

teledu   yr oedden ni wedi ei rentu

1. Have you seen the house which we will rent?
2. Where is the book which I was reading?
3. I can't find the dictionary which you had bought.
4. Pork is the only meat which I don't like.
5. This is the library which he hasn't seen yet.
6. She finished the essay which she hadn't finished yesterday.
7. This is the department which he hates (casáu).
8. We like the friends whom she had seen.

codi twrw – *to cause a disturbance*
creu argraff – *to create an impression*
gorymdaith (f)/gorymdeithiau – *procession/processions*
gwleidydd (m)/-ion – *politician/-s*

heddlu (m) – *police*
poendod (m) – *pain*
protest (f)/-iadau – *protest/-s*
protestio – *to protest*

Adverbial clause with 'y'

We can use 'y' ('yr' in front of a vowel) to introduce clauses after some words.

> Rydw i'n mynd i brotestio nes y byddwn ni'n ennill.
> *I'm going to protest until we win.*

We do not use 'y' in front of 'roedd' and similar personal verb forms.

> Clywais i sŵn yr ambiwlans fel roeddwn i'n gadael.
> *I heard the noise of the ambulance as I was leaving.*

There is no need to use 'y' in front of 'mae'.

> Does dim rhaid i ni fynd, fel mae'n digwydd.
> *We don't have to go, as it happens.*

When talking we don't use 'y'.

> Ewch i sefyll lle byddwch chi'n gallu gweld y Prif Weinidog.
> *Go and stand where you can see the Prime Minister.*

Byddwn ni'n protestio nes y byddwn ni'n ennill.
We'll protest until we win.

11.14

We can use 'y' to introduce adverbial clauses after these words.

cyn y *(before)*:	Rydw i'n mynd yno cyn y bydd yr heddlu'n dod.
	I'm going there before the police come.
efallai y *(perhaps)*:	Efallai y bydda i yno.
	Perhaps I'll be there.
erbyn y *(by the time)*:	Erbyn y byddwch chi yma, bydd yr heddlu wedi mynd.
	By the time you'll be here, the police will have gone.
fel y *(as, while)*:	Fel yr oeddwn i'n aros, daeth y car.
	As I was waiting, the car came.
fel y *(so that)*:	Ewch mewn tacsi, fel y byddwch chi mewn pryd.
	Go in a taxi, so that you'll be there in time.
hyd y *(until)*:	Rydw i'n aros hyd y daw'r bws.
	I'm waiting until the bus comes.
lle y *(where)*:	Ewch i sefyll lle y byddwch chi'n gallu gweld y Prif Weinidog.
	Go and stand where you will be able to see the Prime Minister.

lle bynnag y *(wherever)*:	Lle bynnag y bydd protest, bydda i.		
	Wherever there'll be a protest, I'll be.		
nes y *(until)*:	Bydda i'n aros nes y bydd y brotest ar ben.		
	I'll wait until the protest is over.		
pryd y *(at the time when)*:	Dyma'r amser pryd y mae pawb yn poeni.		
	This is the time when everybody worries.		
pryd bynnag y *(whenever)*:	Dof i pryd bynnag y dywedwch chi.		
	I'll come whenever you say.		
rhag ofn y *(in case)*:	Bydda i'n dod â'r car rhag ofn y daw'r glaw.		
	I'll bring the car in case the rain comes.		
tan y *(until)*:	Arhoswch tan y bydd e wedi gorffen siarad.		
	Wait until he's finished talking.		

Rydyn ni'n mynd i brotestio	nes	y	byddwn ni'n ennill.	
Mae hi eisiau aros	hyd		bydd y broblem yn dod i ben.	
Bydd hi'n ymgyrchu	tan		bydd y broblem yn codi.	
Byddan nhw'n codi twrw	pryd bynnag		daw'r broblem yn ôl.	
Byddwch chi'n gweithio	rhag ofn			
Mae e'n protestio				

 Connect the clauses with the correct main clauses.

Rydw i'n sefyll yma	fel y byddwch yn dipyn o boendod.
Bydd e'n aros	nes roedd pobl y teledu wedi mynd.
Ewch i sefyll	lle y bydd y gwleidyddion yn cyrraedd.
Daliwch y poster	nes y bydd y brotest ar ben.
Rhedwch at y swyddfa	tan y byddwn ni wedi gorffen protestio.
Eisteddwch ar y llawr	nes y bydd yr heddlu'n eich symud chi.
Roedden nhw'n gweiddi	lle y bydd y cynghorwyr yn ei weld.

'lle y' *where*, 'pryd y' *when*, and 'y'

We can use 'y' instead of 'lle y' *where* after noting where (in adjectival clauses, see Step 13).

Dyma'r dref y ces i fy ngeni (ynddi).   *This is the town where I was born.*

We can use 'y' instead of 'pryd y' after 'adeg' *time, period,* 'amser' *time,* 'cyfnod' *period* etc.

Dyna'r adeg yr es i i'r carchar.   *That's the period when I went to prison.*

Adverbial clause without 'y'

We don't use 'y'/'yr' after these words.

tra *(while)*: Tra oeddwn i yno, gwelais i'r cyfan.
While I was there, I saw everything.

pan *(when)*: Pan ddes i i'r dref, roedd y dyrfa yno'n barod.
When I came to town, the crowd was there already.

os *(if)*: Os af i mas heno, bydda i yn y brotest.
If I go out tonight, I'll be in the protest.

Verbs undergo soft mutation after 'pan'.

Roeddwn i yn y dyrfa pan ddaethoch chi.
I was in the crowd when you came.

We don't mutate after 'os' and 'tra'.

Os bydd llawer o bobl yno, byddwn ni'n creu argraff.
If many people will be there, we'll create an impression.

Bydd popeth yn iawn tra bydd hi'n sych.
Everything will be alright as long as it is dry.

Bydda i yn y brotest Ydyn nhw'n dod Byddan nhw yma	tra	bo bydd	y yr 'r	tywydd yn braf. car yn llawn. cwmni teledu'n ffilmio.
Rydyn ni'n mynd i eistedd Ydych chi'n dod	os	yw/ydy bydd		heddlu'n cyrraedd. tywydd yn oer.
	pan	yw/ydy fydd mae		

11.14

'achos' *because*

These are possible after 'achos':

achos mae … Rydw i'n mynd, achos mae hi'n gyrru.
I'm going, because she's driving.

achos roedd … Es i yno achos roedd hi'n braf.
I went there because it was fine.

achos bod … Rydw i'n protestio achos bod dim digon o arwyddion Cymraeg yn yr adeilad.
I'm protesting because there aren't enough Welsh signs in the building.

'os' *if*

After 'os' we use 'yw' or 'oes' in the Present tense.

> os yw + definite element
> Os yw Huw'n mynd i'r brotest, bydda i yno.
> *If Huw goes to the protest, I'll be there.*
> os oes + indefinite element
> Os oes lle yn y car, fe ddof i.
> *If there is room in the car, I'll come.*

'pan' *when*

After 'pan' we use 'yw', 'fydd' or 'mae'
(in very formal Welsh 'fo').

> Pan mae hi'n siarad, mae pawb yn gallu ei chlywed.
> *When she's talking, everyone can hear her.*

'cyn' *before*

After 'cyn' we can use 'bo'.

> Byddaf i yno cyn bo hir.
> *I'll be there before long.*

'tra' *while*

After 'tra' we can use 'bydd' (or 'bo' in very formal Welsh).

> Tra bydd heddlu yn yr adeilad, rydyn ni'n aros.
> *While policemen are in the building, we'll wait.*

'pryd' *when, the time when* and 'pan' *when*

'Pan' usually refers to a specific point in time.

> Fe welais i'r gwleidydd pan aeth ei gar e heibio.
> *I saw the politician when his car went past.*

'Pan' can note condition or habit.

> Pan fydd y gwleidydd yn siarad, bydd pawb yn gwrando.
> *When the politician talks, everyone listens.*

'Pryd' can note a continuous meaning.

> Mae'r Blaid yn galw am Gymru rydd, pryd y bydd pawb yn siarad Cymraeg.
> *The Party calls for a free Wales, when everyone will speak Welsh.*

'Pryd' can introduce an indirect question.

> Dydw i ddim yn gwybod pryd bydd y brotest.
> *I don't know when the protest will be.*

Bydda i	yma	nes y	bydd yr heddlu'n mynd.	
Byddan nhw	'n aros		bydd y siaradwr yn dod.	
Bydd e	'n mynd		daw'r heddlu.	
Bydd hi	'n protestio	os	yw e'n siarad.	

Negative

To turn these clauses into the negative, we put 'na' after the connecting word. There is a spirant mutation after 'na' (with c,p,t) or soft mutation. Otherwise, we can use 'ddim' or 'dim'.

fel na	Rydyn ni'n rhwystro'r traffig fel na fydd lorïau'n gallu mynd heibio.
so that not	*We're stopping the traffic so that lorries cannot go past.*
tra na	Tra chawn ni ddim llwyddiant, fe arhoswn ni yma.
while not	*While we don't have success, we'll wait here.*

Fe awn ni adre	os	fydd dim	pobl yn cyrraedd.	
Byddwn ni'n gweithio	hyd		perygl ar y stryd.	
Byddwch chi'n protestio	tra		rhagor i'w wneud.	
Byddwn ni'n ymgyrchu	nes	allwn ni ddim	dioddef mwy.	

In very formal Welsh we can use 'oni' instead of 'os na'. This is followed by the same mutations as 'os na'.

Oni fydd yr heddlu'n dod, byddwn ni mewn perygl.
If the police don't come, we'll be in danger.

In spoken Welsh, we use 'ddim' after the verb, instead of using 'na'.

Os byddwn ni ddim yn llwyddo, fe arhoswn ni yma.
If we don't succeed, we'll stay here.
Byddwn ni yma nes fydd dim mwy o waith ar gael.
We'll be here until no more work is available.

Make up sentences using these phrases.

tra	bysys yn mynd yn gyflym
os	y cyngor yn adeiladu rhwystrau
os	byddwn ni'n ennill y frwydr hon
nes	bydd hi'n nosi
tan	byddwn ni'n cael addewid
cyn	bydda i'n fodlon symud
fel	bydd perygl i blant

'pe' *if* (see Step 17)

We use 'pe' instead of 'os' if there is uncertainty. We use the Unspecific forms of verbs (conditional meaning) after 'pe'.

Pe byddai hyn yn wir, byddwn i'n mynd i'r brotest.
If this were true, I would go to the protest.
Pe byddwn yn mynd, byddwn i mewn perygl.
If I were to go, I would be in danger.

There is more uncertainty in the above sentences than in this sentence:

Os yw hyn yn wir, bydda i'n mynd i'r brotest.
If this is true, I'll go to the protest.

The forms 'bai'/'byddai'/'basai' (etc.) can follow 'pe'. 'Bai' (etc.) cannot be used without 'pe'.

Baswn i'n hoffi mynd, pe basai rhywun arall yno.
I'd like to go, if someone else was there.
(See Verbs, Step 20)

fel pe	*as if*
fel pe basai fe'n fodlon	*as if he were willing*
fel pe basen nhw'n mynd	*as if they were going*

Introduce more uncertainty to these sentences. Use 'pe' instead of 'os', and change the verb forms.

1. Os yw hyn yn iawn, bydda i'n mynd adre.
2. Os yw'r heddlu'n dweud y gwir, bydd yr heol yn ddiogel.
3. Os bydd yr heol yn ddiogel, bydda i'n hapus.
4. Os oes bysiau ar yr heol, bydd y perygl yn parhau.
5. Os ydw i'n iawn, bydd y stryd yn fwy diogel.
6. Os ydw i'n mynd, bydda i yn y carchar.

Os na chawn ysgol Gymraeg arall yn fuan, byddwn ni'n meddiannu Neuadd y Sir.
If we don't have another Welsh school soon, we'll occupy County Hall.

11.14

1. By the time he arrives, there will be a riot.
2. We should buy a ticket while there is room in the bus.
3. She will be disappointed if I don't stay in tonight.
4. They left before things began to go wrong.
5. Can you hold this poster until the protest finishes?
6. Siân will be ready to take part wherever there is a protest.
7. He's staying here until it gets dark.
8. They went home when the train arrived.

 Correct these sentences.

1. Fe fyddan nhw'n mynd adre **pe bai** hi'n bwrw glaw.
2. Eisteddon nhw ar y stryd pan **d**echreuodd yr heddlu gyrraedd.
3. Mae hi'n bwriadu mynd os **f**ydd ei chariad yno.
4. Pan **yr** aeth e i'r dre, roedd y brotest wedi dod i ben.
5. Dylech chi fynd i'r coleg tra **ch**ewch chi gyfle.
6. Rydw i eisiau dysgu gyrru cyn **f**ydd hi'n rhy hwyr.
7. Fe gawn ni barti os **mae** bwyd ar ôl.
8. Pe **af** i heno, faswn i ddim yn gallu mynd yfory.

Pe bai chwyddiant yn disgyn, bydden ni'n gallu mynd ar wyliau!
If inflation dropped, we could go on holiday!

STEP 15 – emphasizing the subject – Blaming someone
CAM 15 – pwysleisio'r goddrych – Beio rhywun

Emphasizing the subject

To emphasize, we put a noun or pronoun at the beginning of the sentence.
We put the 3rd person singular of the verb after the noun/pronoun.

> Huw aeth â'r arian.
> *Huw took the money.*
> Fe yfodd y llaeth.
> *It was he who drank the milk.*

The verb undergoes soft mutation.

> Siân gafodd yr arian.
> *It was Siân who had the money.*

In very formal Welsh, we put 'a' between the subject and the rest of the sentence.

> Huw a welodd y lladron.
> *Huw saw the thieves.*

Byddwn i'n	hapus	oni bai am	y plant.
Byddet ti'n	drist		y teulu.
Basen ni'n	dlawd		y ci.
Bydden ni'n	gyfoethog		y coleg.
Basech chi'n	iawn		y banc.
Byddech chi'n			
Basen nhw'n			
Bydden nhw'n			

11.17

Answer.

Beth fasech chi'n 'neud:
1. pe basech chi'n ennill y loteri?
2. pe basech chi'n colli eich arian i gyd?
3. pe basech chi'n mynd i Baris am ddiwrnod?
4. pe basech chi'n cwrdd â'ch hoff ganwr/gantores?
5. pe basai eich rhieni i ffwrdd am fis?
6. pe basai eich ffrind yn dwyn bwyd o siop?

Translate these sentences.

1. I would buy a new dictionary if I were to lose this one.
2. Were it not for the lecturer, she would have failed the exams.
3. Would you work in a bar, if you were offered the job?
4. Yesterday the game was on television, not today.
5. Five pounds they lost, not fifty.
6. It was Aled who was carried down the mountain.
7. It was the film that I liked, not the novel.
8. If it were sunny, we'd go to the beach.

> **Basen ni'n gyfoethog, tasen ni'n canu'n Saesneg.**
> *We'd be rich if we sang in English*

Idioms – *Idiomau*

See also the section on prepositions.

a'i wynt yn ei ddwrn	*out of breath*
ail-law	*second-hand*
allan o le	*out of place*
allan o wynt	*out of breath*
am byth	*for ever*
ar ben	*all over, finished*
ar ben ei gilydd	*on top of each other*
ar ben hynny	*in addition to that*
ar bigau'r drain	*on tenterhooks*
ar bob cyfrif	*certainly*
ar dir y byw	*alive*
ar drai	*at an ebb*
ar ddamwain	*by chance*
ar ei ben ei hun	*on his own*
ar ei draed	*standing, independent*
ar ei ennill	*better off*
ar ei feddwl	*on his mind*
ar ei golled	*worse off, losing out*
ar ei hyd	*horizontal (e.g. a person)*
ar ei union	*at once*
ar ei waethaf	*at his worst*
ar flaen ei dafod	*on the tip of his tongue*
ar gael	*available*
ar gefn hynny	*on top of that*
ar gerdded	*afoot*
ar goll	*lost, missing*
ar gorn rhywun arall	*at someone else's expense*
ar gyfeiliorn	*astray*
ar gyfyl y lle	*near the place*
ar hyd y lôn	*along the road*
ar hynny	*then, at that point*
ar ôl	*after*
ar ôl ei oes	*old-fashioned*
ar un olwg	*in one way of looking (at it), on the one hand*
ar unrhyw gyfrif	*on any account*
ar unwaith	*at once*
ar waith	*at work, in hand*
ar werth	*for sale*
ar wyneb y ddaear	*in all the world*
ar y blaen	*in front, ahead*
ar y cyfan	*on the whole*
ar y gweill	*in progress, on hand*
ar y llwybr cul	*on the straight and narrow*
ar yr olwg gyntaf	*at first glance*
ar yr wyneb	*on the surface*
arian parod	*ready cash*
arllwys y glaw	*to pour with rain*
aros ar ei draed	*to stay up*
aros yn ei unfan	*to stay in the same place, not to move*
asgwrn y gynnen	*bone of contention*
at hynny	*in addition to that*
beth ar y ddaear	*what on earth*
bob amser	*all the time*
bob yn ail	*every other, alternately*
bob yn dipyn	*little by little*
bob yn un	*one by one*
bod â'i draed ar y ddaear	*to have his feet on the ground*
bod yn feddw gaib	*to be blind drunk*
bod yn feddw gorn	*to be blind drunk*
bod yn gefn i	*to be of support to*
bod yn gefnog	*to be well off*
bod yn geg i gyd	*to be all talk*
bod yn gyfyng arno	*to be in need*
bron â llwgu	*almost famished*
bron byth	*almost never*
bwrw hen wragedd a ffyn	*raining cats and dogs*
bwrw'r Sul	*to spend the weekend*
byth a beunydd	*always*
byth a hefyd	*continually*
byth bythoedd	*for ever*
byth eto	*never again*
cadw corff ac enaid ynghyd	*to keep alive*
cadw ei air	*to keep his word*
cadw llygad barcud ar rywbeth	*to keep a close eye on something*
cadw sŵn	*to make a noise*
cadw twrw	*to make a din*
cael a chael oedd hi	*it was a close shave*
cael dau ben llinyn ynghyd	*to make ends meet*
cael ei draed yn rhydd	*to gain his independence*
cael ei eni	*to be born*
cael ei weld	*to be seen*
cael ei wynt ato	*to regain his breath*
cael enw da	*to have a good name*
cael gafael ar rywbeth	*to get hold of something*

cael hwyl	to have fun	da o beth	a good thing
cael modd i fyw	be very contented (sometimes through delight in another's misfortune)	dal ar y cyfle	to take the opportunity
		dal ati	to keep at it
		dal ei dafod	to hold his tongue
		dal gafael ar	to hold on to
cael pwl o chwerthin	to have a bout of laughter	dal llygoden a'i bwyta	not to prepare in advance, to survive from day to day
cael y gorau ar rywun	to have the upper hand on someone		
canu cloch	to ring a bell, to bring to mind		
canu'n iach	to bid farewell	dan ganu	(while) singing
canu'r piano	to play the piano	dan gwmwl	under suspicion, in disfavour
carreg ateb	echo stone	dan sang	packed (hall etc.)
carreg filltir	milestone, watershed	dangos ei ochr	to show his side
ceiniog a dimai	of not much worth	digon am ei fywyd	a danger to his life
celwydd golau	an obvious lie	dim diolch	no thanks
celwydd noeth	a complete lie	dim eto	not yet
cerdd dant	singing to harp accompaniment	dim ond	only
cerdded ling-di-long	to loiter	dim siw na miw o rywbeth	no mention of something
cicio dros y tresi	to rebel	diolch am hynny	thanks for that
cig a gwaed	flesh and blood	diolch byth	thank goodness
cloffi rhwng dau feddwl	to be in two minds	diolch yn fawr	thank you
clywed arogl	to smell	diolch yn fawr iawn	thank you very much
codi ar ei draed	to stand up	diwedd y gân yw'r geiniog	money rules everything
codi bwganod	to raise difficulties	dod â'r gwaith i ben	to complete the work
codi canu	to lead the singing	dod i'r lan	to succeed
codi hen grach	to reopen an old wound	does dim cadw	it's obvious
codi ofn ar rywun	to make someone frightened	does dim clem 'da fi	I've got no idea
codi stŵr	to create a fuss	does dim taro	there's no need
colli ei ben	to go wild	does ond	there's only
crafu'r wyneb	to scratch the surface, to be superficial	driphlith draphlith	higgledy-piggledy
		dro ar ôl tro	time after time
crynu yn ei esgidiau	to shake from fear	dros ben	very, left over
cwrs gloywi	perfecting course	dweud ei feddwl	to express his opinion, to speak his mind
cymryd ar	to pretend		
cymryd at rywbeth	to take (a fancy) to something	dweud y drefn	to tell someone off
cymryd gafael yn	to take hold of	dweud y drefn wrth rywun	to tell someone off, to lay down the law
cymryd rhan	to take part		
cyn bo hir	before long	dy dro di	your turn
cyn y Dilyw	before the Flood, i.e. ancient	dydy e ddim llawn llathen	he's not all there
cystal â'i air	as good as his word	dysgu ar gof	to put to memory
chwarae â thân	to play with fire	ddim hanner call	mad
chwarae mig	to play hide and seek	edrych ar ôl	to look after
chwarae rhan	to play a role	ei gilydd	each other
chwarae teg	fair play	ei gloywi hi	to flee, to get up and go
chwerthin am ben rhywun	to laugh at someone	ei gwadnu hi	to take to one's heels
chwerthin ei hochr hi	to split your sides laughing	ei lygad yn fwy na'i fol	fancy more than he can take
da boch chi	good-bye	ei throedio hi	to go on foot

ei throi hi	to set out
ennill tir	to get better, to get on
er cyn cof	from time immemorial
er ei waethaf	in spite of him(self)
er gwaetha	in spite of
er gwell neu er gwaeth	for better or for worse
erbyn hyn	by now
ers meityn	a long time since
ers tro	for a long time
faint o'r gloch yw hi?	what's the time?
fe o bawb	he of all people
fel cath i gythraul	like a shot
fel y graig	firm as a rock, very reliable
fin nos	at nightfall
gadael y gath o'r cwd	to let the cat out of the bag
gair am air	word for word
gair i gall	a word to the wise, sound advice
gair yn ei bryd	timely advice
gan bwyll	steadily
glawio hen wragedd a ffyn	to rain cats and dogs
go dda	well done
gobeithio'r gorau	to hope for the best
gorau po gynta	the sooner the better
gwaelod y gasgen	the bottom of the barrel, lowest of all
gwaetha'r modd	worse luck
gwaith llaw	handicraft
gwell hwyr na hwyrach	better late than never
gwenu o glust i glust	to smile broadly
gwerth y byd	worth (one's) weight in gold
gwlad dramor	foreign country
gwneud clemau	to pull faces
gwneud ei orau glas	to do his very best
gwneud môr a mynydd o rywbeth	to make a mountain out of a molehill
gwneud tro da â rhywun	to do someone a good turn
gwneud y tro	to be suitable, to make do
gwyn fyd…	blessed…
gwyn y gwêl y frân ei chyw	a mother sees no fault in her child
gyda hyn	soon
gyda llaw	by the way
haf bach Mihangel	Indian summer
hanner dydd	midday
hanner nos	midnight
heb flewyn ar dafod	without mincing words

heb flewyn ar ei dafod	without mincing his words
heb siw na miw	without a sound
hel ei bac	to pack his bags and go
hen bryd	high time
hwnt ac yma	here and there
i bwrpas	for a purpose
i'r dim	perfectly
i'r pedwar gwynt	scattered in all directions
igam-ogam	zig-zag
law yn llaw	hand in hand
liw dydd	during the day
liw nos	during the night
lol botes	nonsense, rubbish
lladd amser	to waste time intentionally
lladd gwair	to cut hay
llaesu dwylo	to become idle, to take a rest
llanw a thrai	ebb and flow
lled cae	a field's width, a short distance
llinyn mesur	standard, measuring tape
llusgo traed	to delay
llyfu pen-ôl rhywun	to lick someone's arse
llygad am lygad	an eye for an eye
mae chwilen yn ei ben	he has a bee in his bonnet
mae e'n ei ddweud hi	he's very critical
mae e'n hen ben	he's wise, he's experienced
mae e'n newydd i mi	it's new to me
mae eisiau bwyd ar	in need of food
mae hi ar ben	it's all over
mae hi wedi canu arna i	I'm done for
mae hi'n dynn arno	he's short of money
mae hiraeth arno am…	he's longing for…, he's nostalgic for…
mae'n dda ganddo fe	he's glad
mae'n ddrwg ganddo	he's sorry
mae'n flin ganddo	he's sorry
maen tramgwydd	stumbling block
malu awyr	to talk nonsense
man a man	might as well
man gwan	weak point
man gwyn man draw	the grass is greener on the other side
mawredd mawr	heavens above
meini prawf	criteria
menyw a hanner	quite a woman
menyw o bwys	an important woman
mewn cyfyng-gyngor	at one's wits' end, in a tight corner

mewn da bryd	*in good time*	o'r crud i'r bedd	*from cradle to grave*
mewn gair	*in a word, to sum up*	o'r diwedd	*at last*
mewn gwth o oedran	*of a great age*	o'r golwg	*out of sight*
mewn llaw	*in hand*	o'r gorau	*all right*
mewn pryd	*in time*	o'r newydd	*once again*
mewn trefn	*in order*	ochr yn ochr â	*side by side with*
môr o wahaniaeth	*a great difference*	ôl traed	*footsteps*
mwyfwy	*more and more*	pluo ei nyth	*making unfair gain for himself*
mynd am dro	*to go for a walk*	plygu glin	*to be servile*
mynd i glwydo	*to go to bed*	pob bendith	*all the best, all my blessings*
mynd i oed	*to grow old*	pobl drws nesaf	*neighbours*
mynd i'r afael â	*to get to grips with*	pobl fawr	*snobs*
mynd i'r gwellt	*to come to nothing*	popeth yn ei le	*everything in order, shipshape*
mynd i'r wal	*to go bankrupt, to flounder*	pryd o fwyd	*a meal*
mynd o nerth i nerth	*to go from strength to strength*	pwyso a mesur	*to consider carefully*
mynd o'r ffordd	*to go to one side, out of the way*	pymtheg y dwsin	*very quickly, twenty to the dozen*
mynd yn ffliwt	*to fail miserably*	rhag ofn	*in case*
nac yma nac acw	*neither here nor there*	rhoi coel ar rywbeth	*to believe something*
nerth ei ben	*as loud as possible*	rhoi ei droed i lawr	*to put his foot down*
nerth ei draed	*as quickly as possible*	rhoi pryd o dafod i rywun	*to tell someone off*
nesa peth i ddim	*almost nothing*	rhoi rhywbeth i gadw	*to put something away*
newydd sbon	*brand new*	rhoi rhywun yn ei le	*to put someone right,*
nid ar chwarae bach	*not without effort*		*to tell someone off*
noson fawr	*a stormy night, a night of heavy*	rhoi taw ar rywun	*to silence someone*
	drinking, a night of celebration	rhoi trefn ar rywbeth	*to put something in order*
o bell ffordd	*by a long way*	rhoi'r ffidil yn y to	*to give up*
o ben bwy'i gilydd	*from end to end, entirely*	rhoi'r gorau i rywbeth	*to give up something*
o bryd i'w gilydd	*from time to time*	rhwng popeth	*all things considered*
o bwrpas	*on purpose*	rhygnu byw	*to eek out an existence*
o ddrwg i waeth	*from bad to worse*	sefyll arholiad	*to sit an exam*
o dipyn i beth	*gradually*	sefyll ei dir	*to stand his ground*
o dro i dro	*from time to time*	setlo hen gownt	*to settle an old score*
o fewn dim i	*within a hair's breadth of*	siarad fel melin	*to talk ceaselessly*
o fewn tafliad carreg	*within a stone's throw*	siarad o'r frest	*to speak without preparation*
o flaen ei oes	*before his time*	siarad yn uchel	*to talk loudly, to talk highly*
o flaen ei well	*in court*		*of someone*
o gam i gam	*little by little*	syrthio ar ei fai	*to accept blame*
o law i law	*from hand to hand*	taflu dŵr oer ar rywbeth	*to discourage*
o le i le	*from place to place*	taflu llwch yn llygad rhywun	*to throw dust in someone's eyes*
o oes i oes	*from one age to the next*	talu ar ei ganfed	*to be extremely profitable*
o raid	*inevitably*	talu'n hallt	*to pay dearly*
o ran	*in terms of, as far as… is concerned*	talu'r pwyth yn ôl	*to take revenge*
o ran hynny	*as far as that is concerned*	tamaid i aros pryd	*a taste of something to come*
o'i gorun i'w sawdl	*from head to foot*	taro tant	*to strike a chord*
o'i le	*out of place, wrong*	taro'r haearn tra bo'n boeth	*to strike while the iron is hot*

323

taro'r hoelen ar ei phen	to hit the nail on the head	y cyfan oll i gyd	the whole lot
teimlo'n chwith	to feel sad, to be embarrassed	y drwg yn y caws	the cause of the trouble
tipyn bach	a little	y dydd o'r blaen	the other day
tipyn o fenyw	quite a woman	y filltir	per/a mile
tôn gron	a round (tune), monotonous repetition	y lôn goch	throat
		y nesaf peth i ddim	next to nothing
torchi llewys	to work hard	y pwys	a pound
torri gwair	to mow	y rhan fwya o	most of
torri gwynt	to break wind	y tro diwetha	last time
traed moch	a mess	y tro nesa	next time
troi ar rywun	to turn on someone	ych a fi!	ugh!
troi cefn ar rywun	to turn one's back on someone	yma ac acw	here and there
troi dalen newydd	to turn over a new leaf	ymhen awr	within an hour
troi'r dŵr i'w felin ei hun	to turn the situation to his own ends, to turn something to his own advantage	ymhob twll a chornel	in every nook and cranny
		yn awr ac yn y man	now and again
		yn ei bryd	at the proper time
trwy deg a thrwy dwyll	by fair and foul means	yn ei le	instead of him, in the right place
trwy gydol y nos	all through the night	yn ei uchelfannau	in high spirits
tu chwith	inside out	yn lle rhywun	instead of someone
tu draw (i)	the other side (of)	yn llygad ei le	dead right
tu hwnt (i)	beyond	yn ôl	according to, back
twll o le	a dump of a place	yn ôl ac ymlaen	back and fore
tynnu ei bwysau	to pull his weight	yn sgil	in the wake of
tynnu nyth cacwn am ei ben	to create a stir	yn wyllt gacwn	absolutely furious
tywydd mawr	stormy weather	yn wyneb y ffaith	in view of the fact
uchel ei gloch	noisy, having a lot to say	yn y fan a'r lle	in the very spot, on the spot
uffern dân	hell's bells	yn y ffordd	in the way
un ar y tro	one at a time	yn y golwg	in sight
un tro	once	yn y man	presently
un wennol ni wna wanwyn	one swallow does not make a summer	yn y pen draw	in the end
		yn yr hen ddyddiau	in olden times
unwaith ac am byth	once and for all	yng ngafael rhywun	under someone's influence
unwaith eto	once again	yr un	each
uwchben ei ddigon	very well off, on top of the world	ysgol brofiad	the school of life
wedi blino'n lân	tired out	ysgwyd llaw	to shake hands
wedi ei gwneud hi	to have made a mess of things		
wedi llosgi'n ulw	burnt to a cinder		
wrth ei fodd	in his element		
wrth reswm	of course, naturally		
wrth wraidd rhywbeth	at the root of something, causing something		
wyneb i waered	upside down		
wyneb yn wyneb	face to face		
y cant	per cent		
y crachach	the upper class, posh people		

Grammar terms –
Termau gramadeg

English	*Welsh*
abbreviation	byrfodd
abstract noun	enw haniaethol
adjectival clause	cymal ansoddeiriol
adjective	ansoddair
adverb	adferf
adverbial clause	cymal adferfol
an idea	syniad
aspirate mutation	treiglad llaes
auxiliary	cynorthwyol
auxiliary pronoun	rhagenw ategol
clause	cymal
colon	colon
comma	atalnod
comparative	cymharol
comparative degree	gradd gymharol
composite	cyfansawdd
concise (short form)	cryno
concrete noun	enw diriaethol
conditional	amodol
conjugated	rhediadol
conjunctive pronoun	rhagenw cysylltiol
connecting word	cysylltair
consonant	cytsain
copula	cyplad
deed	gweithred
definite	pendant
definite article	bannod
degree	gradd
demonstrative pronoun	rhagenw dangosol
dialect	tafodiaith
direct	uniongyrchol
direct speech	araith uniongyrchol
element	elfen
ending	terfyniad
equative	cyfartal
equative degree	gradd gyfartal
exclamation mark	ebychnod
exercises	ymarferion
feminine	benywaidd
form	ffurf
formal	ffurfiol
full stop	atalnod llawn
future	dyfodol
genitive	genidol
habitual	arferiadol
hyphen	cysylltnod
hyphen	heiffen, cyplysnod
imperative (command)	gorchmynnol
imperfect	amherffaith
impersonal	amhersonol
incomplete	anghyflawn, diffygiol
indefinite	amhendant
independent pronoun	rhagenw annibynnol
indicative	mynegol
indicative mood	modd mynegol
indirect	anuniongyrchol
indirect speech	araith anuniongyrchol
infixed pronoun	rhagenw mewnol
informal	anffurfiol
interrogative pronoun	rhagenw gofynnol
irregular	afreolaidd
leave out	gollwng
main clause	prif gymal
masculine	gwrywaidd
mood	modd
mutation	treiglad
nasal mutation	treiglad trwynol
noun	enw
noun clause	cymal enwol
number	rhif
numerals	rhifolion
object	gwrthrych
opposite	gwrthwyneb
ordinals	trefnolion
parenthesis	sangiad
passive	goddefol
past	gorffennol
penultimate syllable	goben
perfect	perffaith
periphrastic (long form)	cwmpasog
phrase	ymadrodd
pluperfect	gorberffaith
plural	lluosog
prefixed pronoun	rhagenw blaen

preposition	arddodiad	*to include*	cynnwys
present	presennol	*to introduce*	cyflwyno
pronoun	rhagenw	*to modify*	goleddfu
punctuation mark	atalnod	*to mutate*	treiglo
question	cwestiwn	*to practise*	ymarfer
question mark	gofynnod	*to revise*	adolygu
question mark	marc cwestiwn	*to use*	defnyddio
question word	gofynnair	*traditional*	traddodiadol
quotation mark	dyfynnod	*unspecific*	amhenodol
quotation marks	dyfynodau	*unspecific time of verb*	amser amhenodol
radical	cysefin	*verb*	berf
radical degree	gradd gysefin	*verb – long form*	berf gwmpasog
reduplicated pronoun	rhagenw dwbwl	*verb – short form*	berf gryno
reflexive	atblygol	*verb-noun*	berfenw
reflexive pronoun	rhagenw atblygol	*vocative*	cyfarchol
regular	rheolaidd	*written*	ysgrifenedig
relative clause	cymal perthynol		
relative pronoun	rhagenw perthynol		
semicolon	gwahannod		
semicolon	hanner colon		
sentence	brawddeg		
singular	unigol		
soft mutation	treiglad meddal		
spoken	llafar		
standard	safonol		
statement	gosodiad		
stem	bôn		
sub-clause	is-gymal		
subject	goddrych		
subjunctive	dibynnol		
subjunctive mood	modd dibynnol		
superlative	eithaf		
superlative degree	gradd eithaf		
syntax	cystrawen		
tense	amser		
to add to	ychwanegu at		
to compare	cymharu		
to confirm, to strengthen	cadarnhau		
to connect	cysylltu		
to depend on	dibynnu ar		
to emphasise	pwysleisio		
to express	mynegi		
to express, to convey	cyfleu		
to form	ffurfio		
to form, to make up	llunio		

Index to words –
Mynegai i eiriau

The numbers refer to the numbers of sections which are seen at the edge of the page (not to the page numbers).

Index to grammar

The numbers refer to the numbers of the sections seen at the edge of the page (not to the page numbers).